经世济民

诚信服务

德法兼修

"十四五"职业教育国家规划教材

职业教育国家在线精品课程配套教材

数字商贸"岗课赛证"融通新形态一体化教材

新目录
新专标

网店运营管理

（第二版）

主　编　段文忠

副主编　王利冬　秦　琴　杜春雷

中国教育出版传媒集团

高等教育出版社·北京

内容简介

本书是"十四五"职业教育规划教材、职业教育国家在线精品课程配套教材，也是数字商贸"岗课赛证"融通新形态一体化教材。

本书采用校企双元合作开发的方式，由一线教师和企业专家共同编写。本书从网店运营认知、网店创设、网店运营基本操作、网店流量引入、流量转化和客户服务、物流管理与售后服务、财务分析与管理、网店运营策略这八个方面系统讲解了网店运营的原理、方法、策略和技巧，并结合企业实际岗位需求编制了综合实训、知识与技能训练。本书还紧密结合全国职业院校技能大赛电子商务赛项，将赛项内容与知识阐述、能力训练密切地联系起来，为参赛者提供借鉴。

本书还设计了"电商最前线""匠心网商人""大赛直通车""网商须担当"等个性化栏目，内容新颖，通俗生动，突出知识的系统性和实用性，强调实践能力的培养。

本书可作为高等职业教育本科、专科院校，应用型本科院校，成人高等院校和中职学校财经商贸类专业教材，还可作为电商从业者的参考书。

本书配套建设了教学课件、微课等类型丰富的数字化教学资源，精选了其中具有代表性、实用性的资源，以二维码方式在教材边白标出，供读者即扫即用。具体获取方式详见书后"郑重声明"页的资源服务提示。

图书在版编目（ＣＩＰ）数据

网店运营管理 / 段文忠主编 . -- 2 版 . -- 北京：
高等教育出版社 , 2023.9（2024.12重印）
ISBN 978-7-04-060756-7

Ⅰ.①网… Ⅱ.①段… Ⅲ.①网店 - 运营管理 - 高等
职业教育 - 教材 Ⅳ.① F713.365.2

中国国家版本馆 CIP 数据核字 (2023) 第 123312 号

网店运营管理
Wangdian Yunying Guanli

项目策划	赵　洁	策划编辑	康　蓉　王　沛	责任编辑	王　沛	封面设计	赵　阳
版式设计	童　丹	责任绘图	李沛蓉	责任校对	吕红颖	责任印制	刘弘远

出版发行	高等教育出版社	网　　址	http://www.hep.edu.cn
社　　址	北京市西城区德外大街4号		http://www.hep.com.cn
邮政编码	100120	网上订购	http://www.hepmall.com.cn
印　　刷	天津鑫丰华印务有限公司		http://www.hepmall.com
开　　本	787mm×1092mm 1/16		http://www.hepmall.cn
印　　张	16.5	版　　次	2019 年 7 月第 1 版
字　　数	310千字		2023 年 9 月第 2 版
购书热线	010-58581118	印　　次	2024 年 12 月第 4 次印刷
咨询电话	400-810-0598	定　　价	48.80元

第二版前言

党的二十大报告明确要求："加快发展数字经济，促进数字经济和实体经济深度融合，打造具有国际竞争力的数字产业集群"。商务部、中央网信办、发展改革委发布的《"十四五"电子商务发展规划》也明确提出："促进电子商务企业协同发展，发挥电商平台在市场拓展和产业升级等方面的支撑引领作用""大力发展数据服务、信息咨询、专业营销、代运营等电子商务服务业"。

过去几年，电子商务和职业教育领域都发生了巨大的变化。在电子商务领域，以直播、短视频、分享为代表的社交电商逐渐成为主流；在职业教育领域，随着新修订的《中华人民共和国职业教育法》的正式实施，高质量发展、现代职教体系构建成为主要任务，对产教融合的要求也越来越高。

在新时代变革中，如何开发对接新产业、适应新变化、面向新需求的教材，如何打造凸显职业教育类型特色，彰显中国特色、时代特色，落实立德树人根本任务的精品教材，是本书编写团队一直深思的问题。

作为"十四五"职业教育国家规划教材和职业教育国家在线精品课程配套教材，本书深入探索数字商贸"岗课赛证"综合育人新模式，吸收课程资源建设成果，及时体现网店运营管理领域政策调整、产业升级和技术发展的新内容。本书重点突出如下特色。

1. 打好中国底色，深入挖掘课程思政元素

本书编写团队对第一版内容进行了全方位检查，及时更新了教材案例，确保本书内容积极向上、导向正确。本书通过素养目标、知识目标和能力目标三维学习目标的设置，以及"网商须担当""电商最前线"等栏目的设置，将党的二十大报告中"全面贯彻党的教育方针，落实立德树人根本任务，培养德智体美劳全面发展的社会主义建设者和接班人"的精神融入教材，将教材知识点与社会主义核心价值观、法律法规等进行深度融合。

2. 对应专业发展，动态融入电商行业新变化

2021年，教育部发布了《职业教育专业目录（2021年）》，2022年，教育部又发布了《职业教育专业简介（2022年修订）》。本书以上述文件为指导，积极反映产业升级

与技术变革，优化课程体系和教学目标，拓展教学内容的广度和深度，体现"人、货、场"的全新建构，体现电子商务产业发展新趋势、新业态、新模式，体现教材升级和课程改造。

3. 突出职业教育类型特色，体现"岗课赛证"综合育人

本书面向网店运营、互联网营销师相关工作岗位，对接全国职业院校技能大赛，融入1＋X职业技能等级证书要求，并通过设置"大赛直通车""匠心网商人"等栏目，将赛证成果转化为教学资源；融入最新的岗位标准与技能要求，系统讲解网店运营的原理、方法、策略和技巧，形成教学、岗位、标准、竞赛的"四融通"。

4. 校企深度合作，持续增强教材与行业的匹配度

本书的编写得到了电子商务教育服务企业、国内知名电商企业的大力支持，结合企业业务实际要求，采用企业真实案例，编制了典型实训任务和技能训练，实现教学过程与工作流程的对接。

5. 依托国家级课程，助力线上线下混合式教学

本书是职业教育国家在线精品课程配套教材。相关课程历经多年建设，已建成视频、动画、互动测验等类型丰富的数字化教学资源。通过课程建设与教材开发相互支撑、交叉应用与开放共享，有效推动了线上线下混合式教学。

本书由段文忠担任主编，由王利冬、秦琴、杜春雷担任副主编。模块一由段文忠编写；模块二由徐诗瑶、王利冬编写，模块三由徐诗瑶编写，模块四和模块七由朱合圣编写，模块五由秦琴编写，模块六和模块八由江楠、杜春蕾编写。此外，中教畅享（北京）科技有限公司、三只松鼠股份有限公司参与本书典型案例的编写。

由于电子商务行业变化较快，编写团队的时间和水平有限，书中难免存在不足之处，恳请广大读者批评指正。

编者

2023年8月

第一版前言

2019年1月1日,《中华人民共和国电子商务法》(以下简称《电子商务法》)开始施行。该法将电子商务经营者定义为,"通过互联网等信息网络从事销售商品或者提供服务的经营活动的自然人、法人和非法人组织",同时明确要求,电子商务经营者应当依法办理市场主体登记。而在《电子商务法》正式实施前,2018年12月3日,国家市场监督管理总局发布《市场监管总局关于做好电子商务经营者登记工作的意见》,对电商经营者的登记要求进行细化,规定电商经营者可以将网络经营场所作为经营场所进行登记,并将经常居住地登记为住所,使得个人网店经营者能够以低成本更便利地办理市场主体登记。

《电子商务法》对包括网店、微商、朋友圈代购等在内的个人卖家提出了"持证上岗"的要求,恰逢其时,利好各方,是对个人创业精神的肯定与呵护,从长远来看有利于促进电子商务健康有序地发展,为经济发展注入新活力、新动力。这些变革激发了越来越多的个人创业者、传统企业投身到电子商务创业中。而在这股大潮中,以淘宝、天猫、拼多多、小红书等零售平台为阵地的网店经营者又是最有活力的一群人。

电子商务行业的发展也影响着电子商务专业的教学变革。电子商务不仅成为职业院校开设最广泛的专业之一,而且已经从一个专业升级为一个专业群(电子商务类),包括电子商务、移动商务、网络营销、商务数据分析与应用等专业,在这些专业的人才培养方案中,网店运营能力都是核心培养目标。而在诸如市场营销类、经济贸易类、物流类等"新商科"人才的培养中,网店运营类课程也成为非常重要的选修课程。

本书编写团队调研了现有的网店运营类教材,大部分教材都能与时俱进,紧密联系实际,但也存在"过分关注淘宝平台,缺乏全流程模拟"的突出问题。因此,本书在编写过程中,力图实现理论、技能、大赛、实训的完美融合。本书在全国电子商务职业教育教学指导委员会的指导下,实现了多方参与,联合编写,具有如下鲜明特色:

1. 思政工作和文化育人的结合落实有效

本书积极贯彻落实党的十九大和全国高校思政工作会议精神,以习近平新时代中国特色社会主义思想为指导,落实立德树人根本任务,旗帜鲜明地坚持正确的政治方向、舆论导向、价值取向,每一章设置知识目标、技能目标、素养目标这三维目标,通过

"思政育人"栏目，挖掘专业、课程背景下的思政元素，将培育与践行社会主义核心价值观、法治意识与职业道德养成、优秀商业文化与传统文化传播等融入教材，做到潜移默化，润物无声。

2. "课、岗、赛、训"的融合性体现明显

本书对接职业院校电子商务技能大赛，突出实训特色，融入最新的岗位标准与技能要求，系统讲解网店运营的原理、方法、策略和技巧，并结合企业实际职业要求，编制了典型实训任务和技能训练，还创新性地开设了四个栏目：

★思政育人：将课程知识点与社会主义核心价值观、职业道德、法律法规、优秀文化等进行融合，春风化雨，内化于心。

★电商最前线：分享网店行业发展新趋势、新动态，让学生紧跟行业发展前沿。

★匠心网商人：提供网店运营人才需求现状，让学生识岗、爱岗。

★大赛直通车：对接电子商务竞赛系统，有效安排实训和技能训练，真正实现"以学促训、以训促赛、以赛促学"的学习循环。

3. "纸质图书 + 数字资源 + 社交平台"新形态一体化已然形成

为了体现新形态一体化教材的特点，本书采用"纸质图书 + 数字资源"的编写方式。纸质教材以经典的、短期内不变的网店运营知识为主；数字资源以持续的、经常更新的网店运营经验、大赛经验分享为主。编写团队已经完成14个课程动画资源、50余个视频资源，后续也将对资源进行持续更新。

4. 编写团队成员的多样性和互补性是对教材质量的有效保障

本书编写团队来自安徽、河南、湖北、山东、浙江等省份的5所高职院校，既有具备丰富教学经验的一线老师，还有电子商务教育服务企业的技术专家，同时还得到了国内知名电商企业的大力支持，成员的多样性保证了思想碰撞的多维性，这也是本书高质量编写的重要保障。此外，编写团队中既有全国职业院校电子商务技能大赛国赛一等奖指导教师，又有全国职业院校教学能力比赛国赛一等奖获得者，保证了本书在学生技能培养和教师信息化教学层面上能以国赛高度进行呈现。

在本书的编写过程中，特别感谢全国电子商务职业教育教学指导委员会、中教畅享（北京）科技有限公司在本书撰写过程中给予的指导和支持，并向高等教育出版社的

编辑老师们致以真诚的感谢！此外，本书在编写过程中，借鉴了很多专家同行的研究成果，在此一并表示感谢！

由于网店运营涉及的内容具有较强的前瞻性与时效性，加之时间及作者水平有限，书中难免存在不足之处，恳请广大读者批评指正，以使本书日臻完善。

编者

2019 年 7 月

目　录

01

模块一
网店运营认知

-)) 网店运营基本原理
-)) 组建运营团队
-)) 分析网络市场

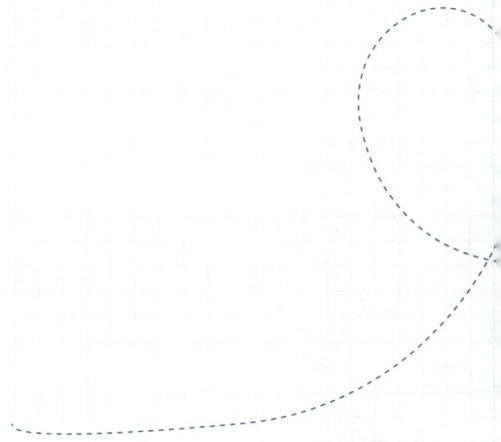

素养目标
- 树立正确的网店运营观，树立服务社会、服务地方的理想信念
- 在网店运营中培养爱岗敬业、精益求精的职业观
- 树立"数字经济和实体经济深度融合"的理念，关注数字经济发展新趋势

知识目标
- 理解网店的概念和网店运营的内涵；掌握网店运营基本公式
- 熟悉店长、推广专员、客服、美工及新媒体岗位的描述和能力要求
- 掌握市场分析、竞争对手分析的主要内容

技能目标
- 能够运用网店运营基本公式，对店铺运营进行整体规划
- 能够对特定类目的商品进行市场分析；能够定位特点店铺的目标用户
- 能够制定合理的网店运营策略，独立完成竞争对手分析，确立网店定位

思维导图

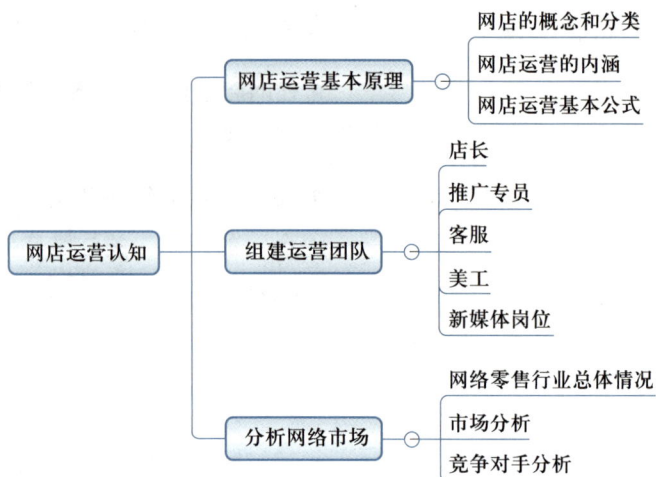

思维导图结构：

- 网店运营认知
  - 网店运营基本原理
    - 网店的概念和分类
    - 网店运营的内涵
    - 网店运营基本公式
  - 组建运营团队
    - 店长
    - 推广专员
    - 客服
    - 美工
    - 新媒体岗位
  - 分析网络市场
    - 网络零售行业总体情况
    - 市场分析
    - 竞争对手分析

导入案例
国货与老字号齐"触电"，焕发新活力

在现阶段，越来越多的年轻人将"国潮"作为表达时尚态度的新形式，而老字号恰是对中国传统文化的一种传承。"国潮"崛起为老字号品牌复兴提供了契机，电商已经让"触网"的老字号尝到了甜头。

2022年1月，《商务部等8部门关于促进老字号创新发展的意见》出台，明确提出："支持老字号跨界融合发展。引导老字号企业将传统经营方式与大数据、云计算等现代信息技术相结合，升级营销模式，发展新业态、新模式，营造消费新场景。推动电商平台设立老字号专区。"

拼多多发布的《2022年多多新国潮消费报告》显示，新国潮、新国货品牌明显加快了上行新电商的步伐，入驻平台的品牌数量同比增长超过270%，并先后涌现出327个过亿元品牌。"国潮"从兴起到如今的发展，大约经历了十余年的时间，而今已进入下一个内在提升的阶段。2022年"双11"期间，据有关电商平台监测，50家老字号成交额超过1 000万元，15家突破1亿元。

《2022抖音电商国货发展年度报告》显示，2022年抖音电商上的国货品牌销量同比增长110%。在平台助力下，国货品牌不断升级和创新，老字号品牌销量同比增长156%，新锐品牌销量同比增长84%。以红豆集团为例，2022年3月，红豆男装首次尝试在抖音电商以AR形式发布新品。在2022年"双11"期间，红豆男装还通过"短视频＋直播"双轮驱动的"内容场"，延展到以抖音商城和搜索相辅相成的"中心场"，加速老品牌"出圈"的效应。在抖音电商的助力下，红豆男装新品发布会联动直播间带货，期间商品交易总额同比增长678%，并通过优质内容促使老品牌"焕新"，从而吸引更多的潜在消费者。抖音电商发力全域兴趣电商，重点打造货架电商，加强商城、搜索、橱窗等渠道，为国货品牌创造更多增长机会，助力国货消费的持续升级。

思考： 为什么越来越多的国货与老字号品牌开始在线上运营网店？它们开设网店的优势体现在哪些方面？

1.1 网店运营基本原理

1.1.1 网店的概念和分类

1. 网店的概念

网店是电子商务的一种载体，是一种能够让消费者在浏览的同时进行实际购买，并且通过各种在线支付手段进行支付，完成交易全过程的网站或平台。换而言之，网店是用来买卖商品，进行各种网上虚拟化服务交易的平台。

目前，主要有以淘宝、天猫、京东为主的传统网店平台，还有以拼多多、抖音为代表的新兴平台。另外，从某种意义上来说，一些微店也属于网店。

2. 网店的分类

（1）按照运营平台的不同，网店可以分为入驻型网店和自建型网店。入驻型网店是借助第三方平台实现销售的网店，目前，第三方平台主要包括淘宝、天猫、京东、亚马逊、当当网和拼多多等。自建型网店是指电商企业自己购买域名、搭建网站，独立推广、运营的网店销售形式。

入驻型网店可以借助第三方平台的高人气、高流量快速发展，但也要受到平台相关规则的约束；自建型网店则拥有较大的自由度，但流量的获取相对困难，也比较难以获取消费者的认可。入驻型网店和自建型网店的优缺点对比如表1-1所示。

表1-1 入驻型网店和自建型网店的优缺点对比

类型	代表企业	优点	缺点
入驻型网店	安踏 李宁	高流量、高人气、高转化率	流量受平台控制，具有较高风险
自建型网店	华为商城 小米官网	在页面、管理、促销等方面具有充分的自由度	缺乏流量、网站品牌积累较难

本书更多以入驻型网店的运营为主体来讲解。

（2）按照运营者主体来分，可以分为C店和B店。

C店是Customer to Customer（C2C）的简称，它的中文意思是"消费者对消费者"，主要就是个体工商户卖给普通顾客的模式。平时说的C店一般指个人店或无须企业资质的店铺，如淘宝上的个人网店。

B店是Business to Customer（B2C）的简称，简单来说，就是企业对顾客，也就是由企业或者公司直接将商品销售给普通顾客的模式。平时所说的B店一般是指企业店，如天猫、京东等平台上的企业品牌直营网店。

B店在流量获取、品牌信任度等层面上都要比C店更有优势，更受高端顾客、品牌消费者的青睐。B店按照店铺类型一般可以分为旗舰店、专卖店和专营店。旗舰店指卖家以自有品牌，或由权利人出具的在第三方平台开设品牌旗舰店的独占授权文件为凭借，入驻平台开设的店铺；专卖店指卖家持他人品牌授权文件在第三方平台开设的店铺；专营店指运营第三方平台相同一级类目下两个及以上他人授权或自有品牌商品的店铺。

大赛直通车
B店的筹建

在电子商务技能大赛网店运营系统中，每个队伍都可以开设一个C店和一个 B店。开设C店是免费的，开设B店需要筹备4期，每期都要支付一笔费用，可以不连续筹备。

根据公司运营需求，卖家可以对已经筹建完成的B店发布的商品，选择央视、网络广告联盟、百度三种媒体中的一种或多种进行推广，用来吸引品牌人群的购买需求，提高店铺人气及商品人气。

品牌人群只会在B店购物，所以B店是参赛队伍后期竞争的重点。

（3）按照运营范围来分，网店可以分为国内交易网店和跨境交易网店。

国内交易网店的主体一般属于同一个国家，由国内的商家卖家销售给本国的买家，在同一个国家内达成商品交易。如淘宝、京东等，都是主流的国内交易网店。

跨境交易网店的主体则是分属不同关境的交易主体，它们通过电子商务平台达成交易，进行支付结算，并通过跨境物流送达商品、完成交易。其消费者遍及全球，有不同的消费习惯、文化心理、生活习俗，这要求跨境电商对不同国家的流量引入、推广营销、消费者行为分析以及国际品牌建设等有更深入的了解，其复杂性远远超过国内电商。跨境交易网店的主营业务有以进口为主和以出口为主两种。目前主流平台有亚马逊、eBay、全球速卖通、Wish等。

网商须担当
网店经营者要依法经营

2019年1月1日，《中华人民共和国电子商务法》（简称《电子商务法》）正式施行，这部法律对电子商务经营者，包括网店经营者的义务、网店经营内容，以及诚信经营，都进行了明确的界定。

对于电子商务经营者的义务，《电子商务法》第五条明确规定：电子商务经营者从事经营活动，应当遵循自愿、平等、公平、诚信的原则，遵守法律和商业道德，公平参与市场竞争，履行消费者权益保护、环境保护、知识产权保护、网络安全与个人信息保护等方面的义务，承担产品和服务质量责任，接受政府和社会的监督。

在经营内容方面，《电子商务法》第十三条明确规定：电子商务经营者销售的商品或者提供的服务应当符合保障人身、财产安全的要求和环境保护要求，不得销售或者提供法律、行政法规禁止交易的商品或者服务。

在诚信经营方面，《电子商务法》第十七条明确规定：电子商务经营者应当全面、真实、准确、及时地披露商品或者服务信息，保障消费者的知情权和选择权。电子商务经营者不得以虚构交易、编造用户评价等方式进行虚假或者引人误解的商业宣传，欺骗、误导消费者。

1.1.2　网店运营的内涵

网店运营是指网店在电子商务活动中做好市场分析与预测，选定产品发展方向，制定长期发展规划，进行科学运营推广，达到预定运营目标的过程。它包括网店店铺的类型选择、风格设计、策划方案、推广策略、促销活动、客户服务、物流分发等流程的运营。

网店运营指的是基于网络店铺的运营工作，具体来说，它包括以下七点：

（1）店铺规划：包括店铺名称、店铺活动设置（搜索店铺时显示）、主营商品关键词、店铺商品类目、购物必读、店招更新、海报更新频率等。

（2）商品规划：包括商品标题优化、商品描述细节增补、商品发布属性、商品分类属性、商品推荐位占用、新款上架、老款淘汰等。

（3）营销活动：在商品活动款和活动折扣确定好后，要设计营销活动，使买家更好地参与到营销中来，要在全流程中把握店铺信息，进行客户服务跟踪，把控仓库发货节奏，分析活动效果，进行后续改善活动设计等。

（4）内部流程：在各部门完成业务后，由运营人员来融会贯通，使内容流程保持顺畅且持续下去。简单地说，运营需要全流程考虑，改善内部业务节点。

（5）目标执行：先制定总体目标，再进行目标分解，制定各部门目标，并在执行过程中进行调整等。

（6）广告投放：根据业务需求及流量转化客单价等，得出需求目标流量，以制定广告策略。

（7）数据分析：分析店铺的日常数据，其主要作用是防患于未然。在现在的平台搜索规则中，店铺本身的得分越来越重要，店铺综合权重的高低在很大程度上会决定商品排名的前后。而分析店铺日常数据，就能够发现这些问题。重点观察的数据有：店铺层级、对店铺评分的变化趋势、店铺退款相关指标（尤其是纠纷退款）、店铺综合支付转化率的变化情况等。

1.1.3　网店运营基本公式

层出不穷的新平台、新名词、新趋势，会让刚进入网店领域的初学者不知从何处入手，也不清楚网店运营的主线。其实，网店运营的基本原理可以概括为下面的基本公式：

$$网店利润 = 销售额 - 成本$$
$$= （流量 \times 转化率 \times 客单价）（1 + 复购率） - 成本$$

网店运营的目的是获得合理的利润，而网店的本质是零售，零售的利润就来自于销售额与成本的差额。在网店运营中，销售额又取决于四个因素，分别是流量（如何让人看到）、转化率（如何让人购买）、客单价（如何让人买得更多）和复购率（如何让人下次再来）。

1. 流量

流量的来源主要有免费流量和付费流量两种。

（1）免费流量。免费流量包括站内自然搜索流量和站外免费推广流量。消费者上网购物时，大多通过搜索关键词来找寻自己想要购买的商品，如果排名靠前，消费者就有可能点击进入网店详情页并浏览商品。在这个过程中，站内自然搜索流量起重要作用。站外免费推广流量则是通过网站、微博、微信、短视频与直播等社交媒体引流到网店，这种引流大多是和网红经济、内容经济相关联的。

（2）付费流量。付费流量按照付费方式可以分为按展示付费、按点击付费和按效果付费三种。

① 按展示量付费（Cost per Thousand Impression，CPM），是指只要平台展示了网店的广告内容，网店运营者就要为此付费。目前淘宝、天猫、京东等平台的首页或类目页的图片广告位大多采用CPM方式，如淘宝的钻石展位等。

② 按点击量付费（Cost per Click，CPC），是指根据广告被点击的次数收费。关键词广告一般采用这种定价模式，如淘宝搜索右侧的"掌柜热卖"、京东搜索左侧的"商品精选"，都是CPC广告位。

③ 按效果付费（Cost per Sales，CPS），是指一种以实际销售产品数量来计算广告费用的广告付费方式，多出现在购物类、导购类、网址导航类等站外网站，需要精准的流量推广才能实现转化。

对于网店运营者来说，要做好搜索引擎优化（Search Engine Optimization，SEO），就要尽可能多地获取免费流量；要做精搜索引擎营销（Search Engine Marketing，SEM），就要让付费流量发挥最大效益。

2. 转化率

转化率，就是浏览网店并产生购买行为的人数与所有浏览网店人数的比率，其计算公式为：

转化率 =（产生购买行为的客户人数 / 所有到达店铺的访客人数）× 100%

影响转化率的因素主要包括以下四个：

（1）人群定位：买家都有从众心理，主流消费群体应该是网店的首选销售目标。

（2）商品描述：商品详情页的优化和描述在很大程度上决定了转化率的高低。

（3）商品评价：评价和评分对于网店的发展是非常重要的，买家一般会选择评分较高或高于行业平均分的商品。

（4）客户服务：客户服务是展现在买家面前最直接的内容，是决定转化率的重要因素，售前客服尤为重要。

3. 客单价

客单价（Per Customer Transaction，PCT）是指网店每一个顾客平均购买商品的金额，客单价也就是平均交易金额。

客单价主要取决于以下四个因素：

（1）商品价位：商品定位在什么价格区间，是决定客单价的第一位因素，当然商品定价要符合目标人群定位。

（2）促销方案：网店要规划好店内促销活动，比如满减活动、包邮活动、送礼品等，促成多件成交。

（3）关联销售：打通网店内商品之间的关联，特别是利用爆款商品、活动商品带动其他商品的销售，做好详情页和首页的关联搭配。

（4）客服推荐：为消费者做好导购，推荐其喜欢的商品，务必将网店的促销活动传递给消费者，促成多单销售。

4. 复购率

复购率是指消费者对网店产品进行重复购买的比率，重购率越大，消费者对品牌的忠诚度就越高；反之则越低。

复购率的计算是针对所有购买过网店商品的顾客的，它以每个人为单位，计算其重复购买商品的比率。比如，有10个客户购买了商品，其中5个又进行了重复购买，则复购率为50%。

从商品的角度来看，提升复购率要关注商品、内容和服务。商品品质是根本，内容是口碑产生的关键，服务是产生复购的保障。

从运营的角度来看，网店运营者要不断探索新的用户运营模式，打造完善的会员体系是关键，基于数据分析的精准化推荐是未来的一个发展趋势。

1.2 组建运营团队

1.2.1 店长

1. 店长的岗位描述

店长是网店的管理者和负责人，整体把控网店运营的全部流程，其具体岗位要求主要有以下七个方面：

（1）负责收集市场和行业信息，提供有效应对方案。

（2）负责制订销售计划，带领团队完成销售业绩目标。

（3）负责网店整体规划、营销、推广、客户关系管理等系统运营性工作。

（4）负责网店改版策划、商品上架、推广、销售、售后服务等日常运营与管理工作。

（5）负责网店日常维护，保证网店的正常运作，优化网店及商品排名。

（6）负责执行与配合相关营销活动，策划网店促销活动方案。

（7）负责客户关系维护，处理客户投诉及纠纷问题。

2. 店长的核心能力要求

（1）定位市场的能力。

① 学会找到好的类目和市场。也就是要对市场和类目有一个很好的了解；要多思考，看看本人是不是了解这种商品，不要单纯地觉得自己身边有货源就做这个行业。

② 对市场进行分析，找出产品的优点和弱点。在做每一个类目的时候，都可以先做一下SWOT分析，看看自己的商品的优势和劣势、机会与威胁，如何抓住机会，发

挥优势，避开劣势，躲开威胁，找到好的方向。

③ 熟悉市场变化和规则。如今网店的规则在不断变化，店长要时刻关注这些变化，看看有没有与自己相关的信息，如活动的预告、规则变化的说明等。

（2）布局商品的能力。

① 商品活动的布局。店长要懂得在什么时候做什么活动，要准备多长时间，要准备什么，什么时间开始上下架等问题，所有的成功都需要精心的准备。

② 网店商品的布局。网店都希望自己的商品排名靠前，每种商品都可以热卖，这就需要店长对商品做好分类。

（3）具备一定的领导管理能力。一般来讲，网店的所有工作都是围绕着店长展开的。也就是说，店长是整个团队的核心人物，店长既要懂得分配工作，也要协调好各个岗位之间的工作，让各个岗位相互配合，把工作做好。店长还要对各个岗位的工作进行监督，想办法让整个团队高效工作，发挥团队最大的效力。

1.2.2 推广专员

1. 推广专员的岗位描述

推广专员主要负责提升网店流量，其岗位要求主要有以下五点：

（1）对平台自然搜索认识深刻，要通过对标题、关键词、转化率等有关因素的优化提高产品排名。

（2）熟练掌握竞价关键词优化过程、关键词搜索规律和途径，了解买家的搜索习惯。

（3）负责平台付费推广，通过各种途径提取有效关键词并对其进行优化，逐步提高投资回报率（Return on Investment，ROI）。

（4）报名参加平台的官方及非官方活动，引入优质流量，分析网店流量来源以及流量质量。

（5）定期对广告及活动效果进行跟踪评估，负责统计、分析推广数据及效果，定期向店长提供统计数据、分析结果以及优化方案，提升网店的营销能力。

2. 推广专员的能力要求

（1）具备站内外的引流能力。流量是网店的根本，网店推广专员要懂得如何去策划活动、打造爆款，如何给网店引入更多流量，如何提升流量转化率；对自然搜索、活动报名等免费推广方式，以及直通车、淘宝客、钻石展位等付费推广方式都要熟悉，这些方式会给网店带来更多的收益。

（2）精准的数据分析能力。运营网店既要懂得看数据，也要懂得利用数据分析工具。例如，淘宝网店用到的数据分析工具是生意参谋；在电子商务竞赛系统中用到的数据分析工具则是数据魔方。推广人员不仅可以通过市场行情的流量榜、热销榜及时了解行业最新动态，还可以结合运营分析中的数据，了解网店的流量及其来源，有针对性地对网店做出改进和优化。

（3）诊断店铺的能力。推广专员不仅要能根据数据分析出网店的问题，而且要知道如何调整来解决问题。例如，一个网店的展现空间很大，但是流量很少，那就要思考网店的引流是否精准，找到问题产生的原因，如主图没有吸引力、网店商品价格过高等。

1.2.3 客服

1. 客服的岗位描述

客服是网店中直接面对消费者的岗位，是实现网店转化率的重要保障，它的岗位职责主要有以下六个方面：

（1）通过聊天软件耐心回答客户提出的各种问题，促使双方达成交易并处理订单信息。

（2）熟悉平台的各种操作规则，解决客户需求、修改价格、管理店铺等。

（3）解答顾客提问，引导顾客进行购买，促成交易。

（4）为客户提供售后服务，并以良好的心态及时解决客户提出的问题和要求，处理客户投诉。

（5）对客户的订单进行确认和电话回访。

（6）做好每日工作报表的记录和提交，将收集到的问题及时反馈给店长、推广专员和美工。

2. 客服的能力要求

（1）良好的沟通协调能力。良好的沟通协调能力是客服人员的基本素质，客户服务是跟客户打交道的工作，倾听客户、了解客户、启发客户、引导客户，都是客服和客户交流时的基本功，只有了解了客户需要什么服务和帮助，客户的抱怨和不满在什么地方，才能找出网店存在的问题，对症下药，解决客户问题。

（2）良好的应变能力。所谓应变能力，是指对一些突发事件进行有效处理的能力。客服人员每天都要面对着不同的客户，很多时候客户会给客服人员带来一些挑战。例如，有时会遇到一些职业差评师的恶意投诉，这就需要客服人员具备一定的应变力，特别是在处理一些客户恶性投诉的时候，要处变不惊。

1.2.4 美工

1. 美工的岗位描述

电商设计师俗称美工，其工作内容"大而全"，主要负责网络店铺视觉规划、设计，以及商品描述。岗位要求主要有以下五点：

（1）负责店面整体形象设计更新、商品描述美化、店铺产品图片处理、促销活动平面支持等。

（2）负责网店商品模特后期的图片处理和图文排版。

（3）负责网店商品上架和下架的相关工作。

（4）负责商品细节图片更新、图片优化处理，商品发布及编辑整理。

（5）定期根据节假日、季节转换、店铺促销活动等制作活动策划模板。

2. 美工的能力要求

（1）软件操作能力。

① 摄影后期商业修图技术。美工需要完成后期修图工作，把从摄影师那里取来的图进行加工，然后做成直通车图等。

② 图像合成技术。做海报、店铺装修图、各类站内站外推广图等，都需要用到图像合成技术，图像合成水准也有高低之分。除了具备图片处理软件基本应用能力，还要掌握图像合成等高级技术。

（2）卖点挖掘的能力。

① 主图：美工不可盲目地制作主图，而要根据商品类型制作主图。因此，要先知道自己网店的商品是属于什么类型的，是外观型、功能型，还是功能外观结合型。

② 详情页：详情页在买家决定下单的时候有着举足轻重的作用。网店要找到商品的卖点（买家最需要的就是最好的卖点）。网店可以通过买家在同行的评论里去找卖点，他们的评论可以透露其最关心的细节，那就是网店的卖点。

③ 主题页面：展示商品的主要信息，让买家认识网店的商品。网店一定要找到商品的卖点，抓住买家的痛点，为他们解决疑虑。

1.2.5 新媒体岗位

1. 直播主播

网店的直播主播要形象良好，具备较强的表达能力、执行力、数据分析能力、沟通能力、学习能力和一定的承压能力。熟练办公软件操作，有播音主持、表演、演讲经验者更有优势。其主要工作职责如下：

（1）负责电商各平台上的直播、短视频出镜工作，在日常直播与大促活动期间引导用户下单，跟进后台发放优惠券、推送产品、烘托直播氛围等工作。

（2）负责配合公司重大直播项目与电商板块相关工作，统筹各平台日常直播活动，完成直播前、中、后期工作准备，保障直播活动顺利开展。

（3）负责全平台店铺运维工作，包含产品库更新、价格库存核对、活动提报、客服物流跟进等工作。

（4）负责各平台数据汇总整理、直播数据复盘分析等工作。

2. 直播助理

直播助理主要配合主播，要求熟悉直播中控台，能看懂数据，了解并熟悉直播运营方式，对粉丝运营有较强的把控力，有较强的临场应变能力。其主要工作职责如下：

（1）现场跟播，把控整场直播节奏，提升直播间氛围，帮助提升直播带货量。

（2）协助主播进行直播，策划整场直播的促销活动和撰写直播脚本。

（3）参与团队对主播人设的搭建与孵化。

（4）反馈主流直播形式，提供直播优化建议。

（5）协助主播拍摄视频，进行推广引流。

3. 短视频策划运营

主要负责抖音、快手等短视频平台的日常管理及运营，提升平台账号的影响力、粉丝量以及活跃度，打造符合网店品牌定位的IP。其主要工作职责如下：

（1）负责自制短视频选题策划、内容创作、质量把控等工作。

（2）根据各个项目需求，完成前期策划、内容创作等工作，具备良好的文案能力。

（3）高效捕捉热点主题，及时创作短视频内容，迅速提升账号的影响力和粉丝量。

（4）跟进短视频后期制作，督促及配合后期工作；监控短视频制作全过程，保证视频质量。

（5）善用相关软件进行数据分析运营。

（6）协调与沟通短视频制作过程中的相关各环节。

电商最前线
北京完成全国首家个体网店转变为线下实体形式的个体工商户变更登记

为深入贯彻落实党的二十大关于"加快发展数字经济，促进数字经济和实体经济深度融合，打造具有国际竞争力的数字产业集群"的工作部署，更好地培育和激发网络交易市场主体活力和创造力，北京市市场监督管理局于2023年3月23日印发《北京市市场监督管理局关于试行开展支持平台经济发展 优化个体网店经营者登记管理工作的通知》，从支持个体网店高质量发展、促进电商平台规范发展、多措并举形成监管闭环三个方面提出15条具体举措。

在该通知中，关于支持个体网店通过地址变更方式拓展线下经营渠道、支持个体网店采用"一照多址"方式记载多经营场所信息、支持个体网店通过"个转企"方式实现向现代企业制度转换这三项举措为全国首创。

之前，个体网店拟开展线下经营需要先注销当前个体网店，然后再在线下重新申请登记注册，程序烦琐且不利于个体网店的可持续性发展。该文件的出台及时解决了网店经营遇到的这一困境。

北京市市场监督管理局相关负责人介绍，倘若个体网店店主在多个网络平台开展经营活动，通过"一照多址"登记方式，还可以轻松地将多个网络经营场所记载在同一张营业执照上，相关网络经营场所地址以二维码形式展现，网址变更增删也无须更换营业执照，社会公众扫码即可查询各场所具体信息。

相关政策实施后，将有力支持首都平台经济规范健康发展，帮助更多个体经营者通过电商经营方式轻装上阵，激发创业热情。同时，鼓励更多优质个体电商做大做强，拓展线下经营渠道，实现向现代企业制度的转换，放开手脚，大胆发展。

1.3　分析网络市场

1.3.1　网络零售行业总体情况

1. 网络零售的特点

（1）价格更低。传统线下企业每年的运营成本，如场地租金、人员工资等逐年升高，而网店既不需要场地租赁和众多的销售员工，也不需要仓管和物流等复杂的中间环节，可以省去很大一笔费用，商家可把这些节省的成本用于回馈给消费者，商品价格自然就降下来了，所以网店在价格上具有竞争优势。

（2）提高了购物效率，省时省力。以前消费者购物要去超市或商场，往往还会去其他网店进行比价，买完才能返回住所，而网络购物无须消耗路程时间，连比价也可以在网上一键操作，简单高效、省时省力。

（3）打破地域和时间限制。传统购物要发生在顾客能到达的地理区域，有地域限制，而网上购物可以采购其他地区的商品，远近皆宜。传统的线下购物消费一般都需要拿出一段时间，而网购时间更灵活，消费者可以利用碎片化的时间，更随心所欲。

2. 网络零售给传统零售业带来的影响

（1）网络零售推动了传统零售企业的自我创新变革。网络零售的诸多优势引发了传统零售业的创新变革。网购的兴起改变了消费者的消费习惯，很多消费者在传统商店对商品进行体验后，用手机在网上直接购买，而传统商店的销售功能不断弱化。一些传统店铺也开始实行线上与线下融合的O2O（Online to Offline）模式，即线上下单购买，线下体验拿货或享受服务，用线上与线下统一价格管理等方式来抵御电商的冲击。

电商逐步渗入农村，农村原有的传统小型商家也积极"触网"，不再受限于门店面积小、出样少的限制，纷纷开设小型网店，不仅在品类和品牌上迅速扩张，在宣传上也体会到了网店宣传的高效性，拥有更广阔的空间。

最初，百货店的商品销售是顾客隔着柜台和售货员进行交易，后来撤掉了柜台，顾客直接在超市内自由行走自己选购；同时连锁百货店出现，消费者在不同的地点都可以享受到同样的商品和服务；而现在，只需要轻点鼠标或用指尖轻点手机屏幕就可以让商品送货上门。一系列的销售模式逐步消除了中间环节，形成了极简的网购模式，这是一场零售业态的全新革命。

（2）网络零售改变了传统零售业以往的运营模式。传统企业"触网"后，原来运营商品的模式逐步向运营顾客的模式转变。传统零售企业会根据产品的占比和存货对指标做分解，如果有主推商品，就会对顾客选购的品牌进行洗牌，并往商家想要主推的商品上引导。一般在销售过后会对销售数据进行分析，分析销售数据和品类占比以及品牌占比。

而网络零售企业的销售模式则更多地关注顾客，从顾客搜索商品时就展开分析，将顾客浏览的商品、在购物网页停留的时间、购物关注点等过程一一留存，并将相关数据进行分析，觉察顾客的购物心理和需求，并有针对性地向顾客推送其想要购买的商品，提高营销的精准性。

网购使顾客的选择主动性增强，顾客的个性化需求越来越多，顾客根据自己的需求主动上网搜寻商品将取代传统的商家单向推销模式，企业也逐步把重点转移到运营顾客上来。以前的商品供应是根据数据库来做决策，现在的商品供应是根据线上的顾客需求来做决策，企业的关注点由后端的商品转移到了前端的顾客，更关注顾客需求。

（3）网络零售带来了更加完善的客户管理。这主要体现在以下两点：

① 客户资料管理的优化。在传统零售企业对客户资料管理方面，大型企业有自己的CRM系统，中小企业仅仅停留在登记顾客信息上，用纸质的、电子文档登记或用购买的软件系统录入顾客信息，而网店后台数据库可自动抓取有效的顾客基本信息并自动留存，不需要额外手工录入。

② 客户互动方式的优化。传统零售企业会通过在销售现场询问顾客或在销售后期针对顾客资料进行电话回访、发放促销信息通知等方式来实现互动，这些互动是需要商家主动去维护的，具有选择性和滞后性。而网络零售中顾客的主动性更强，打破了空间限制，可以直接在网上实时互动，提出评价或建议。例如，顾客可在购买前提出个性化建议，便于商家和供应商进行改进；购买后相关的售后服务也是实时互动的，

便于高效沟通。在网络零售中，平台将生产厂家、销售商家和顾客高效地连接在一起，随时共享信息，不仅使网店能更深入地了解顾客需求，也能及时根据顾客的建议制定改进策略。

3. 中国网络零售市场规模

国家统计局数据显示，2022年全国网上零售额达13.79万亿元，同比增长4%。主要呈现以下特点：

（1）部分商品品类销售实现两位数增长。在18类监测商品中，有8类商品销售额增速超过两位数。

（2）东北和中部地区增速较快。东北和中部地区网络零售额同比分别增长13.2%和8.7%，比全国增速分别高出9.2%和4.7%。东部和西部地区网络零售额则同比分别增长3.8%和3%。

（3）农产品网络零售增势较好。全国农村网络零售额达2.17万亿元，同比增长3.6%。其中，农村实物商品网络零售额1.99万亿元，同比增长4.9%。全国农产品网络零售额5 313.8亿元，同比增长9.2%，增速较2021年提升6.4%。

（4）跨境电商发展迅速。海关数据显示，2022年我国跨境电商进出口（含B2B）2.11万亿元，同比增长9.8%。其中，出口1.55万亿元，同比增长11.7%，进口0.56万亿元，同比增长4.9%。

（5）电商新业态新模式彰显活力。重点监测电商平台累计直播场次超1.2亿场，累计观看超1.1万亿人次，直播商品超9 500万个，活跃主播近110万人。

电商最前线
线上线下深度融合，即时零售渗透加速

商务部发布的《2022年上半年中国网络零售市场发展报告》中首次明确提出"即时零售"的概念，并肯定了即时零售在"线上线下深度融合"中发挥的作用。而在2023年的中央一号文件中，再次出现了即时零售的身影，文件表述为"全面推进县域商业体系建设，大力发展共同配送、即时零售等新模式"。

政策在支撑，零售企业也在纷纷发力，加快对即时零售业态的布局。根据中国连锁经营协会发布的《2022年中国即时零售发展报告》，即时零售是伴随零售数字化和即时配送业务的快速崛起而诞生的，其最大特点是以实体门店为供应链、以即时配送体系为依托，为消费者提供更高便利、更高时效性的到家业务，满足消费者应急需求或常态下即时性需求的零售新业态。《2022年中国即时零售发展报告》提到，预计在

2025年，即时零售开放平台模式规模将突破万亿门槛，达到约1.2万亿元。

实际上，近年来即时零售已走向成熟，市场参与者众多，主要可分为平台模式和自营模式。平台模式不直接拥有商品，通常依托互联网平台将线上的消费需求和线下的商家商品形成有效连接，由平台提供线下即时配送运力服务；而自营模式则是企业自身直接拥有门店和商品，同时具备自主配送运力，多出现在垂直零售行业，对商品和供应链的控制能力较强。

平台模式的主要商家包括美团闪购、京东到家、阿里饿了么等；而自营模式的主要玩家包括美团买菜、叮咚买菜、盒马鲜生等。同时，即时零售的业务范围正在逐渐扩大，从此前的外卖、买菜，到现在的3C电子、药品、母婴用品等。

平台模式的商家在这个过程中表现良好，以京东到家、京东小时购为例，已有超15万家全品类门店在该平台上线。其中3C数码品类已上线门店超过17 000家，母婴专营店近5 000家，美妆门店上线超4 500家。

而自营模式也有自身优势，对于实体企业来说，自营模式可以将大数据掌握在自己手中，清晰洞悉用户需求，从而进一步提升用户体验，有利于提升复购率和品牌忠诚度。

业态成熟不仅体现在供给端，还体现在需求端。近年来，我国即时零售市场规模持续快速增长，城镇居民对于即时零售的需求越来越大，即时零售渗透率持续提升，品类和场景不断丰富，产业生态日益完善，有力支撑了居民消费结构的优化和服务业的转型升级。

1.3.2　市场分析

1. 市场容量分析

市场容量即市场规模，其目的主要是研究目标产品或行业的整体规模。简单来说，可以理解为一定时间内，一个（类）产品或服务在某个范围内的市场销售额。市场销售额有时间维度限制的，一般限制在一年内。企业应注意区别潜在市场规模和市场规模的区别，潜在市场规模并无时间限制，计算结果视计算方法而定，因此不是很实用。例如，要测算商品房的潜在市场规模，可知我国约有14亿人口，每户约3人，计算可得约有4.7亿户，平均每户需要一套商品房，则潜在市场规模为4.7亿套；但考虑新生儿的出生和房屋的折旧，那潜在市场规模就远远不止4.7亿套了。可见，如果对市场容量的计算方法不得当，那它就没有意义。

在电子商务技能大赛系统中，数据魔方提供产品、需求、价格、人群、关键词等有关数据信息，为卖家提供不同类目商品的市场需求信息及基于大数据的关键词相关信息；卖家可以通过数据魔方进行市场分析定位，分析每个关键词的相关数据，制定自己的运营策略。

动画：数据魔方的应用

市场需求信息提供了某类商品在不同城市的市场平均价格以及四类不同需求人群的市场需求数量。

数据魔方（见图1-1）给出了商品的需求信息及商品的关键词有关数据信息，运营者需要准确理解数据魔方。网店开展的运营活动都是围绕着这些信息展开的。每次竞赛第1轮第1期（简称1-1）的数据魔方信息都是不同的，1-1后的数据魔方是根据市场运营情况有规律地变动的。

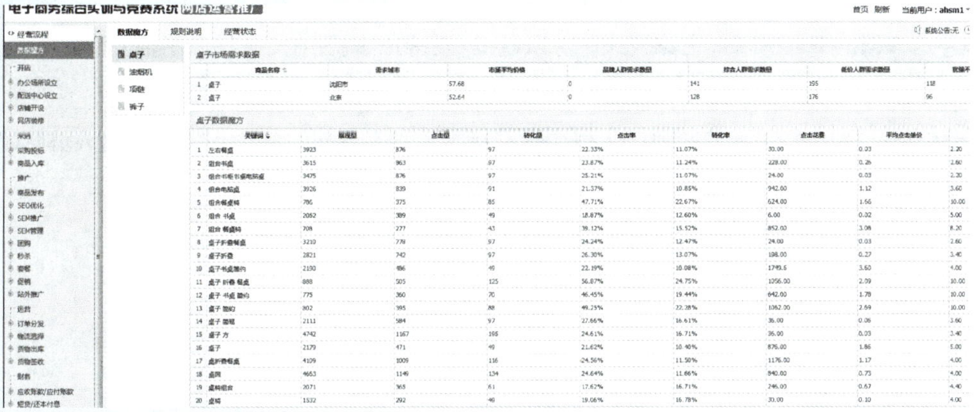

图1-1　数据魔方截图

2. 市场渠道分析

随着互联网的发展以及网购的普及，网购用户的增长趋势逐渐放缓。另外，在现今消费升级的市场环境下，消费者对商品品质以及商品个性化的要求越来越高，越来越看重购物体验，有很多网店消费者开始愿意回到线下进行购物。而随着众多电商品牌开始实行线上线下同价机制，消费者在线下购买商品就能享受线上购买的优惠。

网络购物发展日益成熟，各家电商平台除了继续不断扩充品类、优化售后服务和物流服务外，也在积极发展跨境电商、农村电商。

随着电商零售市场的渗透率不断提高，电商对经济发展愈发重要，各行业电商化的步伐会越来越快。在为人们带来便利的同时，电商零售也在改变人们的消费习惯。线上消费影响的群体会越来越多，原本习惯于线下消费的人群也在电商零售潮流中有了更多的选择。

大赛直通车
四种人群的不同策略

电子商务技能大赛系统中有四类顾客人群：品牌人群、低价人群、综合人群、犹豫不定人群。其中品牌人群和综合人群是高价高消费人群；低价人群和犹豫不定人群是低价低消费人群。结合对商品的预测价格，网店可以制定低价人群策略、高价人群策略和"低价+高价"人群策略。

（1）低价人群策略：考虑到前期消费者对品牌没有市场需求，按照人群成交顺序，最先购买的是低价人群，所以可以通过价格来吸引顾客，产生订单，积累运营业绩。同时，犹豫不定人群的市场需求量也比较大，可以通过一定的促销活动占领犹豫不定人群的市场。积累了一定的运营业绩后，可及时将市场定位转移到高价人群。

（2）高价人群策略：前期高价人群中只有综合人群有需求，因此可以从综合人群影响因素入手，提高综合人群成交概率。

（3）"低价+高价"人群策略：就是把高价人群和低价人群策略搭配使用。

1.3.3 竞争对手分析

竞争对手分析又称竞争者分析，是战略分析方法之一，是指对竞争对手的现状和未来动向进行分析。其内容包括：① 识别现有的直接竞争者和潜在竞争者；② 收集与竞争者有关的情报并建立数据库；③ 对竞争者的战略意图和各层面的战略进行分析；④ 识别竞争者的长处和短处；⑤ 洞察竞争者在未来可能采用的战略和可能做出的反应。

锁定自己的竞争对手并快速对其进行分析，然后制定相关的应对策略，在网店运营的过程中尤为重要。在找到自己的竞争对手之前，必须先了解自己，如果连自己网店的产品定位都不清楚，那么就已经输在起跑线上了。

网店的产品定位是很重要的，它不仅会影响到网店的客单价、消费人群、装修风格，还会影响到后期的营销策略等，所以它是网店之本。

当买家看到一个产品时，最直观看到的信息就是产品定位。以女装为例，网店是要卖连衣裙还是牛仔裤，是要高客单价还是低客单价，是要中国风、复古风还是淑女风，这些都是需要在开店前就要思考的问题，概括起来，可以从三个方面定位产品，那就是类目、价格和风格。

在确定了网店的产品定位后，接下来就可以去寻找与自己产品定位类似的竞争对手。以百武西店铺为例，百武西是一个向20世纪30年代文艺致敬的生活品牌（其店铺商品见图1-2），致力于把产品融入20世纪30年代的文化中，是"文艺范儿"生态生活概念的坚守者，产品线从女装、男装、护肤、果茶到配饰，都围绕着一个文艺生活的主题。那么，以这个店铺为例，它应该如何找到竞争对手呢？

¥559.20
商场同款/百武西「仲夏夜之梦」系列原创复古印花珍珠花边旗袍
总销量：11

¥503.20
商场同款/百武西「优雅旋律」原创复古改良斜门襟印花旗袍女
总销量：1

¥699.00
商场同款/百武西国风文艺复古改良波点收腰拼接旗袍女1429
总销量：18

¥503.20
商场同款/百武西"提香"原创设计复古文艺弧形下摆碎花旗袍女
总销量：12

¥559.20
商场同款/百武西"莲"系列原创设计复古拼接镂空网纱旗袍1357
总销量：13

¥559.20
商场同款/百武西"提香"原创设计夏日复古领口镂空改良旗袍
总销量：19

¥729.00
百武西商场同款2020夏新款复古优雅蕾丝鱼尾短袖改良长旗袍女
总销量：22

¥729.00
商场同款/百武西原创设计复古文艺改良款不对衬拼接旗袍女1559
总销量：15

图1-2　百武西店铺商品

（1）通过关键词圈定竞争对手。在淘宝搜索与店铺商品最符合的关键词，之后按照店铺客单价精确找到竞争对手。还可以根据店铺商品的属性进一步精确找到竞争对手。比如，这家店铺的商品多以复古为主，就可以在搜索页面用"复古连衣裙"这一关键词进行进一步圈定。

（2）通过销量圈定竞争对手。网店可根据自家商品的平均销量圈定几家和自己店铺客单价和销量相近的卖家作为竞争分析的对象。这个时候，可以以销量为维度，在淘宝搜索页面找出相关卖家，然后找到自家店铺商品所在的排名，圈定与自己店铺的商品前后排名最接近的几家店铺，将最接近的店铺作为竞争对手进行分析。

（3）通过推广活动圈定竞争对手。现在的软件功能都很强大，网店可以对竞争对手产品进行全面的分析，不管是淘宝客、关键词，还是直通车和其他活动，都能尽收眼底。图1-3所示为直通车推广中出现的竞争对手页面。

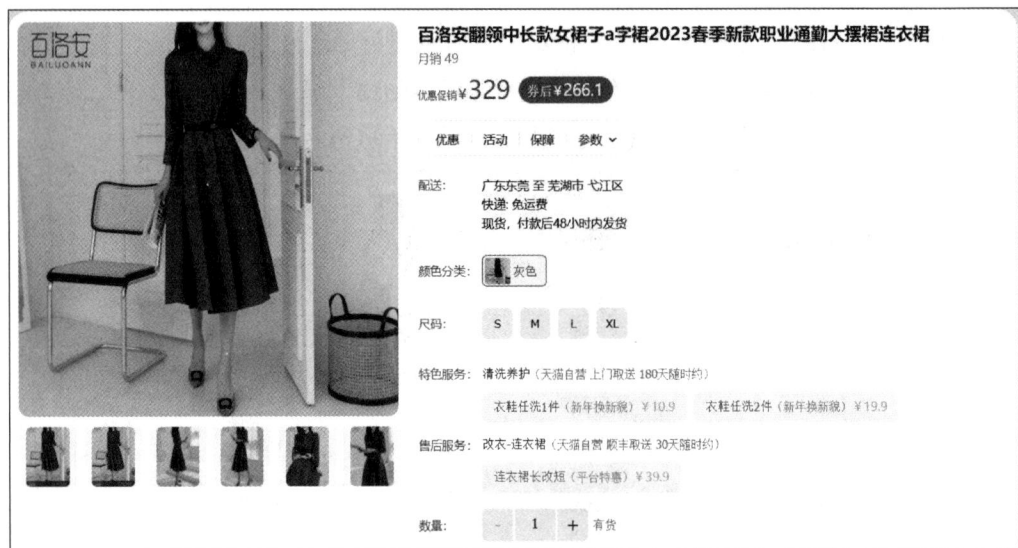

图1-3　直通车推广竞争对手

（4）通过详情页分析竞争对手。锁定竞争对手后，除了用一些软件了解竞争对手的推广情况外，最直观的了解方式就是点击竞品观察详情页和买家评论，图1-4就是上面的网店的竞品详情页分析。

图1-4　竞品详情页分析

先打开竞品详情页面，可以看到如图1-4所示的内容，这就是该商品的属性页面，从中可以看到此商品的很多属性，如风格、领型、腰型、流行元素等，对这些属性进行分析并与自己店铺的产品进行对比，从而判断自己店铺产品的属性是否定位准确。

再从详情页分析，如图1-5所示。由于详情页是促使消费者下单的最后一关，建议仔细对比详情页。同时可以关注竞争对手近期是否有详情页活动海报，竞争对手对商品的拍摄展示、细节展示、商品卖点展示是否恰到好处，对买家痛点的描述是否简单明了，要通过与竞品的对比，找到竞品详情页值得学习的地方，从而借鉴运用。

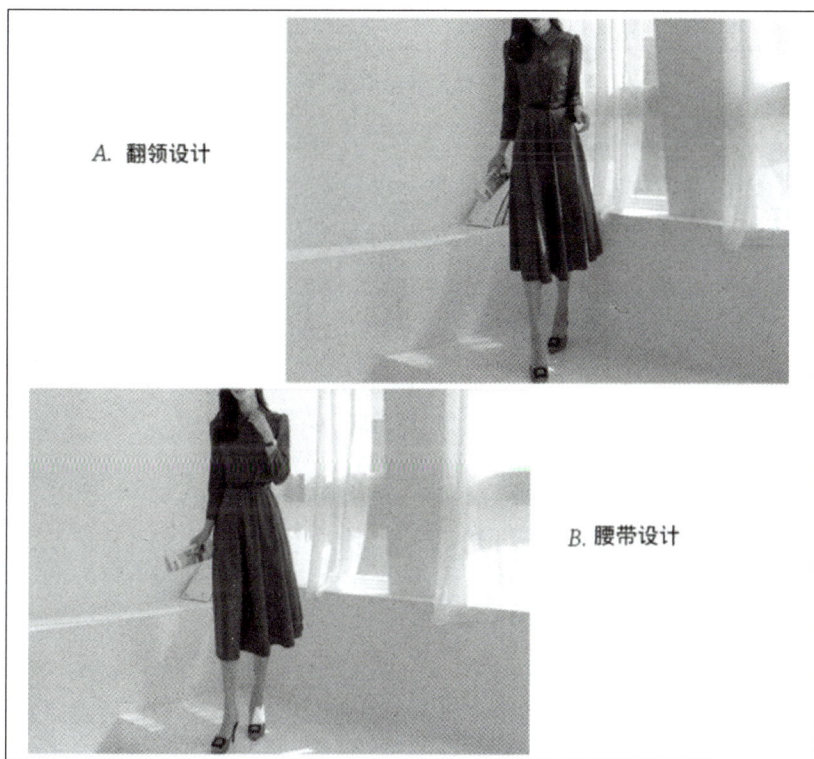

图1-5　竞品详情页细节分析

（5）从评价分析竞争对手。对竞争对手的评论，其实是了解店铺相类似人群需求点的一个比较好的途径，是一个值得研究的因素。某竞品的评价页面如图1-6所示。通过对竞品评论的分析，可以发现其中部分买家最在意的是裙子的款型、质量、舒适度及手感如何，而服务质量也是买家比较在意的。在了解了买家的需求后，再回过头看看自己店铺中的评论，以此判断自己店铺的产品有哪些是做得不好的，有哪些做得不错可以继续维持的。在检查自身评论的时候，可以看出买家对商品的款式质量、手感和舒适度的满意程度较高。

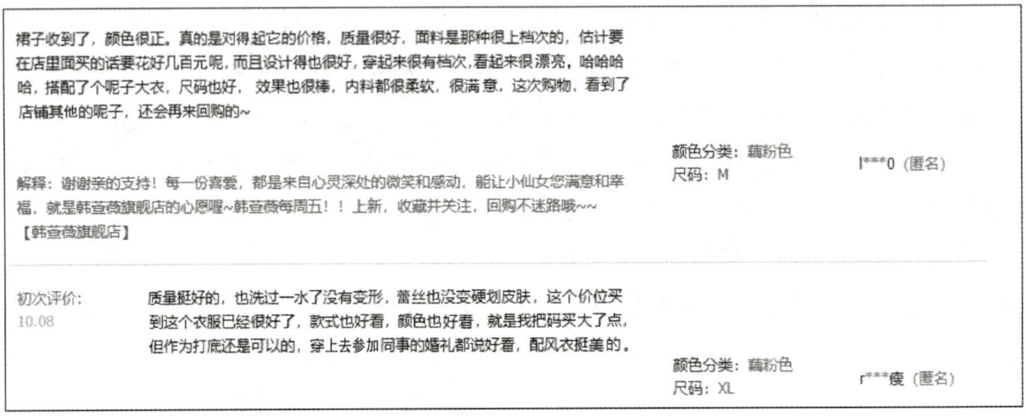

图1-6 竞品评价页面

竞争对手的定位及数据情况，主要就是从以上几个维度进行分析。要想做好网店运营，知己知彼尤为重要。只有通过对竞争对手进行充分分析，才能在电子商务的竞争中生存下来。

综合实训

利用数据魔方确定运营策略

数据魔方为卖家提供不同类目商品的市场需求信息以及基于大数据的关键词的相关信息；卖家可以通过数据魔方进行市场定位分析，分析每个关键词的相关数据，用以制定自己的运营策略。

市场需求信息提供某类商品在不同城市的市场平均价格以及四类不同需求人群的市场需求数量。

关键词相关数据信息如下：

（1）关键词展现量（Page Views，PV）：该关键词的在展位上所展现的次数。

（2）关键词点击量（Unique Visitor，UV）：点击该关键词的不同 IP 地址的人数。

（3）关键词点击率（Click-Through-Rate，CTR）：点击该关键词的到达率。

（4）关键词转化量：该关键词最终达成的实际成交数量。

（5）关键词转化率（Click ROI）：由关键词引入的点击量与该关键词最终达成的实际成

交数量的比率。

（6）关键词搜索相关性：与该关键词历史的搜索次数、PV、UV、CTR、关键词转化量、关键词转化率等相关，由数据魔方给出该数据。

【解读】数据魔方提供产品、需求、价格、人群和关键词等有关数据信息。

图1-7显示的是某网店1-1的数据魔方图，数据魔方会在上方显示该网店商品在各城市的市场平均价格、不同人群的需求数量；在下方显示该产品所有的关键词数据，如点击量、点击率等，这对后面的SEO优化和SEM推广环节有着导向作用。

此外，数据魔方为每个商品都提供了大量的关键词，网店可以根据每个关键词的有关数据合理创建商品标题。商品标题创建时要简单直接，突出卖点，不堆砌无关的关键词。

在电子商务技能大赛中，参赛团队以卖家角色分析数据魔方，完成以下任务：① 区域、商品、人群定位；② 租赁办公场所，建立配送中心，装修网店，采购商品；③ 根据数据魔方进行搜索引擎优化（SEO）操作、获取尽可能多的自然流量，进行关键词竞价（SEM）推广、获取尽可能多的付费流量，引导买家进店消费；④ 针对不同消费人群采取不同策略，确定商品价格，促成交易，提升转化率；⑤ 处理订单，配送商品，结算资金；⑥ 规划资金需求，控制成本，分析财务指标，调整运营策略，创造最大利润。

请在电子商务综合实训与竞赛系统中对数据魔方进行分析，了解各商品市场需求。

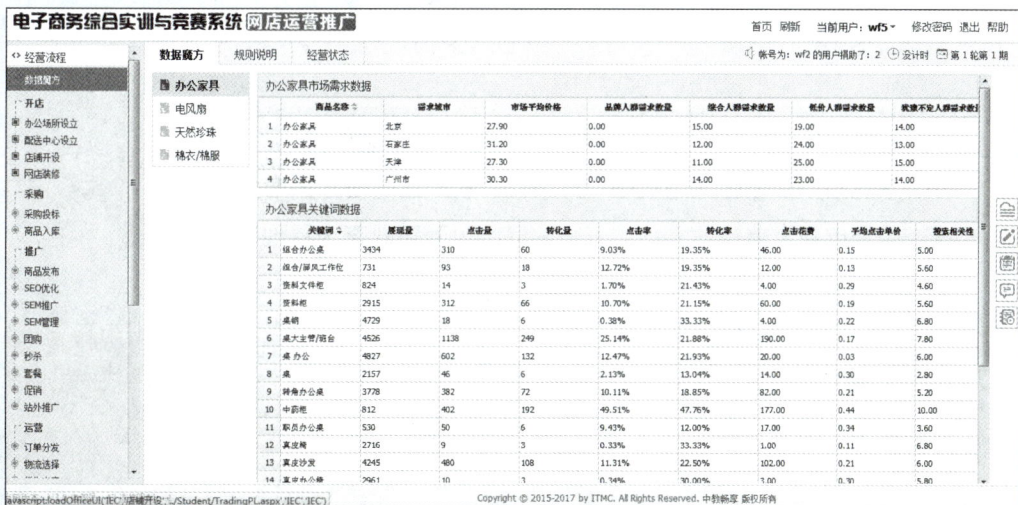

图1-7　数据魔方1-1期初始数据

一、单选题

1. 在电子商务技能大赛系统中，以下（　　）人群只会在B店成交。

    A. 品牌人群
    B. 低价人群
    C. 综合人群
    D. 犹豫不定人群

2. 以下不是客服岗位的工作职责的是（　　）。

    A. 通过聊天软件耐心回答客户提出的各种问题，促使双方达成交易并处理订单信息
    B. 熟悉平台的各种操作规则，解决客户需求，修改价格，管理店铺等
    C. 解答顾客提问，引导顾客进行购买，促成交易
    D. 制订销售计划，带领团队完成销售业绩目标

3. 钻石展位属于（　　）计费方式。

    A. CPC
    B. CPM
    C. CPS
    D. CPT

4. 以下关于2022年中国网络零售市场说法，不正确的是（　　）。

    A. 东北和中部地区增速较快
    B. 农产品网络零售增势较好
    C. 跨境电商发展迅速
    D. 电商新业态未展现出活力

5. 以下不属于B2C模式的电商平台是（　　）。

    A. 天猫
    B. 京东
    C. 淘宝
    D. 唯品会

二、多选题

1. 一家网店的销售额取决于以下（　　）因素。

    A. 流量
    B. 转化率
    C. 客单价
    D. 复购率

2. 转化率的影响因素主要有（　　　　）。

    A. 人群定位   B. 商品描述

    C. 商品评价   D. 客户服务

3. 按照经营者主体来分，网店可以分为（　　　　）。

    A. C店   B. B店

    C. 入驻型网店   D. 自营性网店

4. 找到竞争对手的方法有（　　　　）。

    A. 通过关键词圈定竞争对手   B. 通过销量圈定竞争对手

    C. 通过推广活动圈定竞争对手   D. 通过详情页、评价分析竞争对手

5. 在1-1期的数据魔方中，以下（　　　　）产品有购买需求。

    A. 办公家具   B. 油烟机

    C. 项链   D. 裤子

三、技能训练

    竞店分析需要围绕竞争对手及其销售数据进行识别和综合分析。试结合自身资源优势，选择一类商品，进行竞争对手识别和销售数据分析。

（一）竞争对手识别

    明确自己所（拟）经营店铺，请选择合适的竞争对手分析方法，选定至少5个竞争对手，并填写表1-2。

表1-2　竞争对手识别

序号	竞争对手店铺名称	竞争对手店铺地址	竞争对手店铺SKU数	竞争对手店铺主要特色
1				
2				
3				
4				
5				
……				

（二）竞争对手销售数据分析

选定3个最重要的竞争对手，对其进行连续一周的观察，填写表1-3。

表1-3　竞争对手销售数据分析

日期	竞争对手 1 销量	竞争对手 2 销量	竞争对手 3 销量
日期1			
日期2			
日期3			
日期4			
日期5			
日期6			
日期7			

模块二
网店创设

- ⮞ 网店平台选择
- ⮞ 办公地点与物流规划
- ⮞ 网店视觉设计

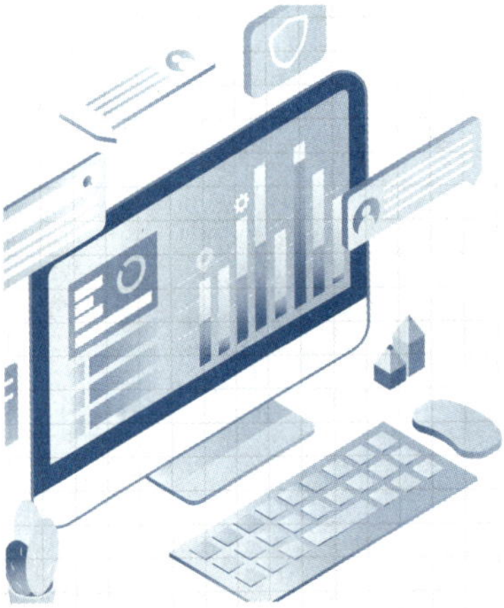

素养目标
- 在网店创设过程中树立遵纪守法、诚信经营的意识
- 在网店视觉设计中坚持正确的审美取向，培养良好的审美情趣与人文素养

知识目标
- 了解网店如何进行开店平台选择
- 了解视觉营销的目的和意义
- 掌握网店视觉营销的设计要点与设计规划
- 熟悉商品详情页的重要性和设计原则
- 掌握商品详情页的构成与设计

技能目标
- 能够进行电商企业办公地点选择及配送中心选址
- 能够进行PC端与移动端网店首页和详情页设计
- 能够针对不同的品类选择不同的色系

思维导图

```
                                ┌─ 第三方平台开店
                   网店平台选择 ─┤
                                └─ 开设独立商城

                                ┌─ 办公地点选址
网店创设 ─── 办公地点与物流规划 ─┤
                                └─ 配送中心选址

                                ┌─ 视觉营销概述
                   网店视觉设计 ─┤  网店首页和详情页设计—PC端
                                └─ 网店首页和详情页设计—移动端
```

导入案例
电商助农增产增收大有可为

　　党的二十大报告提出："发展乡村特色产业，拓展农民增收致富渠道。"在2022中国农民丰收节期间，拼多多、京东、阿里巴巴、抖音电商等多个平台宣布采取一系列措施，帮助农户增产增收。近年来，农产品为电商发展提供了新机遇，越来越多的农业工作者将互联网思维带入农业产业链中。

　　1. 电商平台助农升级

　　中国农民丰收节开启后，各大电商平台用自身平台优势助农。其中，作为承办中国农民丰收节"金秋消费季"的唯一电商平台，拼多多于2022年9月1日上线"多多丰收馆"，投入50亿元消费补贴，覆盖超50万种农副产品，与全国消费者共庆丰收。

　　央视网与度小满发起"恰逢好时光"农民丰收节公益直播活动，为近20款公益助农产品进行直播带货。这些农产品均来自度小满公益项目"小满助力计划"的落地地区。度小满方表示，本次活动借助抖音账号下5 000万名粉丝的影响力，助力优质农产品"出圈"，打造区域品牌影响力，带动产品销售，并推广优秀的农耕文化和乡村传统文化。

　　京东推出"百城万店"助农计划，共计联合超15万家超市、生鲜连锁店、便利店等线下实体门店，增加全国超1 700个县区市的同城农特产品供给，通过"线上下单、门店发货、商品小时达"的方式，给城市消费者带去优质农特产品，同时加速推动农产品的销售升级，实现商品更高效地运转，助力农民增收。

美团买菜则在广州正式启动"本地尖货"品牌打造计划：一方面为本地消费者提供配送时效更高、标准更好的本地农产品，满足消费者即时购买的消费需求；另一方面通过流量倾斜和活动资源扶持，加大采购力度，为本地农产品提供定期的营销活动，利用流量对接上大市场。

2. 电商推动农业数字化能力

电商平台积极参与农业数字化建设，既为农户带来稳定的销售渠道，还能敦促农户对水果品质、标准进行提升，而电商用户的"动态"反馈，也会反哺农业生产、采摘等环节，做到"双重敦促"。

随着农业数字化获得重视，各个电商平台在广阔的农村市场势必加深布局，农民将在电商、大数据、人工智能等新技术的发展中受益。电商已成为我国乡村振兴的重要力量。

从各大电商平台反馈的数据可见，中国农民丰收节带来了一轮消费热潮并推动农业数字化发展。数字化进入农业生产各个环节，让成本更低、效率更高。云技术和无人技术、VR/AR等新技术的广泛应用，助力农业数字化发展，并推动农产品品牌化。

农业数字化发展，使得越来越多的农户、大学生开始创设农产品店铺。考虑到农特产品的特点，在创始店铺首先要选择合适的电商平台，并充分利用平台优势；其次是规划好物流配送体系，确保物流效率；最后，还要考虑好店铺视觉定位，展现出独特的风格。

思考： 如何开设一家农产品电商网店？在网店视觉设计方面，应注意哪些问题？

2.1 网店平台选择

随着互联网的发展，网上开店早已不再是什么新鲜事，许多个人和企业都希望通过网上开店的形式来拓展自己的销售渠道。每一个人或者企业，不需要花太大力气就可以开设网店。许多电子商务平台提供了开店的渠道，如淘宝网、天猫商城、京东商城、拼多多等。

如果在网上开店，首先要选择一个符合自己条件的开店平台。选择平台需有考虑平台影响力、客流量成本等因素，而且平台必须符合自己产品或者品牌的特点。开设网店大致可以分为第三方平台开店和开设独立商城两种方式。

2.1.1 第三方平台开店

第三方平台可根据卖家性质，分为企业店和个人店，也就是人们常说的B店和C店。接下来介绍四个常见的第三方平台。

1. 淘宝网

淘宝网是知名电子商务企业阿里巴巴旗下的知名在线销售平台,创立于2003年5月10日。同年10月第三方支付工具"支付宝"上线,以"担保交易模式"使消费者对淘宝网上的交易产生信任。之后阿里巴巴又相继推出了阿里旺旺等特色服务。

由于淘宝在推出之初采取了全免费策略,个人凭身份证就可以入驻平台,门槛较低,很快就吸引了大量卖家入驻。同时,相对于实体店来说,在淘宝开设网店无须实体店铺,对人员数量的需求也偏少,运作成本低,卖家能以较低的价格出售商品、参与市场竞争,从而吸引了大量消费者,其用户数量和交易额连年快速增长。

但淘宝网的经营策略也带来了负面效应,为了吸引买家,许多卖家不惜降低产品质量甚至用假货来以次充好。为了避免这一乱象,阿里巴巴下了大功夫来整治淘宝网,比如,与国家认证认可监督管理委员会合作,共享企业品牌数据,避免无证以及假冒伪劣商品的出现。同时,淘宝也加大了对假货的处罚力度,引入了DSR(Detail Seller Rating)评分等多种商品评价机制,销售假冒伪劣商品现象在近几年得到了很大的改善。

由于多数淘宝店是以个人身份注册的,人们常常把淘宝网称作C2C平台,也叫作淘宝集市。2016年,淘宝推出了"淘宝企业店",鼓励个人卖家将店铺升级为捆绑企业身份的店铺。2019年起,按照《中华人民共和国电子商务法》①的规定,电子商务经营者应当在其首页显著位置,持续公示营业执照信息、与其经营业务有关的行政许可信息。所以,用C2C来标注淘宝网店的身份就显得不太合适了。但是,由于习惯和店铺定位问题,许多人还是习惯把淘宝店叫作"C店"。

2. 天猫商城

2011年6月16日,阿里巴巴将旗下淘宝公司拆分为三个独立的公司,即沿袭原C2C业务的淘宝网(taobao)、平台型B2C电子商务服务商淘宝商城(tmall)和一站式购物搜索引擎—淘网(etao)。2012年1月11日上午,淘宝商城正式宣布更名为"天猫"。

天猫和淘宝的主要区别在于天猫强调入驻商家的品质和品牌,只有符合要求的品牌商和代理商才有资格在天猫商城开店。企业申请入驻天猫时,需要向平台提供商标注册证或者代理商标通知书。此外,天猫商城还对入驻企业做了其他方面的限定,包括注册资本不得低于100万元、公司成立年限至少两年、企业必须具备一般纳税人资格等。这些都说明天猫平台是一个和淘宝定位完全不同的、定位更高端的平台。

---

① 简称《电子商务法》。

按照入驻企业和品牌的关系，天猫店分为旗舰店、专卖店和专营店三类。旗舰店是商家以自有品牌入驻天猫开设的店铺；专卖店是经营一个或者多个授权品牌的店铺；专营店是同一个招商大类下经营两个以及两个以上品牌商品的店铺。

电商最前线
天猫商城入驻费用

和淘宝店免费不同，入驻天猫平台会收取一定的费用，同时，也会获得阿里巴巴更多的流量支持。由于所有天猫平台中的店铺都是以企业身份入驻的，因此，人们习惯把天猫店叫作"B店"。

企业入驻天猫商城需要缴纳的费用如下：

（1）保证金：根据类目和商标状态不同，金额也是不同的（申请退出店铺后退还）：① 品牌旗舰店、专卖店：带有TM商标的10万元，全部为R商标的5万元；② 专营店：带有TM商标的15万元，全部为R商标的10万元。

（2）软件服务年费：分3万元和6万元两档，企业达到一定销售额后，可返还一定比例的年费。

（3）软件服务费：企业在天猫经营需要按照其销售额一定百分比（简称"费率"）交纳软件服务费，不同类目的费率不同，一般为0.3%~5%。

3. 京东商城

京东集团是我国知名的电子商务企业，其核心业务是其在线商城——京东商城，2004年全面尝试电子商务业务。其主营业务涵盖3C、家电、服饰、家居等多个领域。目前，3C产品是其强势业务。有京东集团强大的企业实力和信誉作为后盾，消费者的信任度较高，目前在3C领域，京东商城已经占据了较大的市场份额，这又使得京东商城可以提供在价格上更有竞争力的商品。

京东商城最初是纯自营独立商城，其特色是优秀的物流服务用户体验。截至2022年年底，京东物流运营超1 500个仓库，京东物流仓储网络总面积超过3 000万平方米。同时，在全球范围内运营近90个保税仓库、直邮仓库和海外仓库，总管理面积近90万平方米。

京东商城开设之初，所有产品均为京东自营，产品均发自京东的自动化仓库。2017年以来，为了扩大业务，京东商城开放给其他企业入驻。入驻企业既可以使用京东的物流服务，也可以使用自己的物流。目前，京东商城只允许企业入驻，和天猫平台相比，京东平台对企业收取的保证金和年费相对较低，交易佣金比例为8%。

相对天猫平台，目前京东商城上入驻的店铺较少，同一品类下的商品竞争不是特别激烈，引流也相对容易，而且京东商城的消费者也习惯直接下单，不做过多比较和询问，这些都是京东商城的特色。

4. 拼多多

拼多多是一家以低价和拼团为特色的电商平台，自2015年设立以来发展迅速，2022年，平台月活跃用户数达到4.19亿人，年营收1 305.576亿元，平均每日在途包裹数逾亿单。

拼多多最初的商业模式是一种网上团购的模式，消费者看中某件商品后，在平台上发起拼团购买某件商品。为了能够享受低价，用户既可以将拼团的商品链接发给好友，也可以直接在拼多多上与其他消费者拼团，如果达到一定人数、拼团成功的话，就可以享受到更低的价格；如果拼团不成功，就会取消这次购买行为。实际上，拼多多主要靠消费者在微信朋友圈的主动分享进行传播，通过社交网络实现裂变。

归纳来看，拼多多成功的经验在于：

（1）"主打"天猫和京东忽视的低价人群。拼多多上商品的主要优势在于价格低，平台的用户定位主要是低价人群，这些人群主要集中在三线、四线、五线城市和广大农村地区，但是市场规模巨大。

（2）简单直接、分享式的营销模式。拼多多商业模式的核心是电商拼团。在拼多多平台上，拼团能够获得更优惠的价格，所以多数卖家会主动选择拼团模式。对于客户来说，拼单依靠分享，付款后也可以分享到微信等社交平台上，从下单到支付，再到最后离开拼团页面，每一个环节都引导买家主动分享。

拼多多借助QQ、微信平台进行传播，亲朋好友之间的分享具有信用背书，很容易引导用户产生裂变效应。

（3）优惠政策吸引入驻。拼多多的入驻规则比较简单，允许卖家以企业或者个人身份入驻，卖家按照品类不同，只需要缴纳数千元不等的保证金，不必再缴纳软件服务费和交易佣金。拼多多平台的盈利主要依靠出售商品广告位。这些优惠措施吸引了大量的商家和个人入驻。

5. 抖音小店

抖音小店是抖音电商为商家提供带货工具，可以帮助商家拓宽内容的变现工具产品，是提供线上电商店铺解决方案，帮助商家拓宽内容变现渠道，提升流量价值的一站式商家生意经营平台。用户可以在抖音、抖音火山版内进行内容获取，下单用户可以直接转化成为品牌方账号粉丝，形成完整的流量转化系统。

（1）抖音小店是电商商家实现一站式经营的平台，为商家提供全链路服务，帮助商家实现长效经营、高效交易，其经营的特点如下：

① 一站式经营。开通抖店后，商家可以通过内容到数据到服务全方位的抖店产品，实现商品交易、店铺管理、售前及售后履约、第三方服务市场合作等全链路的生意经营。

② 多渠道拓展。开通抖店后，商家可以在抖音、今日头条、西瓜、抖音火山版等渠道进行商品分享，一家小店可拥有多条销售渠道。

③ 双路径带货。商家自营：抖店商家可实现在平台的持续经营，可通过商家自播实现经营的增长；达人带货：商家在抖店不仅可以自播带货，也可以申请加入精选联盟，邀请平台达人帮忙带货。

④ 开放式服务。抖音与第三方服务市场合作，抖音小店连同第三方服务市场助力商家在商品管理、订单管理、营销管理、客服等全经营链路实现效率提升。

（2）开通抖音小店，需要准备以下材料：

① 主体资质。是指经营活动的主体本身依照法律或专业规范应当具备的资质，如营业执照、身份证、银行账户信息等。

② 品牌资质。是指与品牌相关的商标文件、授权文件等资质材料。

③ 行业资质。是指商家经营该行业必须拥有的资质内容，如食品经营许可证、食品生产许可证、化妆品生产许可证等。

④ 商品资质。包含国家对商品的认证、认可和要求以及平台对商品特殊材质等要求，如CCC认证证书、化妆品备案凭证等。

网商须担当
个人网店"持证上岗"方能长久

《电子商务法》第九条第一款规定："本法所称电子商务经营者，是指通过互联网等信息网络从事销售商品或者提供服务的经营活动的自然人、法人和非法人组织，包括电子商务平台经营者、平台内经营者以及通过自建网站、其他网络服务销售商品或者提供服务的电子商务经营者。"

同时，《电子商务法》第十条规定："电子商务经营者应当依法办理市场主体登记。但是，个人销售自产农副产品、家庭手工业产品，个人利用自己的技能从事依法无须取得许可的便民劳务活动和零星小额交易活动，以及依照法律、行政法规不需要进行登记的除外。"

《电子商务法》对包括微商、朋友圈代购等在内的个人卖家提出了"持证上岗"的要求，恰逢其时，利好各方。经营者能够告别"黑户"身份，取得市场主体资格，在监管下进行合法经营，实现长久发展。个人卖家被纳入"法内之地"，使消费、维权等都有法可依，更好地满足了消费者的需求，保障了其合法权益。同时，这也是对个人创业精神的肯定，从长远来看有利于促进电子商务健康有序发展，为经济发展注入了新动力。

2.1.2　开设独立商城

除了第三方平台，许多企业还会选择开设拥有独立域名的商城，这些商城有些是产品制造商，如小米或者华为；有些则是渠道商，如苏宁电器旗下的苏宁易购。

和第三方平台相比，独立商城有不同的特点和运作方式。建立独立商城，投入是固定的，软件支出是一次性的。域名注册门槛很低，企业可以拥有一个带顶级域名的网站，而且企业不必按照交易量多少向平台按比例支付交易佣金。因此，当电商企业交易量较大的时候，开设自己的独立商城可以将单位交易成本降到更低，从而获得竞争优势。所以，建立独立商城是企业电子商务发展的高级阶段，是企业做大做强后的必然选择之一。

1. 独立商城的优点

（1）有助于建设自有品牌。开设独立商城对企业来说，意味着更大的自主权和更高的自由度。企业宣传的是企业自身的域名和品牌，客户记住的是企业的独立域名和品牌。独立网店的域名是商家自己指定的，企业是域名的持有人。而在平台上开设网店，得到自己的网店的二级域名，不仅不利于记忆和传播，而且域名使用权掌握在平台手中，这对企业业务的长期开展是有隐患的；此外，二级域名远不如顶级域名易于推广。

（2）独享客源和数据。拥有独立商城，就能够通过各种媒体进行推广，引流来的客户都会被引导到自己的商城里面，其客源为企业独享，可以反复利用。而在开店平台上开网店，宣传推广带来的客户是大家共享的，这样的客户很容易被平台用算法推荐给竞争对手。同时，在独立商城中，客户资料、订单信息、文章资料、商品资料、数据库都是独立的，不必放在第三方平台上；数据是自有的，这样更安全、更稳定，方便进行备份和大数据分析。

（3）减轻对开店平台的依赖。在其他平台上开网店，往往会逐渐形成对平台的依赖。对于中小企业而言，其业务过于依赖他人将是非常危险的。而开设自己的独立商城则可以减轻这种依赖性，自己的生意由自己做主。

电子商务平台出于一些原因的考虑，对很多商品都会有比较苛刻的要求。店主往往会发现，其某些商品会因为图片、商品名称、品牌等多种因素不符合规定而不得不下架。而开设独立商城，只要在国家法律法规的范围之内，企业就可以根据市场需求发布商品，真正实现"您的网店您做主"。

（4）更容易实现个性化。开独立网上商城，企业可以自行设定交易规则和模式，比如，设定自己的促销策略和支付方式等。而在其他平台上开网店，企业只能按照平台固有的规则进行运营，即使有了许多新的想法，也无法实施。

独立商城由于基本采用模板（前台界面风格）机制，一般会从很多个性化模板中选择适合自己的，结合定制模板，网店可以拥有与企业标准色和视觉识别系统相匹配的外观。而且，独立商城可以随时对自己的网店模板做出修改和调整，更容易实现个性化。而其他平台上的网店风格总是要保留很多平台的标识，这些标识是网店无法去除的。总体而言，独立商城的网页外观更容易实现个性化和定制化。

2. 独立商城方案的缺点

（1）前期投入更大，小企业往往难以负担。开设独立商城，前期不仅需要购买域名、服务器空间等，还需要购买或者定制一套专业的网店平台软件。

（2）推广难度更大。第三方平台由于具有商品聚集效应，会有大量的买家聚集，卖家在平台上开网店，只需要做好店内同一类目下的竞争和引流就可以了。而独立商城的引流则需要企业自己去想办法。小企业还面临着消费者的信任问题，相比而言，开设独立商城前期的推广难度更大，投入更高。

对于企业而言，如果条件允许，要尽早建立自己在网络上的独立商城。当然，在第三方平台上开店同样具有很多优势。多数企业选择的是一种独立商城与第三方平台网店共存的方式，两者有着不同的用户群，一般来说，独立商城更容易吸引看重品牌的人群，而第三方平台店则更容易吸引看重价格的人群。两者有一定区别，但都是商品在网上销售的渠道。

3. 独立商城的推广方式

虽然开设独立商城有诸多好处，但是，因为失去了第三方平台的商品聚集效应，独立商城的引流和推广难度也更大，运营成本也更高。一般来说，只有实力较强的企业才会去开设独立商城，独立商城的推广方法有以下几种。

（1）利用搜索引擎营销。独立商城必须要做搜索引擎优化（Search Engine Optimization，SEO）和搜索引擎营销（Search Engine Marketing，SEM），SEO类似于淘宝的标题优化，SEM则类似于淘宝的直通车。前者是免费方式，后者是付费方式，这是网店主要的流量来源。网店优化做得越好，被访问的机会就越多；购买的搜索关键词越多，被人们搜到的机会就越多；出价越高，在搜索结果中排名就越靠前，这意味着更多的流量和更高的销售额。

（2）利用各种自媒体工具引流。随着移动互联网的发展，各种自媒体工具，如微博、微信、短视频、直播等，已经成为人们喜闻乐见的营销方式，它们因为成本低而受众广泛。如果网店出售特定类型的商品，那么就可以利用各种自媒体工具吸引粉丝，再将粉丝转移到独立商城上来，实现将访客转化成客户的目的。

（3）利用传统媒体。传统媒体如电视、报刊、广播、海报等，在社会领域中仍然占有重要的一席之地，这些媒体虽然不方便直接放置链接，但企业依然可以通过传统媒体宣传自己的品牌，提升独立商城的知名度，加深消费者的记忆。用户通过传统媒体知道企业的独立商城名称后，可以通过各种方式，如广告链接或者搜索引擎，很容易地访问企业的独立商城。

（4）在其他网站上做付费广告。许多网站，尤其是门户网站都开通了付费广告业务，付费广告一般按照千次点击次数付费。独立商城可以在这些网站上购买广告位引流。如果放置广告的页面选择得当，用户匹配精准，就可以保持较高的点击率和转化率。当然，独立商城首页设计要有吸引力，用户体验要好。

2.2　办公地点与物流规划

2.2.1　办公地点选址

企业办公地点选址对于其发展来说是非常重要的环节之一，对电商企业同样如此。企业在办公地点选址的过程中需要考虑很多因素，如城市影响力、园区租金等。具体来说，企业选址可以考虑以下两个因素：

1. 定位和经营成本

对初创企业而言，把办公地点选择在大城市毫无疑问会提高企业影响力，提升企业形象，但大城市高昂的房租和人力成本也是必须考虑的，企业要根据自己的发展阶段、自己的定位寻找合适的企业地址。一般来说，许多二三线城市都有电商产业园或者科技园。这种功能性园区往往有政策支持，有产业的集聚，可以给企业减少一些经营成本，产业的集聚也有助于形成规模影响力，吸引客户，方便与同类型企业进行交流合作。对于初创企业来说，这无疑是不错的选择。

当企业发展壮大，有了足够的实力后，就可以将总部搬回一线城市，获得更大的企业影响力，扩展更大的市场，接触到更多的资源以及找到更高水平的人才。

2. 配套设施

配套设施也是企业选址不可忽视的因素，优秀的配套设施可以节省一些经营成本。常见的配套设施包括园区交通、办公硬件配套等。便捷的交通可以为企业节省班车的费用，现在很多众创空间以及孵化器都可以提供共享的会议室、打印机、饮水机等，对于企业来说，这些都可以节省成本。此外，园区内公共会议室、公共餐厅、停车位，以及工商、税务方面的服务等，都属于配套设施的一部分，使企业在发展过程中省心省力。

2.2.2　配送中心选址

配送中心（Distribution Center）也被称作物流中心（Logistics Center），是指以大中城市为依托，有一定规模，经营商品储存、运输、包装、加工、装卸、搬运的场所。配送中心一般配有先进的物流管理信息系统，其主要功能是促使商品更快、更经济地流动。配送中心的主要功能有：集中储存，提高物流调节水平；有机衔接，加快物流速度，缩短流通时间，降低流通费用；根据需要适当加工，合理利用货源，提高经济效益。配送中心往往具备集货、分货、发运、配送、储备和加工等多种功能。

随着我国电子商务产业的快速增长，电商企业对物流的依赖也越来越强。为了提升物流效率，降低物流成本，许多企业选择租用或者自建仓库，甚至自建配送体系、自建大型物流中心。本节将主要探讨电商企业配送中心选址问题。

1. 电商物流中心的特点

和传统企业相比，电商的销售量不易预测，特别是在各种大促活动（如"双11""双12"）期间，网店往往会有大量爆发式订单。因此，电商仓储需要满足短时间内大批量、快速准确发货的要求。可见，电商企业的配送中心对于供应链快速流动的要求更高。

相较于传统零售企业，电商销售平台没有传统门店空间的限制，为了吸引和满足更多客户，电商销售的SKU①更多、更全面。大型电商平台往往会有几十万、几百万个SKU。因此，电商配送中心具有SKU量大、批次多、商品规格差异大等特点。

在B2C模式下，物流中心要能够非常精准地按照客户订单进行拣选打包，对仓储物流的订单作业效率及准确性方面要求都非常高。因此，电子商务物流存在库存周转快、进出库效率高、准确率要求高等特点。

2. 自建物流中心

自建物流中心更适合规模大、资金充足、商品数量多、SKU多且订单量高的企业。在预期发展周期内，自建物流中心的成本小于等于租赁仓库时，建议自建物流中心。

要确定最适合企业的物流中心选址方案，仓库选址直接影响商品流转速度和流通费用，并关系到企业对顾客的服务水平和服务质量，最终影响企业的销售量和利润。在自建物流中心选址的过程中，企业应根据自身的特点与所在地的政策与人文条件对目标位置进行综合分析。

在具体位置选择上，首先要考虑在某个区域内建设物流中心的设施投资的固定费用、管理费用、经营费用，以及经营产生的相关费用等。其次还考虑交通及周边环境，

---

① SKU：英文全称为Stock Keeping Unit，即库存进出计量的单位，也称最小库存单位。

要交通方便、环境整洁、机动车辆进出便利。

京东、菜鸟物流、苏宁易购等主要的电商企业均已自建物流中心（见表2-1）。而一些规模较小的在线零售企业则更多选择加入大企业的物流体系。例如，菜鸟网络为阿里巴巴自建的物流系统，主要为旗下企业提供仓库物流服务，并对接主要快递企业，共享物流数据。

表2-1　全国大型B2C在线零售企业自建物流中心选址

企业	选址
京东	八大一级物流中心，北京、上海、广州、沈阳、武汉、西安、成都、德州
菜鸟物流	15个仓储中心：北京、上海、广州、成都、杭州、武汉、天津、郑州、金华等城市
苏宁易购	12个始发仓库，分别是：南京、北京、上海、广州、沈阳、成都、武汉、西安、杭州、深圳、重庆、天津。其中，南京、北京、成都、广州4个仓库提供全国发货服务

通常全国性电子商务企业会选择若干区域建立综合性物流中心，进而在下一级别的城市建立配送中心，从而实现全国布局。大型物流中心选址要平衡多种要素，进行综合性分析。分析因素包括与主要消费群体的距离、运输距离和成本、劳动力成本、与生产厂商的距离等。

大型电子商务企业的区域型物流中心往往选择处于交通枢纽的一线城市或省会城市。电子商务企业一般使用人工智能算法预测地区性产品销售量，决定不同仓库的存货量，利用智慧物流信息系统实现商品的快速分发，从而降低物流成本。

一般来说，靠近消费市场、靠近客户是自建物流中心选址的核心因素之一，自建物流中心靠近消费市场会大大降低物流成本。一方面，中国电商交易的热门城市大多集中在东部地区，如长三角、珠三角和京津区域，这些区域正是消费型电子商务企业物流布局的重要区域。另一方面，中西部地区，尤其是省会城市，近年来网购人数增长很快，中部地区庞大的人口数量使得这些省份的市场同样非常庞大，这些区域也必将成为电子商务物流布局的重要组成部分。

3. 租用第三方物流

电商企业自建物流中心有诸多好处，但需要大量投资，建设周期较长，会长期占用一部分资金，让企业面临较大压力。如果电商企业的业务量不足，会直接导致自建物流中心不能正常运转，容易造成资金浪费。

电商企业创立初期，业务量往往不大，不建议自建物流中心，此时建议电商企业选择租用第三方物流，这样可以避开自己不擅长的业务，将重心放在核心业务上，既降低成本和管理难度，又能使服务质量提升。

租用第三方物流可以带来以下好处：

（1）降低物流成本。第三方物流提供的服务能同时处理不同货主的不同商品，对于仓管企业来说有规模效应，处理成本更低，拼箱操作能大规模地运送货物，从而降低运输成本。人员工资、设备消耗、管理费用都可以有所节省，因此物流成本大大降低。

（2）减小管理难度，提升管理效率。第三方物流往往有专业的管理体系，电商企业把业务交给第三方物流企业后，可以降低管理难度。

（3）提高资源的使用效率。电商企业可以将有限的资源集中于店铺的发展上，有效提升设备及空间的使用率，并且能解决季节性生产广泛存在的产品淡旺季存储量不均衡的问题，无须担心业务增长带来的人员支出压力及淡季时在人工成本上的浪费，这样电商企业可以将有限的人力和财力集中在店铺的运营上。

（4）提升企业店铺信誉。电商企业租用第三方物流，通过第三方物流具有战略性选址的配置和服务，提高了配送时效，商品也能快速到达客户手中，有助于提升客户体验，提高店铺综合评分，有利于复购率的提高。

（5）便于业务体系对接。租用第三方物流，可以使用第三方物流的仓库管制体系，并使用专业的仓储管理软件，在操作上全程实现条码操作，优化拣选路径，提高配送时效，客户可以随时掌控库存情况，很大限度地加速企业库存商品周转，减少库存，并且迅速进行高效的补货工作。

目前来看，租用第三方物流是一种常见的、较为经济的选择，随着电商企业销售规模的扩大，自建仓库则会成为一种很自然的选择。

4. 电商企业租用或自建物流中心应考虑的因素

大型电商企业一般都选择在多个区域性中心城市自建物流中心。自建物流中心完全服务于企业自身的战略发展，有利于企业整体运营和服务水平的提升。但企业自建物流中心需要巨额投资，建设周期较长，长期占用一部分资金，可能会让企业资金面临较大压力。如果电商业务量不足的话，会直接导致物流中心不能正常运转，容易导致资金浪费。如果选择租赁仓库，在租用第三方物流企业时都必须考虑以下因素：

（1）地理位置。① 仓库的地理位置是否优越、交通是否便捷；② 是否靠近产地或者消费者，这意味着是否具有供应链优势；③ 是否靠近市场聚集地，这意味着是否具有更低的物流成本。

（2）仓库建设完备程度。

① 硬件条件。仓库面积：是否可以满足企业日常运营需要，以及"双11"等促销

活动的需求；仓库结构：是否可以对商品存储进行合理布局，无效路径较少；仓库设备：是否配备充足的货架、叉车、托盘、拣货车、周转箱、手持终端、扫码器、打印机、传送装置等常用设备。

② 软件条件。要满足电商企业高效准确的作业要求，需要安装一套高水平的仓储管理系统（Warehouse Management System，WMS），使得仓储进货、出货和库存管理实现高效率和高精确度。

③ 服务能力。作业人员数量是否满足业务需要；业务熟练程度如何；订单处理时间长短；应急处理能力及作业能力高低。

（3）租赁成本。目前第三方仓储的收费模式有两种：一是按操作量收费，二是按耗用时间和空间资源收费。电商企业需要将费用核算清楚，注意避免隐性收费。

物流外包与自己管理仓库不同，很多沟通上的问题如果没有做到位，即使对方再专业，也会出现很多问题。因此，在与第三方仓储企业签订合同时，要把各项细则写入合同，以规避风险。

2.3　网店视觉设计

2.3.1　视觉营销概述

视觉营销（Visual Merchandising，VM）是营销方法之一，对消费者来说，它是一种可视化的视觉体验。它存在的目的是最大限度地加强商家与消费者之间的联系，最终实现销售，同时也是提升视觉冲击力、促进企业品牌推广的手段之一。视觉营销的目的是营造视觉冲击，提高顾客的兴趣，达到推广产品或服务的目的。

视觉营销从直观的视觉广告进行产品营销。在传统零售业中，视觉营销的重点在于对实体店的环境氛围的布置和对主题的强调。现在，随着电子商务的发展，视觉营销逐渐融入互联网世界，变得抽象化、多元化，并且得到了企业更多的重视。

在电子商务领域，网店视觉营销的目的在于提升转化率。如今电商平台的流量成本越来越高，当网店的运营者花大价钱、大力气将客户引导到产品页或者网店首页时，设计较好的页面会吸引顾客驻足，说服顾客购买。而设计不好的页面则可能让顾客失去兴趣，早早离开。从进入商城到最后下单购买，所有的顾客都在执行类似的购物流程，如图2-1所示。

商品进入视线 → 信息传递到大脑 → 产生购买欲望 → 形成购买

图2-1　购物流程

顾客首先打开网上商城的网站，搜索想要购买的商品；紧接着，商品进入顾客的视线，商品的信息传递到顾客的大脑，使顾客产生购买的欲望；最终顾客下单、付款，完成交易。如果进入顾客视线的商品不具有吸引力，那么也就不能促使顾客购买行为的发生。这就是网站进行视觉营销的意义所在，它能够引发顾客购买行为的产生，为网店带来盈利。

消费者在选择和购买商品的过程中，由于受到不同视觉信息的影响，会产生不同的心理变化。顾客在浏览网店的商品时，同时进入顾客视线的可能有多种商品，那么这个时候顾客就会由于内外的各种原因，选择性地忽略一些商品，只观察个别感兴趣的商品，当顾客从商品列表转到商品的详情页时，同样会筛选出其需要重点查看的内容，如图2-2所示。在这个过程中，做好视觉营销就是要使顾客接受商家想要传达的信息，激发顾客的购买欲望。

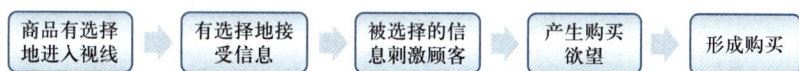

| 商品有选择地进入视线 | ➡ | 有选择地接受信息 | ➡ | 被选择的信息刺激顾客 | ➡ | 产生购买欲望 | ➡ | 形成购买 |

图2-2　顾客选择性购买商品的流程

那么，如何在众多的网店中脱颖而出？如何提升网店的转化率？如何刺激卖家的购买欲望？这就是视觉营销要着重解决的问题，也就是视觉营销的意义。网店的视觉营销主要涉及网店的首页设计和商品详情页设计。

网店首页是一家网店的门面，许多顾客会通过搜索店铺名称、品牌名称或者通过收藏夹直接访问首页。首页装修的风格和恰当的视觉引导决定了消费者对网店的第一印象。因此，网店首页的布局首先要重点突出。重点突出是指在网站视觉热点集中的页头位置布局主款、新品、热卖等营销重点产品，并以强有力的视觉冲击吸引顾客的注意力，留住顾客。

商品的详情页是很多流量的入口，包含了大量顾客浏览商品的细节信息，是顾客确定最终购买的页面，需要进行详细的构思设计。在设计商品详情页时，需要做到商品信息标注逻辑清晰，能够准确描述商品的特点、优势，注意对商品细节的描述。

大赛直通车
店铺视觉值

在电子商务技能大赛系统中，店铺装修分为简装修、普通装修及精装修，每种装修费用及获得的视觉值不同；店铺的视觉值每期都会下降10。视觉值的高低主要影响综合人群的成交。对于综合人群来说，视觉值影响店铺的综合评价指数。对于低价人群和犹豫不定人群来说，当价格相同时，店铺视觉值的高低是排名第三的决策依据。

2.3.2　网店首页和详情页设计——PC端

1. 首页基本结构

网店首页是消费者打开网店时看到的第一个页面，一般通过收藏或者外链进入。打开店铺首页后，如何让买家记住店铺，让买家沿着已定的路线在首页上有目的地点击，提高二跳率[①]，才是首页装修的重中之重。然而，首页装修应该注意些什么？怎样装修才能凸显自己的商品呢？

以淘宝为例，首页的装修可以在淘宝后台通过设置和上传进行。淘宝平台提供了首页模块化的设置功能，在这些模块中，一部分是系统模块，是淘宝本身的基础模块；另一部分是自定义模块，即可以自行用代码来设计的模块，网店的店主可以设置出自己风格的首页。淘宝后台的首页设置按钮如图2-3所示。

设置完成后，再上传提前准备好的图片就可以查看效果了。一般来说，网店首页的布局包括店铺招牌（店招）、导航、焦点轮播图、优惠券、主推商品图等多个区域，典型结构如图2-4所示。当然，有的网店会根据需要对首页区域进行删改。主要区域设计包括：

（1）店铺招牌（店招）。放置店铺品牌logo、广告语以及收藏、产品搜索等功能，引导买家进行购买。

（2）主推商品图。一般放在首页视觉焦点的位置，用于宣传店铺主推的活动和商品，使买家进入店铺首页第一眼就看到店铺的爆款商品和潜在爆款商品。

图2-3　淘宝后台的首页设置按钮

（3）商品分类。将店铺的所有商品进行合理分类，让买家在最短的时间内快速了解店铺的分类信息，从而精确地查找买家所需商品。

（4）商品陈列。把商品以不同的陈列方式进行展示，可以用不同区块展示不同

[①]　二跳率：当网站页面被打开后，用户在页面上首次产生的点击行为被称为"二跳"，"二跳"的次数即为"二跳量"，"二跳量"与浏览量的比值被称为"二跳率"。

分类的商品。另外，商品陈列展示时可以出现该陈列区域的主推商品海报，既可以宣传商品，又使整体页面美观不单调。

（5）搭配推荐。在左侧可以插入店铺首页的收藏、搜索、分类、客服等必备基础模块；在右侧可以插入搭配商品区域、清仓区、特价区等商品模块。这样不但丰富了首页的布局，也可以提高买家对网店的黏性，提高买家的忠诚度。

（6）店铺页尾。店铺页尾是必不可少的装修模块之一，可以起到宣传、告知的作用，从而激发买家的兴趣。

2. 网店色彩设定

色彩运用是视觉设计里面最直接、最容易影响买家的手段之一，既可以影响买家的心理，又可以影响他们的消费行为。当买家观看网页时，往往看到的不是具体的文字，而是美观的图片和和谐的色彩。不同的色彩能够引起人们不同的情感反应，只有灵活的色彩才能给买家留下良好的印象。

表2-2是根据各个行业类目归纳出来的网店色彩类目表。

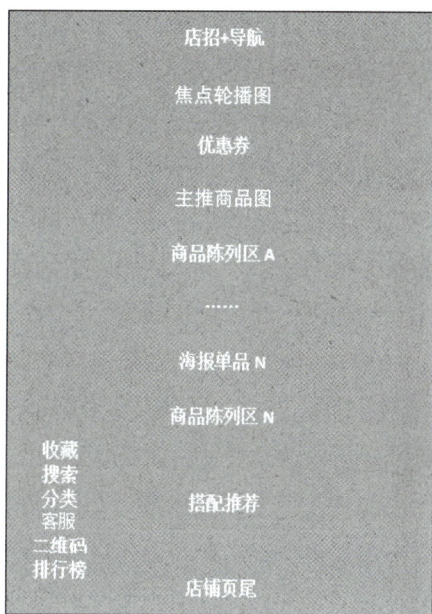

图2-4　PC端店铺首页典型结构

表2-2　网店色彩类目表

色系	适合的行业类目
红色系	服饰鞋包、美容护理、生活服务、书籍音像、3C数码、游戏娱乐、婚庆礼仪、珠宝首饰等
绿色系	3C数码、家装、水果、鲜花速递、绿植园艺等
黄色系	母婴、水果、食品保健等
橙色系	服装、家具、户外、娱乐、宠物等
蓝色系	水族、宠物、旅游、书籍音像、3C数码、汽车配饰、食品保健等
紫色系	服饰鞋包、美容护理、家居用品等
棕色系	宠物用品、古玩收藏等
黑色系	男士用品、汽车配饰、3C数码等

通常买家对色彩的印象并不是绝对的，会根据行业类目的不同产生不同的联想。例如，说到春节人们脑海里会联想到红色；说到环保产品会想到绿色等。这些都是从习惯积淀下来的直觉联想。设计首页时，要充分利用好人们对行业类目色彩的印象，所挑选的颜色要能引起买家的共鸣。下面举例说明色彩在店铺中的运用。

（1）红色系。红色是一种充满激情而且情绪感特别强烈的色彩，它是最能代表中国传统文化的色彩，以红色作为主色调，不仅可使首页具有积极向上的感觉，还可以营造出华丽和喜悦的首页氛围。

（2）绿色系。绿色常与自然和环境相联系，与同色系搭配更和谐、统一，能营造出安康、自然、和谐的氛围，呈现出不一样的格调。采用绿色做主色调，采用黄色作为辅助色进行点缀，会使页面更加显眼、突出。

（3）蓝色系。蓝色系店铺可以给买家沉稳、扎实的印象，无论表现的是哪种风格，蓝色都显得典雅高贵。另外，蓝色背景和其他高纯度的色彩搭配，可以表现出严谨、认真的页面效果，使页面的主题更加突出。

3. 营造首页风格

在淘宝的网店首页中经常能够看到不同风格的页面效果，而页面风格的选用在淘宝网店装修中占有非常重要的位置，能直接将买家带入已经营造好的商品氛围中。如果页面风格处理得好，可以达到锦上添花、事半功倍的效果；反之，则可能会竹篮打水一场空。总之，一个成功装修的首页，其页面风格一定要和谐自然、个性独特。

下面将对五种常见的页面风格进行说明。

（1）古典风格。如图2-5所示，古典风格是一种追求华丽、高雅的页面效果，一般喜欢用黑色和黄色。这种风格主要用于设计中带有古典元素的商品中，常用的有家居、家装和家具等，可以彰显商品档次，其艺术氛围浓郁，感染力强。

（2）简约风格。如图2-6所示，简约风格可以应用于各个类目，以简洁的形式满足首页装修的要求。这种风格的页面要求排版合理，尽可能不用过于复杂的装饰和设计，将买家的搜索路径变得更加纯净、自然，以宁缺毋滥为精髓，在简单、舒适中体现页面的精致。

（3）卡通风格。如图2-7所示，卡通风格一直是淘宝网店首页流行的时尚元素，这种风格更适用于坚果、儿童服装、宠物用品等产品，其页面主要以卡通元素设计为主，为买家带来浓浓的童趣。

（4）中国风。如图2-8所示，中国风是在中国传统文化元素基础上设计出的页面效果，这种风格在家居、食品、服装、家具等类别的网店中应用较多，会在页面中使用大量中国传统元素，营造中式传统风格。

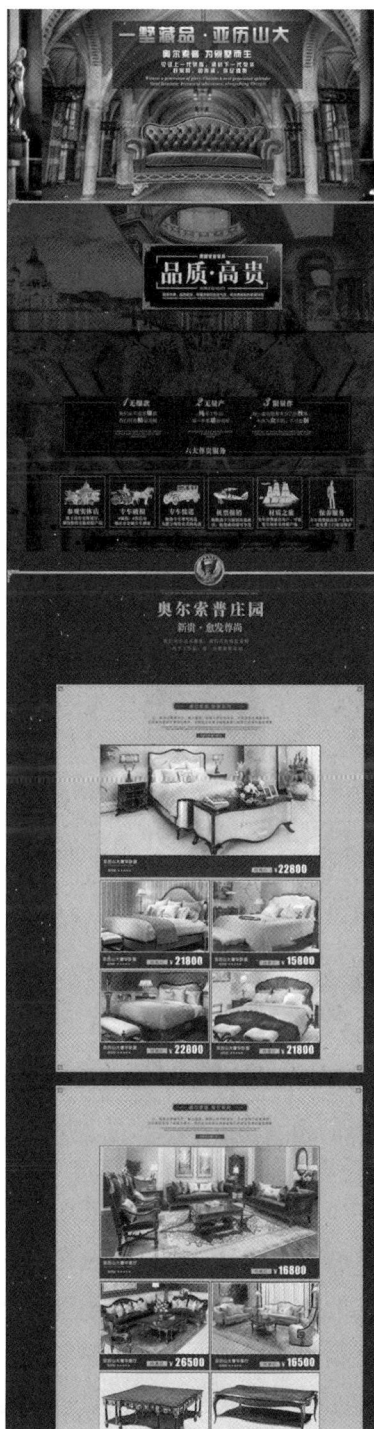

图2-5 古典风
格网店首页

图2-6 简约风格首页设计

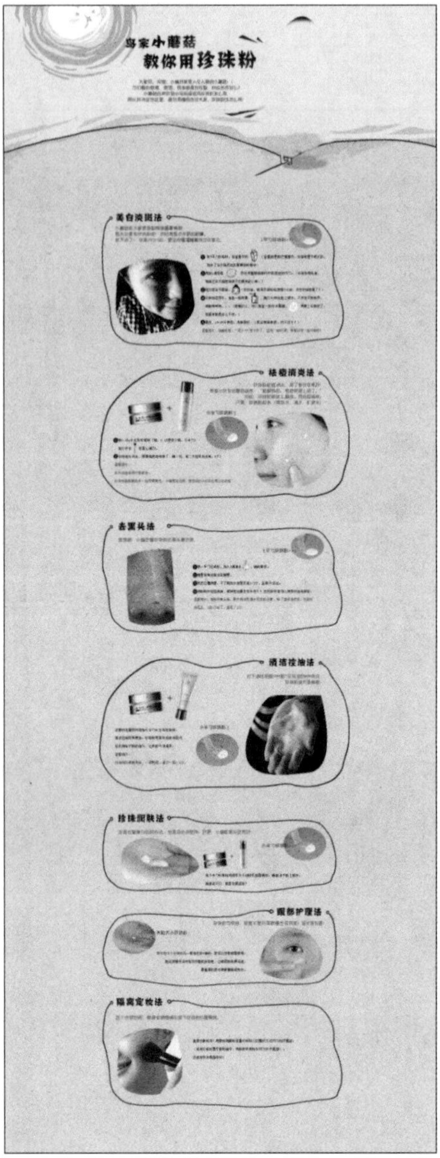

图 2-7　卡通风格网店首页

图 2-8　中国风网店首页

4. 商品详情页设计

首页固然重要，但是商品详情页同样不可忽视，商品详情页甚至在网店运营中的作用更加重要。根据对多家淘宝网店的抽样调查，发现中小型网店中 99% 的买家是从商品详情页进入店铺的，大型网店中约有 92% 的买家是从商品详情页进入店铺的，超大型网店约有 88% 的买家是从商品详情页进入店铺的。因此，商品详情页是网店运营的核心之一。优秀的网店首页是吸引消费者注意的前提，要想提高网店的转化率，设计好商品详情页是关键。

微课：前期
装修素材拍
摄与处理

（1）制作商品详情页的准则。当买家进入店铺后，如何让买家停留并且购买商品，主要看商品详情页的设计，一般来说，制作商品详情页要遵循以下几条准则：

准则1：前三秒吸引注意力。首先要分析买家的心理，如果买家想要买一台榨汁机，对于这种商品，买家可能会担心商品是否实用，是否容易清洗等问题。因此，在商品详情页最上方，就要把最主要的商品优势列出来。例如，把赠送的礼品展示出来，显示"退货也包邮""买一赠十"等信息。

准则2：注重前三屏的设计，利用前三屏提升转化率。前三屏是买家对商品的首要印象，要按照"总—总—分"的排版顺序，将商品和总体卖点全部展示出来。

准则3：在整体设计中注入情感营销。情感营销就是将买家的个人情感差异和需求作为详情页的营销战略，通过情感包装、情感广告等策略诱导买家产生心理上的共鸣。

准则4：按照主次顺序排序卖点。商品中有很多可以提炼的卖点，最重要的是按照商品卖点的重要顺序进行排列，将主要的卖点放在页面最前面，才能体现出商品的品质。

准则5：卖点重复。无论商品的卖点有多少个，都要把最重要的卖点在商品详情页中不断重复，反复告诉买家商品有多么好，使买家产生记忆黏性，有利于提高转化率。

（2）商品详情页的构成。一个好的商品详情页就类似于一位优秀的销售导购人员，因此，其设计制作需要从顾客的需求出发，使顾客产生购买的兴趣和欲望，完成销售转化。详情页包括商品参数、使用效果展示、细节展示、买家评价等内容。

① 商品参数。商品参数是介绍商品最基本的内容。它主要是对商品的品牌名称、货号、尺码、颜色等信息进行介绍。这个部分主要是利用文字进行描述，描述的风格简洁易懂即可，它的作用是帮助顾客通过简单的文字描述尽快了解商品信息。无论是哪种类型的商品，商品参数都是不可缺少的部分。

② 使用效果展示。使用效果展示是为了让顾客感受商品的整体效果。服装类的商品一般由模特穿在身上进行展示；电子类的商品则可以创建使用情景，让顾客结合自己的需求来判断是否需要这种商品。不同类型的商品，使用效果展示的方式不同，但是起到的作用是相同的，都是让顾客感受商品的整体效果，促使顾客产生需求和购买行为。

③ 细节展示。商品使用效果展示的目的是展示商品的整体效果，而商品细节展示的目的在于让顾客对商品的细节有充分的了解。

④ 买家评价。买家评价对正在浏览商品的顾客影响是很大的，好的评价能够促使顾客立即下单，差评过多则会直接降低顾客的购买欲望。因此，商家应该合理控制差评率，对于有些过激的评论，商家应该与评论者协商删除，以免产生负面影响。

（3）商品详情页的设计技巧。在对商品详情页进行设计时，需要从设计的角度做出适合顾客浏览的页面。这里讲解三种对商品详情页进行设计的方法。

① 设计购物引导线。购物引导线的作用在于引导顾客的视线。通常，在竖排段落中，浏览者的阅读顺序为从右上到左下，而在横排段落中则是从左上到右下。图片和文字都应该尽量按照这样的顺序来编排，从而保证顾客浏览页面的舒适度。此外，在视线的起点处可以设计一些引人注目的文案，包括如大小标题等元素。需要注意的是，采用购物引导线的方式进行设计时，不能将页面设计得过于拥挤，要有适当的留白。留白并非只是单纯的空白，而是要能够创造版面节奏与停顿空间的重要视觉元素。留白不仅能凸显大小标题，还能控制视线的转移。

② 运用黄金分割。黄金分割是指把一条线段分割为两部分，较大部分与整体部分的比值等于较小部分与较大部分的比值，其比值的近似值是0.618。由于按此比例设计出来的造型看起来十分舒适，因此被称为"黄金分割"。

利用黄金分割将重要的内容放在黄金分割点上，能够快速地吸引顾客的注意力。如图2-9所示，在此图中，商品被放到了黄金分割点上。

图2-9　利用黄金分割设计焦点图

③ 做好图文搭配。想要更好地展现商品详情页，好的文案是必不可少的组成部分。商品详情页中文字的运用对于商品的意义，就像名字对于每个人的意义一样，其重要性不言而喻。在商品详情页制作中，一般将文字和图片搭配在一起展示商品，因此要做好文案和图片的搭配。商品详情页的文字要能激发买家的购买欲望，可以用更多喜闻乐见、朗朗上口的词汇来强调卖点。

在制作商品详情页时，要注重感性诉求，有时一行文字能触动客户的情感，促使其下单。对于偏理性化的商品，需要详细描述的地方则直接用规格参数表来说明。

2.3.3 网店首页和详情页设计——移动端

1. 移动端首页设计结构

（1）移动端首页的功能模块。淘宝网的数据显示，从2014年起，移动端的流量就超过了PC端的流量。相比较而言，在手机上进行网购更加方便，买家可以使用更多的碎片化时间。2023年3月，中国互联网信息中心（CNNIC）发布了第51次《中国互联网发展状况统计报告》，该报告显示，截至2022年12月，我国移动网络的终端连接总数已达到35.28亿户。移动商务的用户规模不断扩大，为企业提供了更多的商务机会和渠道。因此，在网店装修中，移动端装修的重要性已经超过了PC端。

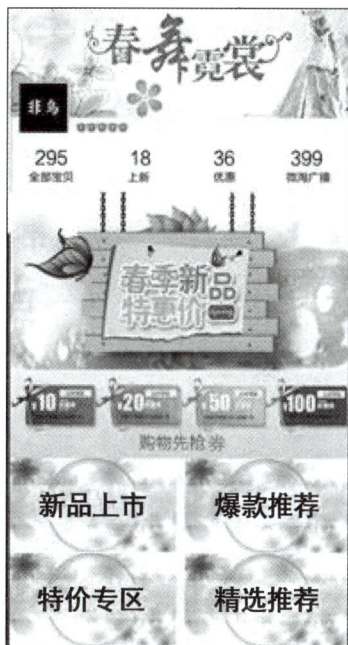

图2-10 典型的移动端首页效果

从网页浏览者的角度来说，PC端页面和移动端页面的主要区别在于手机屏幕更小，一般是竖屏显示；而PC端显示更大，一般是横屏显示。PC端的页面更灵活，设计师自主的空间更大；移动端限制更多，反映在页面上就显得更简洁、更简单，规格更小、篇幅更短、结构上更紧凑。

典型的移动端手机显示效果如图2-10所示。可以看出，移动端首页和PC端首页还是区别比较大的，功能模块定制化的设计也更明显。一般来说，移动端的首页大致包括以下几种模块：商品类、图文类和营销互动类。

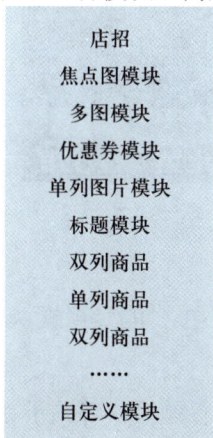

图2-11 移动端首页典型布局

① 商品类：包括单列商品、双列商品、商品排行和搭配套餐四个模块。

② 图文类：包括标题模块、文本模块、单列图片、双列图片、多图、辅助线、焦点图模块和左右图文共八个模块。

③ 营销互动类：包括电话和活动两个模块。

（2）移动端首页的典型布局。如何将淘宝提供的众多功能模块合理运用，使得移动端首页布局美观大方，适合消费者的浏览习惯？

接下来探讨一个典型的移动端首页布局的构成框架，如图2-11所示。

其典型布局包括以下几个部分：

微课：网店装修风格

① 店招：该部分的作用是对卖家店铺品牌的营销告知，需要放入商品logo或者品牌名称，如图2-12所示。

② 焦点图模块：该模块相当于店铺的全屏海报，可以放入商品活动信息、海报商品信息等，促使买家下单，如图2-13所示。

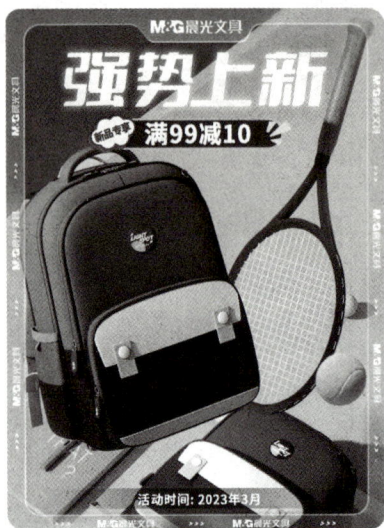

图2-12　典型移动端首页店招

图2-13　移动端首页焦点图

③ 多图模块：既可以放入商品的大部分信息，也可以放入爆款商品链接、新品商品链接等分类信息，如图2-14所示。

图2-14　移动端多图模块

④ 优惠券模块：设置商品的优惠券可以促进买家消费，是必不可少的装修模块，如图2-15所示。

⑤ 商品陈列：该模块包括标题模块、单列商品、双列商品等。标题模块等同于首页的标语分隔符；单列商品等同于首页的单品主推海报；双列商品和单列商品等同于商品摆放模块。卖家可以将双列商品和单列商品穿插摆放，使商品的布局更加美观。

图2-15　移动端优惠券模块

⑥ 自定义模块：在该模块中可以放入的内容有许多，相当于店铺的页尾，建议放入分类商品模块。

2. 移动端详情页设计

和移动端的首页一样，移动端的商品详情页同样要面临适应手机屏幕宽度的问题，过于庞杂的信息拥挤在有限的手机屏幕上会使顾客眼花缭乱。移动设备一般连接的是无线网络，信号往往没有PC的网络稳定。因此，与首页一样，移动端详情页设计同样要追求简洁、大方。

具体来说，PC端的详情页一般比较宽，比如PC端天猫页面宽度标准是不小于790 px，PC端淘宝页面宽度是不小于750 px，而手机淘宝页面宽度就只有480～620 px了。如果用手机打开PC端布局的页面，就可能无法看清整个图片，无法展示全部页面，从而导致买家无法获取详情页展示的商品信息。PC屏幕上常常使用14 px左右大小的文字，但同样的文字在手机等移动设备上显示时，往往就显得过小了。所以，在进行移动端详情页设计时，必须要做出适度的调整。

（1）去除PC端详情页中的关联推荐模块。因为移动端无法通过在商品详情页上添加商品链接引导买家进入对应页面，所以需要去除。

（2）淘宝对于移动端详情页的文字、图片以及图表有着更严格的要求，图片尺寸和大小都要做出调整以符合规范。淘宝移动端装修规范如表2-3所示。

表2-3　淘宝移动端装修规范

内容	支持功能
文字	去样式，保留换行
图片	620 px≥图片宽度≥480 px；高度≤960 px

内容	支持功能
文字表格	文字总字数≤5 000个；单个文本框字数≤500个；
图文混排表格	去表格化，单独显示文本和图片
音频	可添加一个音频，大小≤50k，支持mp3格式，单通道，8khz

　　淘宝对移动端详情页装修开发了"淘宝神笔"平台，该平台的基础装修模板是免费使用的，还提供了可以通过订购使用的第三方设计模板，买家可以选择适合自己商品的详情页模板，经过更改、设计等操作制作，设计适合自己店铺的移动端详情页。具体的操作过程不是本模块的重点，在此不再详细探讨了。

综合实训

创设你的店铺

一、开设店铺

动画：店铺开设

　　在电子商务技能大赛运营项目中，对网店类型做了简化，允许选手开设一个C店和一个B店，C店的推广只能在站内进行，B店的推广只能依靠站外媒体。

　　（1）开设C店：需要添加店铺名称、经营宗旨及描述；C店不可以进行站外媒体推广。

　　（2）开设B店：添加店铺名称、经营宗旨及描述；筹备周期需要4期，每期费用为60元；B店可以进行站外媒体推广，从而获得品牌人群客户订单。

二、配送中心租赁

电子商务技能大赛运营项目中，选手可以租赁配送中心，一个城市只能由一个配送中心，而选择不同的城市，配送中心租赁价格和员工工资有一定差别。

$$每期配送中心租金 = 租赁价格 × （1 + 租金差）× 1$$
$$每期人员工资 = 基本工资 × （1 + 工资差）× 1$$

当配送中心面积大小不合适的时候，选手可以改建、搬迁、退租配送中心。

（1）改建：根据经营需求可以进行配送中心改建。改建时，若是将体积小的改为体积大的，则补充租金差价；若是将体积大的改为体积小的，不退还租金差价。

（2）搬迁：根据经营需求可以改变配送中心所在的城市；搬迁需要支付一定的搬迁费用，若搬迁至租金高的城市，则需补充相应差价；反之，搬迁至租金低的城市不退还差价；搬迁时仓库必须空置。

（3）退租：闲置的仓库要退租，若不退租，则默认到期后系统续租；退租时，仓库必须为空置；若在每期期中退租，则需支付整期人员工资。

三、配送中心设配区

在电子商务技能大赛系统中可以创建多个配送中心，支持三种物流方式：蚂蚁快递、EMS和平邮。可以为每个配送中心分别设置负责的配送城市及默认的物流方式；若多个配送中心选择的默认配送区域里包含若干个相同的城市，则在这些城市中按照租赁配送中心的先后顺序选择默认的配送中心。

请在电子商务竞赛系统中完成店铺开设、办公场所和配送中心租赁等操作。

🎓 知识与技能训练

一、单选题

1. 在电子商务技能大赛运营系统中，B店的筹备需要（　　）个周期。

　　A. 2　　　　　　　　　　　　B. 3

　　C. 4　　　　　　　　　　　　D. 5

2. 在配送中心建设上，排名前几名的大型电商企业一般选择（　　）。

　　A. 在多个区域性中心城市自建配送中心

　　B. 租用第三方的仓库

　　C. 选择一个全国中心城市建立大型配送中心

　　D. 租用第三方的仓库和自建配送中心相结合

3. 以下平台中主要面对三线、四线、五线城市和广大农村地区的是（　　）

　　A. 淘宝　　　　　　　　　　　B. 拼多多

　　C. 京东商城　　　　　　　　　D. 亚马逊

4. 在以下各项中，（　　）不属于开设独立商场的优点。

A. 有助建设自有品牌 　　　　B. 独享客源和数据

C. 前期投入较少 　　　　　　D. 更容易实现个性化

5. 绿色色调和（　　）颜色搭配，会使得页面显眼、突出。

A. 红色 　　　　　　　　　　B. 蓝色

C. 白色 　　　　　　　　　　D. 黄色

二、多选题

1. （　　）平台同时支持企业店和个人店。

A. 京东 　　　　　　　　　　B. 天猫

C. 淘宝 　　　　　　　　　　D. 拼多多

2. 网店装修主要装修的是（　　）。

A. 平台首页 　　　　　　　　B. 网店首页

C. 商品详情页 　　　　　　　D. 商品分类页

3. 店铺装修适合卡通风格的类目有（　　）。

A. 坚果 　　　　　　　　　　B. 儿童服装

C. 手机 　　　　　　　　　　D. 宠物用品

4. 选择第三方仓储的主要优点包括（　　）以及便于业务体系对接。

A. 降低物流成本 　　　　　　B. 减小管理难度

C. 提高资源的使用效率 　　　D. 提升企业店铺信誉

5. 完整的商品详情页构成一般包括（　　）。

A. 商品参数 　　　　　　　　B. 使用效果展示

C. 细节展示 　　　　　　　　D. 买家评价

三、技能训练

　　选择一件常用的商品，如杯子、手机等，搭建场景，拍摄商品图片并进行后期处理，完成商品详情页制作。要求：图片拍摄清晰，体现品牌风格；图片布局合理；商品详情页功能完善，符合店铺装修的基本要求。

请参考表2-4，完成技能训练。

表2-4　商品详情页构成

模块	图片尺寸	图片数量	成品图片
品牌展示			
商品参数			
细节展示			
使用效果展示			
买家评价			
……			

模块三
网店运营基本操作

-)) 商品选择与采购
-)) 商品定价策略
-)) 商品信息处理

素养目标
- 树立底线思维，在网店商品信息处理中不夸大其实、不弄虚作假
- 在网店运营中维护市场秩序，谨守法律底线，不恶意攻击竞争对手

知识目标
- 了解消费者网络购物的动机以及消费者网购的原因和偏好
- 掌握线上线下差异化、竞争对手差异化、内部产品差异化的方法
- 掌握商品定价的影响因素，掌握商品的定价方法
- 熟悉商品图片的处理原则、图片与点击率的关系

技能目标
- 能够选择适合自己的产品，找到合适的采购渠道
- 能够合理运营定价策略对自营店铺产品进行合理定价
- 能够梳理出产品的独特卖点
- 能够制作出高转化率的商品详情页

思维导图

```
                                              ┌─ 选择合适的商品
                            商品选择与采购 ──┼─ 商品差异化
                                              └─ 商品采购渠道

                                              ┌─ 商品定价影响因素
网店运营基本操作 ──────── 商品定价策略 ──┼─ 商品定价方法
                                              └─ 商品定价策略

                                              ┌─ 商品图片处理
                            商品信息处理 ──┼─ 商品文案写作
                                              └─ 商品详情页规划
```

导入案例
东方甄选的选品与定价

　　移动互联背景下，农产品直播带货对乡村经济文化发展具有重要推动作用。"东方甄选"作为新东方集团旗下农产品直播销售平台，自2021年年底上线以来，仅用了半年多的时间就迅速占领直播流量高地。作为新东方在线的直播带货平台，"东方甄选"账号简介为：农产品直播带货平台。依托深厚教育从业背景的"知识带货"更是将"知识"与"农产品"有机结合起来，既促进了农产品销售，又赋予了农产品更多的消费文化体验。

　　面对标准化程度低、品牌效应弱和溢价空间小等长期困扰并削弱农产品线上营销的痛点和难点，东方甄选定位高品质农产品进行营销，利用品牌在品质上更有保障、特色传承别具风格的消费心理，主推品牌有知名度、有地标特色的农产品，同时推送自营品牌。在品控上，东方甄选采取不收坑位费的策略，以此强化品质和需求导向的选品策略，并通过加强产地质检、试吃投票、匿名购买供应商产品等一系列措施，确保农产品的带货品质。

　　东方甄选当前的自营选品供应链，其实是通过对农产品市场的有效布局，来推动自身的市场份额提升。由于当前我国农产品标准化、品牌化生产相对欠缺，农产品实际销售时往往出现生产端"优质不一定卖上高价"与消费端"高价不一定买到优质"的矛盾问题。这不仅影响了广大用户的消费体验，而且损害了现有品牌的利益。对于东方甄选来说，就是坚持"同类同品牌产品最低价"的定位原则，在产品选择环节越过中间商，直接深入原产地考察并与农产品生产经营者进行对接，从源头对产品品质进行筛选、把关，让用户用相对优惠的价格购买到优质农产品。此外，在服务方面，东方甄选不断完善售后服务的各个环节，通过产品与服务两方面，帮助用户实现直播购物"效用最大化"。

思考： 网店运营者应该如何根据自身的特点进行商品选择与定价？

3.1　商品选择与采购

3.1.1　选择合适的商品

1. 适合网上销售的产品特性

（1）商品形式大多易于数字化、信息化。理论上，通过互联网可以销售任何形式的商品，但最适合网上营销的商品是那些易于数字化、信息化的商品，如音乐、电子图书、信息软件、信息服务、在线教育产品等。数字商品和电子商务有着原生的契合度，是最适合网络销售的商品，但经营此类商品需要考虑到版权、品种多样性及信息安全等问题。

（2）商品性质一般偏向标准化。网络的虚拟性使消费者在购买之前会进行较充分的挑选与评估比较。因此，适合在网上销售的商品一般属于质量差异不大的同质商品或非选购品，根据从网上获得的信息就能确定和评价商品质量，如书籍、计算机、手机等。即使是一些非标准化商品，在线购物平台也会制定一系列标准来对商品进行界定，如羽绒服商品的属性栏目，对材质、图案、风格、领型、填充物、材质成分等要素都要准确描述，如图3-1所示。

品牌：波司登（BOSIDENG）			
商品名称：波司登B10131005	商品编号：100014852699	商品毛重：460.00g	商品产地：中国大陆
货号：B10131005	材质：其他99.99%	版型：标准型	填充物：鸭绒
上市时间：2022年秋季	衣长：常规款	厚度：薄款	适用人群：青年，中年
流行元素：简约	充绒量：100g以下	风格：休闲风	领型：立领
图案：纯色	含绒量：90%及以上		

图3-1　羽绒服商品属性

（3）商品最好具有一定的个性。大众化、普遍化的商品是消费者很容易在线下买到的，网上销售一般应选择那些替代性不大的，具有较强个性化的商品，或者选择那些不太容易在线下设店经营的商品。如果经营那些消费者随处可得或极易替代的商品，则很难形成网店经营的优势。

（4）商品品牌一般要有较高认知度。知名品牌的商品，或知名网站经销的商品，或名牌商品，可能属于质量差异比较大的异质商品。但这些商品已经被众多消费者的购物实践证明是货真价实、质量可靠的。对于这些商品，消费者只需要认牌购物即可，不必再花费太多的精力和时间去比较选择。

（5）商品的顾客群覆盖范围广、配送容易。互联网可以扩展商品销售的地理边界，适合在线上销售或能发挥网络营销优势的商品一般市场覆盖面广、市场容量大。

（6）商品价格一般要有优势。线上用户比较认同线上具有价格优势的商品。但在网上销售也不是一味追求低价，价格优势是指在同类消费者的接受范围内价格较低，不能因为降价而降低了目标消费者的层级。

2. 消费者网络购物的动机分析

动机是指引导和维持个体活动，促使某人从事某种活动的念头。消费者网购的动机是指促使消费者在网上购买产品的驱动。

（1）求新、求廉动机。大多数消费者都有兴趣追求时髦与新奇事物，因此，网购作为一个新兴的购物方式，会给消费者带来新鲜感。而且由于网店的店铺成本、人工成本这两大部分费用的大幅减少，网店销售商品的经营成本明显低于实体店，因此网购的价格也明显低于实体店购物的价格。另外，消费者的购买心理倾向于货比三家、廉中取优，因此网购能吸引消费者的光顾。

（2）方便性动机。消费者的方便性动机使其进行理性的、有效率的、有目的的购物行为，方便性动机是消费者网购行为发生的主要因素。线下购买方式需要消费者付出一定的时间精力，包括路程、选购、结算、包装等。但是，对于寻求便利购物方式的消费者来说，便捷实用的网购方式很受他们的喜爱，网店全天营业、网上支付、送货上门等实用的服务方式非常适合他们。网购可使消费者享受全天候的销售服务，购物的时间长、商品挑选范围广，足不出户通过互联网即可完成，十分便捷实用。

（3）冲动性动机。消费者的冲动性动机使其做出冲动的、寻求体验的、无计划的购物行为，网上消费者购物时，既追求实用价值也追求体验价值。消费者会无目的地主动浏览一些产品或网店，且往往会在浏览的过程中产生购买欲望。冲动性消费者的购物行为不注重商品的物理属性，不是为了获取商品的使用价值，而是享受购物的过程。

3. 消费者网购原因及偏好

（1）方便快捷是网购主要原因。由于线上渠道方便快捷、品类丰富、价格便宜，消费者不仅在网购平台购买服饰、电子产品等产品，对于生鲜、家居日用品和食品饮料等生活必需品的购买也不断增加。例如，艾瑞咨询发布的数据显示，有63.3%的消费者在网上购买生鲜产品是因为"方便，省去了去超市的购买时间"，有62.0%的消费者网购生鲜产品是因为"能够直接配送到家"。如图3-2所示。

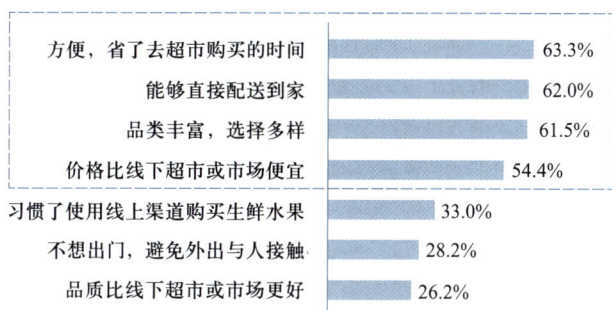

图3-2 消费者网购生鲜产品的原因

（2）购买品类以日用百货和服装鞋帽为多。每年的"双11"是一年中网购最火爆的时间，数据报告显示：日用百货、服装鞋帽和家居用品是网购用户最想在"双11"期间购买的品类。此外，食品饮料和3C数码家电也是用户想要购买的主要品类，计划在"双11"期间购买食品饮料和3C数码家电的用户占比均超过40%。如图3-3所示。

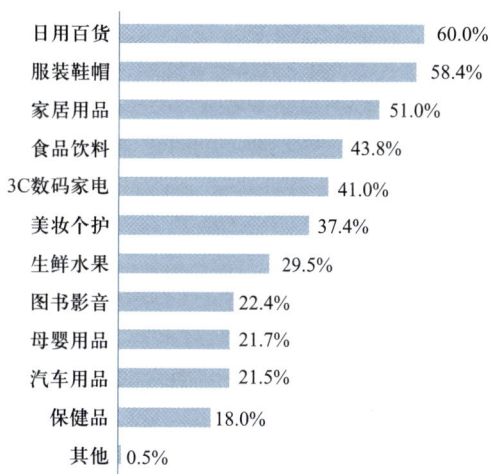

图3-3 中国网购用户计划在"双11"购买的品类

（3）消费者网购决策看重的因素。从线上购物决策的影响因素来看，根据调研数据，产品质量、正品保障和电商购物网站/App是否值得信赖是影响消费者线上购物决策最主要的因素（如图3-4所示）。因此，产品质量高、具有正品保障及信赖度高的电商平台更能节省消费者的购前决策成本。

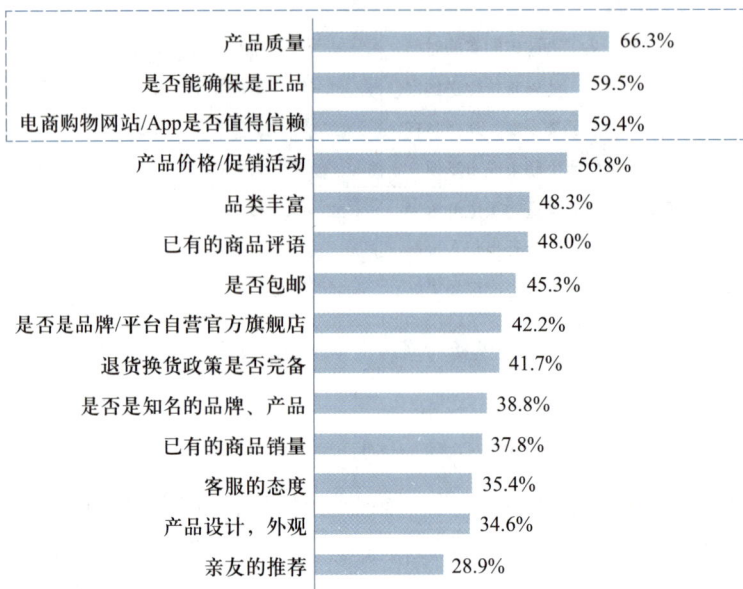

产品质量	66.3%
是否能确保是正品	59.5%
电商购物网站/App是否值得信赖	59.4%
产品价格/促销活动	56.8%
品类丰富	48.3%
已有的商品评语	48.0%
是否包邮	45.3%
是否是品牌/平台自营官方旗舰店	42.2%
退货换货政策是否完备	41.7%
是否是知名的品牌、产品	38.8%
已有的商品销量	37.8%
客服的态度	35.4%
产品设计，外观	34.6%
亲友的推荐	28.9%

图 3-4　中国网购用户线上购物决策时看重的因素

4. 网店选品的原则

在网上开店，商品选得对不对不仅关系着是否能够盈利，也直接关系到网店是否能做得好、是否能够做下去。开网店该怎么选品呢？

（1）选品的时候，要量力而为。选品要量力而行，如果开店投资只有几千元或几万元，那么做的必然是小生意；若手头只有几千元或几万元，想要做几十万元一单的产品，是不可能或者说是危险的。

（2）选品的时候，要"做熟不做生"。做生意应做"熟"不做"生"，选商品也一样，对于完全不熟悉、完全不了解的产品，不建议经营。

（3）充分发挥专业优势。了解什么是"对"的商品，或属于自己的专业范畴，这点很重要。因此，在选品的时候，要充分发挥自己的专业优势，选择自己能够驾驭住的商品。

（4）充分发挥地理优势。原产地很重要，著名的标有原产地的产品有新疆大枣、和田玉、西藏牦牛肉干、黄山毛峰等，有了地理优势和原产地优势，就有利于网店发展。

（5）不要只看眼前。选择一种商品，不要只考虑眼前利益，要考虑这种商品未来是否受欢迎。很多商品只是一时流行，几个月后就可能销声匿迹，不建议去"蹭热度"地经营这种商品。

（6）利基产品。利基产品是指被细分出来，针对性、专业性很强的产品。不要选择流量过大的、较为普遍的产品，选择一些利基产品，往往是创业者开网店的发展方向。

（7）关于代销货源。商品的选择固然重要，但也要综合考虑，决定是使用代销货源，还是自己进货发货。

3.1.2　商品差异化

商品差异化是指企业在其提供给顾客的商品上，通过各种方法造成足以引发顾客偏好的特殊性，使顾客能够把本企业同其他竞争性企业提供的同类商品有效地区别开来，从而达到使企业在市场竞争中占据有利地位的目的。对于网店经营者来说，商品差异化要从线上线下差异化、竞争对手差异化、内部产品差异化等角度进行区隔，最终形成独特的"小而美"的商品定位。

1. 线上线下差异化

商品的售卖从开始时的小店铺演变为专卖店甚至商场，这些被称作是线下的实体店销售；而当个体创业者、传统企业，纷纷触网涉足电子商务，希望在网络"掘金"时，才发现做电商不容易，需要解决线上和线下业务之间的冲突，否则很可能两面都做不好。冲突的产生会产生哪些危害呢？

（1）冲击原有的销售模式。凭借传统的营销模式的企业，经过长时间的运营，为自己的品牌积累了一定的信誉，并且得到了相应利润的回报；线上营销的介入打破了企业原本稳定的销售模式，降低了回报率，如果情况严重的话，传统线下企业可能会倒闭。

（2）线下门店利益受到损害。例如，一家化妆品专卖店，会经常有顾客来咨询一些护肤方面的知识，他们了解产品信息后，由于价格的差异，转向线上去购买自己所需的护肤品。这种方式使顾客得到了商品方面的知识，但是线下门店却得不到应有的回报。

（3）伤及代理商和经销商。很多传统企业，其产品销售采用代理制和经销制，厂商触网就出现了跟代理商和经销商利益冲击的情况，情况严重的还激起代理商和经销商反对。

电商最前线
线上线下融合购物

线上与线下优势互补胜于竞争，"数实融合"趋势日渐明显。消费者在店内购物时，越来越多会先使用网络查询价格、寻找最划算的方案——这种行为被称为"展厅现象"（Showrooming）或"先逛店后网购"。但数据显示，消费者也会反向操作：先上网搜索，再至实体店面购物（Webrooming）。目前线上购物与线下购物依然存在以下差异：

1. 场景：紧急去线下，休闲去线上

尼尔森最近的研究指出，大部分消费者偏好在实体渠道进行"日常补货"或"紧急购物"；而线上渠道最受欢迎的情况，是当消费者在"休闲购物"或商家在"特定节日推出特价或促销"之时。将近24%的消费者表示他们喜欢在线上"休闲购物",而11%的受访者说他们会在特定假期期间通过网络平台抢购特价商品。一半的消费者会在实体店面进行"日常补货",而20%的购物者会到店面进行"紧急购物"——购买迫切需要的商品。

2. 男性更喜欢线上购物的便利

在中国市场,线上购物者与线下购物者存在一个极大的差别。以购物者的性别来说,尼尔森最新研究发现男性占所有线上购物者的44%,但男性只占线下购物者的20%。

3. 线上购物者与线下购物者心态大不同

中国的线上购物者看重"优质商品"与"特价优惠",在乎商品是否物美价廉,而线下购物者则讲求服务与体验。偏好线上购物的受访者认为"价格实惠"是他们更喜欢线上购物的关键,此外也包含"提供送货上门服务""可以节省时间""销售独特的特色产品"等原因,这些都是电子商务的优势。喜欢到实体店面购物的受访者则反映"即到即买"是他们偏好线下渠道的首要原因,购买的当下就能立刻收到商品。其他因素也包括线下有"现场体验"的机会、"质量更可靠""服务好"等。建议零售商在制定策略时,应注意线上渠道有明确的商品差异化。线下零售商则应该注重服务及体验的差异化,以避免陷入价格竞争。

2. 竞争对手差异化

大多数网店都不是生产性企业,所经营的商品都从其他的渠道进货,而供应商不可能只给一家网店供货,同行的其他网店也可以在这里拿到相同的货。

网店行业竞争激烈,其关键原因就是商品同质化严重,同类型网店卖的商品几乎是相同的,几乎没有差异化,对买家来说,选哪一家买都一样,没有区别,这就造成了卖家之间的无形竞争。对某一个网店来说,想要脱颖而出存在一定的难度。在同质化现象之下该如何开网店?可以从以下四个方面进行突破:

(1)从主推商品上做区分。面对同样的进货渠道,店主可以进行个性化采购,从消费者的角度去选择商品。即使可供选择的商品种类不多,也可以通过营销推广打造与竞争对手不同的爆款。例如,新店做坚果炒货,最好避开行业巨头激烈竞争的碧根果、夏威夷果等,可以选择腰果、开心果等商品作为爆款打造。当店铺销量达到一定程度时,就可以争取到更强的话语权,可以要求供货渠道提供专供产品。

(2)从相同中找出不同。如果网店卖的商品和别的网店卖的同类商品没有太大的差异,那么就要从相同中找出不同,没有差异就创造差异,然后将差异放大并将其体现在详情页上,问题便可以很好地解决。

例如,网店可以通过原产地的不同展现差异体现优势;还可以通过从细节上介绍商品,展现差异,体现优势;也可以讲情怀,让网店的商品带有一定的故事性;为商品创造背景也是解决同质化问题的好方法。

（3）从拍摄图片上形成差异。任何一个细节都会影响到买家的购买决定，优美的图片是促使买家选择购买的关键原因。所以，在商品同质化严重的情况下，网店可以从图片的拍摄上体现差异，用更美观、更吸引人的方法拍照，让即便是看似相同的商品也变得与众不同，这会让商品更令人印象深刻。这种方法可解决同质化问题，就可成功带动商品销量的提升。

（4）从服务上找差异。有些商品高度标准化，且种类较少，如手机。手机品牌多采用单品爆款经营策略，同一品牌的手机线上专营店或专卖店往往只在主力型号手机上展开正面竞争，这样很容易陷入恶性价格战。网店面对此类商品，就要从服务上找差异，从周边配套上找区别，例如，在保持手机价格不变的情况下，可以延长手机的保修期，赠送耳机、贴膜、优惠券等附加产品，以提升用户满意度。

3. 内部商品差异化

在客户群体的基础上，可以将线上商品结构分为四种，即引流款、利润款、活动款和形象款。

（1）引流款。引流款顾名思义就是主推吸引流量的商品。流量对于网店是非常重要的，主推商品就必然是流量来源最大的通路。这部分商品的特点是毛利率趋于中间水平，商品转化率高，与竞争对手的商品相比有价格等方面的优势，从而更利于占领网页中"豆腐块"的位置，后期可带来较多的免费流量。其实"大众"与"个性"之间本来就存在一个矛盾，引流款一定是目标客户群体里面绝大部分顾客可以接受的商品，而非小众产品。在选择引流款时，网店应该做商品数据测试，初期给予商品比较小的推广流量，观察数据状况，选择转化率较高、地域限制较少的商品。

（2）利润款。利润款占网店商品结构中最高份额。做企业无非是出售实物商品或者服务，而销售的目的就是赢得利润，因此，利润款应该占实际销售中的最高比例。利润款适用于目标客户群体里某一特定的小众人群。这些人追求个性，因此这部分商品突出的卖点及特点必须符合这一部分小众人群的心理。前期利润款选品对数据挖掘的要求很高，网店应该精准分析小众人群的偏好，分析出适合他们的款式、设计风格、价位区间、商品卖点等多方面因素。在推广方面，需要以更精准的方式进行人群定向推广。网店在推广前同样需要少量的定向数据进行测试，或者通过预售等方式进行产品调研，以做到供应链的轻量化。

（3）活动款。活动款顾名思义就是用于做活动商品。网店首先要明确，品牌商为什么做活动？是为了清库存、冲销量，还是为了体验品牌？从这几个不同的维度出发，得到的是截然不同的结果。

品牌商做活动的第一个原因就是清库存。需要清理的库存多半是一些陈旧的或者尺码型号不全的款式，必然牺牲客户对品牌的体验，那么低价是弥补客户心理的一个很好的方式。例如，有些电商平台会提供一些产品库存款1~3折的抢购活动。如某位顾客就经常通过这种方式去采购一些大品牌的鞋子。在这个过程中，这位顾客发现通勤风格鞋子的款式更新比较慢，线下的鞋子相对于线上产品而言价格较高；与此同时，这位顾客所需的尺码属于非常大众的尺码，即使断码也经常可以找到较好的款式。以上这些因素促使这位顾客非常喜欢这种购物方式。

品牌商做活动的第二个原因就是冲销量。这在一般情况下是基于平台成交额基础要求、部门的业绩考核、第三方运营合作公司完成业绩指标等原因。这些原因本就无可厚非，可品牌商要注意的是活动期间的客户体验，切勿对品牌产生负面的影响。

品牌商做活动的第三个原因就是让客户体验网店的品牌，这才是网店活动款应该起到的作用。例如，有些网店做过聚划算，但导致复购率低的直接原因就是网店没有明确规划活动款。活动款应该是大众款，但定价绝非低价。网店要让顾客看到基础销量的价格与活动折扣的差价，从而让顾客产生购物的冲动，因此需要一个较低的折扣。活动款应该是整套产品结构中利润率最低的商品。如果品牌商希望依靠活动款赚钱的话，品牌又将重新走回"卖货"的行列，并逐步进入"非活动不走量"的窘境。现在在淘宝和天猫平台上，很多活动商品的销量是不计入主搜排序的。因此，活动仅是一个让外界感知网店品牌的通路。那么，活动款就一定要在活动期间放弃产品的利润，成为让客户感知网店品牌的理由。与此同时，做好后续的售后服务更能够提升活动后的复购率。活动产生的客户复购必然仅仅为一小部分。给原有老客户提供优惠及福利，是做活动的另外一个理由。

（4）形象款。形象款的意义是让顾客驻足与期待，它往往是企业形象的代表。形象款应该选择一些高品质、高调性、高客单价的极小众商品。可以有3~5款，适合目标客户群体里面的3~5个细分人群。形象款仅会占商品销售中极小一部分，网店可以仅保持线上商品处在安全库存中，其目的就是提升品牌的形象。

4."小而美"的产品定位

如今，在电商行业众多商品的宣传时会运用"小而美"。该如何定位"小而美"呢？"小而美"指的是店铺定位细分类目，特色突出，主题突出，并且有自己鲜明的"性格"。

（1）定位细分类目。很多店铺在一开始不知道如何去定位，或者说如果定位范围非常大，找准细分类目就显得非常有必要。假如某网店是卖女装的，就需要找到精准的定位。首先，此网店是卖女装的；其次，要选择是卖连衣裙，还是卖卫衣，还是卖衬衫。这样小的类目选好的了。

故宫博物院淘宝店铺（见图3-5）给人的感觉是定位非常清晰，其风格是高端路线的中国风，其网店装修也围绕着这个格调进行。这种格调会给顾客留下较深的印象，当顾客需要此种风格的商品的时候，第一时间就会想到这家店铺。

图3-5　故宫博物院淘宝店铺

（2）定位特定人群。接下来网店要考虑是卖低端商品、中端商品，还是高端商品。客户是什么样的群体，年龄层如何，就要选择相应的风格。如果这样一层一层地去思考，那么"小而美"的店铺定位就会变得简单。例如，在服装行业，针对特定人群的大码女装、广场舞装，产生了很多"小而美"店铺。

（3）风格细分。风格细分为商品带入某种独特风格，满足某种特定偏好的人群的最大化需求。每个人的人生经历不同，对风格的爱好就有不同，最突出的就是女装，有人喜欢古风、有人喜欢商务风，每次商品的细分都会对网店运营带来飞跃。

风格细分适用于中高端的商品。如家居产品在风格细分上面就很全面，充分满足了不同人群的需求。

（4）打造新的概念。如果网店能够创造出来某种独特的概念，就会很容易帮助网店提高相对的竞争优势。但是要注意，在网店经营上，没有永久的绝对竞争优势，只要网店的概念好，有市场，很快就会有人去复制。例如，茶叶市场是个大市场，但一直未诞生大品牌，其原因就在于产品缺乏统一的标准，随意定价，品牌意识差，缺乏创新，与年轻、时尚脱节。小罐茶（见图3-6）则打破传统框架，设计了一罐一泡的铝罐，在形态上小巧方便、时尚，利用铝罐的特有形态和充氮保鲜工艺，解决了茶叶怕氧化、怕受潮、怕异味的问题。独特的概念让产品赢得消费者的青睐。

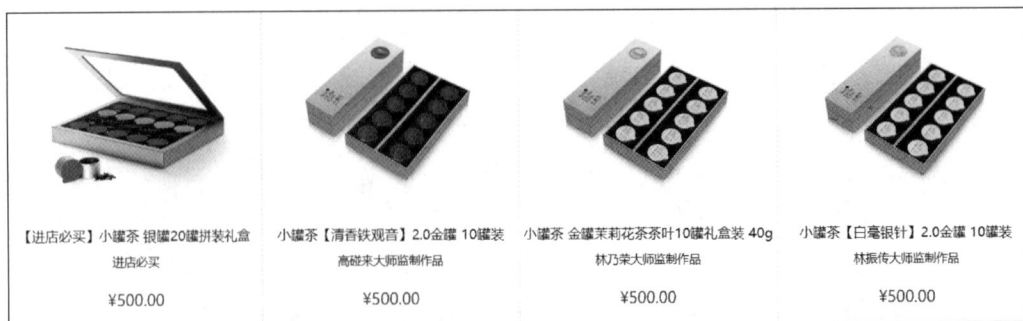

| 【进店必买】小罐茶 银罐20罐拼装礼盒 进店必买 ¥500.00 | 小罐茶【清香铁观音】2.0金罐 10罐装 高碰来大师监制作品 ¥500.00 | 小罐茶 金罐茉莉花茶茶叶10罐礼盒装 40g 林乃荣大师监制作品 ¥500.00 | 小罐茶【白毫银针】2.0金罐 10罐装 林振传大师监制作品 ¥500.00 |

图 3-6 概念小罐茶

3.1.3 商品采购渠道

1. 批发市场进货

这是寻找网店采购渠道最简单、最常见的方法，但是很多卖家都会忽略这个简单的方法，而把目光转向商品的原产地。其实在开设网店最初的阶段，如果商品的销售量不高的话，在本地市场进货已经完全可以满足正常的需求了。如果网店经营服装，那么可以去周围一些大型的服务批发市场进货。在批发市场进货，需要有强大的议价能力，力争将批发价压到最低。同时，要与批发商建立良好关系，在关于调换货的问题上要与批发商说清楚，以免日后引起纠纷。在全国各地，像这样的市场很多，如杭州四季青服装批发市场、义乌小商品城等。

优点：更新快，品种多；缺点：容易断货，品质不易控制；适合人群：当地有这样的大市场，网店具备一定的议价能力。

2. 厂家直接进货

正规厂家的货源充足，信用好，如果与其长期合作，一般都能争取到商品调换。但是一般而言，厂家的起批量较高，不适合小型批发客户。如果网店有足够的资金储备，有分销渠道，并且不存在压货的危险，就可以采用这种方式。

优点：价格有优势；缺点：有资金、库存压力，产品单一；适合人群：有一定的经济实力，并有自己的分销渠道。

3. 批发商处进货

一般用搜索引擎就能找到很多贸易批发商。它们一般直接由厂家供货，货源较稳定。不足之处是因为它们已经做大做强，订单较多，售后服务难免有时就跟不上。而且他们都有自己固定的老客户，很难和他们谈条件，除非当成为他们的大客户后，才可能获得折扣和其他优惠。在开始合作时，就要把发货时间、调换货品等问题讲清楚。

优点：货源充足，选择种类多；缺点：售后服务跟不上；适合人群：有自己的分销渠道，销售量较大。

4. 品牌代理商

品牌代理商关注品牌和授权，但是相对来说，直接联系品牌代理商，需要更大的进货量。越是大品牌，价格折扣就越低，但是可以在完成销售额后拿到返利。如果店铺已经发展到一定程度，想走正规化路线，这就会是个不错的选择。

优点：货源稳定，渠道正规，商品不易断货；缺点：更新慢，价格相对较高，利润低；适合人群：做品牌旗舰店。

5. 代销式供应商

这是时下较流行、较普遍的一种供应方式。采用这种方式，由代销式供应商提供图片及商品介绍，网店卖出商品后，代销式供应商可帮助网店直接发货（代发货）。对于新手来说，这是个不错的选择，因为所有的商品资料都是齐全的，关键看网店如何把商品卖出去。不过，在选择这种供应商的时候，一定要注意其信用度和商品质量，否则遇到纠纷就不好解决了。

优点：简单易行，无须亲自发货，风险低，资金投入少；缺点：商品不经过自己的手，品质难控制，对商品可能缺乏了解，与客户沟通较复杂，操作不好会得中评或差评；适合人群：低成本创业的C2C网店主。

6. 各种展会、交易会

每年全国各个行业都会召开各种展会，如服装展、农博会等，这些展会聚集了很多厂商。因此，当网店经营已经有所起色，但苦于货源不够好的时候，参加相关产品的展会，接触真正一手货源，和厂商真正建立合作，对网店的长期发展是很有好处的。各种行业的展会都会在相应的B2B网站公布召开日期，参加这种展会时要以专业人士身份出现，带好名片或资料，这样谈生意也比较容易。

优点：成本低，竞争力强，商品质量稳定，售后服务有保障；缺点：一般不能代销，需要有一定的经营和选货经验，资金投入大，风险较大；适合人群：资金实力较为雄厚者。

7. 关注外贸商品或代工商品

许多工厂在完成外贸订单之外会有一些剩余商品，或者在为一些知名品牌完成的贴牌代工生产之外也会有一些剩余商品，这些商品的价格通常较低，为市场价格的2~3折，但品质做工相对有保证，这是一个不错的进货渠道。但一般要求进货者全部吃进，所以创业者要有足够的经济实力。

动画：网店货源的选择

适合人群：有一定的货源渠道，同时有一定的识别能力。

8. 买入库存积压或清仓处理的商品

因为急于处理，这类商品的价格通常是较低的，如果网店有足够的议价能力，可以用一个较低的价格进货，然而转到网上销售，利用网上销售的优势，以及地域或时空差价获得足够的利润。经营这类商品，网店一定要对质量有识别能力，同时要把握发展趋势，并要建立好自己的分销渠道。

优点：成本低；缺点：具有很多不确定因素，比如进货的时间、地点、规格、数量、质量等都不受自己控制；适合人群：适合有一定的资金实力，对这个行业比较了解。

3.2 商品定价策略

3.2.1 商品定价影响因素

在传统营销领域有许多既定的定价策略和方法，其基本思想与互联网商品的定价方式可以共通，其不同点也可以对照参考。

互联网商品的关键不同在于，商品的成本和收入结构相对复杂，与传统实体商品的定价方式不同，互联网可以创造出各种交叉补贴的盈利模式。此外，用户对价格会产生决定性作用。一方面，商品价值受用户心理因素影响，定价方式灵活。另一方面，人群对互联网产品的价格极为敏感。影响商品定价的因素可以分为内在因素和外在因素。

1. 内在因素

内在因素主要考虑商品的成本，然后根据经营目标制定策略。例如，考虑目标人群和定位，商品的市场定位决定了价格区间。此外，还要看商品在财务上是否追求盈利。如果不以利润为目标，价格可以略低。

2. 外在因素

外在因素中，首先要考虑需求弹性，其公式为：需求弹性＝需求量变动的百分比／价格变动的百分比。大部分互联网商品的需求弹性大，收费提价时用户会大量流失。然后是市场情况，行业的发展水平越高，享受的价格红利越少。此外，还有环境因素、整体社会经济水平、政策环境、宏观法律调控手段等。若商品要经过营销渠道销售，则需要为中间商留出足够的利润空间。

3.2.2 商品定价方法

商品定价方法是企业在特定的定价目标指导下，依据对成本、需求及竞争等状况的研究，运用价格决策理论，对商品价格进行计算的具体方法。主要包括成本导向定价法、竞争导向定价法和顾客导向定价法等三种类型。

1. 成本导向定价法

以商品单位成本为基本依据，再加上预期利润来确定价格的成本导向定价法，是企业最常用、最基本的定价方法。从中又可衍生出总成本加成定价法、目标收益定价法、边际成本定价法、盈亏平衡定价法等具体的定价方法。

（1）总成本加成定价法。这种定价方法把所有为生产某种商品而发生的耗费均计入成本的范围，计算单位商品的变动成本，合理分摊相应的固定成本，再按一定的目标利润率来决定价格。

（2）目标收益定价法。目标收益定价法又称投资收益率定价法，根据企业的投资总额、预期销量和投资回收期等因素来确定价格。

（3）边际成本定价法。边际成本是指每增加或减少单位商品所引起的总成本变化量。由于边际成本与变动成本比较接近，而变动成本的计算更容易一些，所以在定价实务中，多用变动成本替代边际成本，而将边际成本定价法称为变动成本定价法。

（4）盈亏平衡定价法。在销量既定的条件下，企业商品的价格必须达到一定的水平才能做到盈亏平衡、收支相抵。这个既定的销量就称为盈亏平衡点，这种确定价格的方法就称为盈亏平衡定价法。科学地预测销量和已知固定成本、变动成本是盈亏平衡定价的前提。

2. 竞争导向定价法

在竞争十分激烈的市场上，企业通过研究竞争对手的生产条件、服务状况、价格水平等因素，依据自身的竞争实力，参考成本和供求状况来确定商品价格，这种定价方法就是竞争导向定价法。竞争导向定价主要包括以下三种类型：

（1）随行就市定价法。在垄断竞争和完全竞争的市场结构条件下，任何一家企业都无法凭借自己的实力在市场上取得绝对优势，为了避免竞争，特别是价格竞争带来的损失，大多数企业都采用随行就市定价法，即将本企业某商品价格保持在市场平均价格水平上，利用这样的价格来获得平均利润。此外，采用随行就市定价法，企业就不必去全面了解消费者对不同价差的反应，也不会引起价格波动。

（2）商品差别定价法。商品差别定价法是指企业通过不同营销行为，使同种同质的商品在消费者心目中树立起不同的商品形象，进而根据自身特点，选取低于或高于竞争者的价格作为本企业产品价格。因此，商品差别定价法是一种进攻性的定价方法。

（3）密封投标定价法。许多大宗商品、原材料、成套设备和建筑工程项目的买卖和承包，以及小型企业的出售等，往往采用发包人招标、承包人投标的方式来选择承包者，确定最终承包价格。一般来说，招标方只有一个，处于相对垄断地位，而投标方有多个，处于相互竞争地位。标的物的价格由参与投标的各个企业在相互独立的条件下来确定。在买方招标的所有投标者中，报价最低的投标者通常中标，它的报价就是承包价格。这种竞争性的定价方法就被称为密封投标定价法。

3. 顾客导向定价法

现代市场营销观念要求企业的一切生产经营必须以消费者需求为中心，并在产品、价格、分销和促销等方面予以充分体现。根据市场需求状况和消费者对产品的感觉差异来确定价格的方法叫作顾客导向定价法，又称"市场导向定价法""需求导向定价法"。需求导向定价法主要包括理解价值定价法、需求差异定价法和逆向定价法。

（1）理解价值定价法。所谓"理解价值"，是指消费者对某种商品价值的主观评判。理解价值定价法是指企业以消费者对商品价值的理解度为定价依据，运用各种营销策略和手段，影响消费者对商品价值的认知，形成对企业有利的价值观念，再根据商品在消费者心目中的价值来确定价格。

（2）需求差异定价法。所谓需求差异定价法，是指商品价格的确定以需求为依据，强调适应消费者需求的不同特性，而将成本补偿放在次要的地位。这种定价方法对同一商品在同一市场上制定两个或两个以上的价格，或使不同商品价格之间的差额大于其成本之间的差额。其好处是可以使企业定价最大限度地符合市场需求，促进商品销售，有利于企业获取最佳的经济效益。

（3）逆向定价法。这种定价方法主要不是考虑产品成本，而重点考虑需求状况，依据消费者能够接受的最终销售价格，逆向推算出中间商的批发价和生产企业的出厂价格。逆向定价法的特点是：价格能反映市场需求情况，有利于加强与中间商的良好关系，保证中间商的正常利润，使商品迅速向市场渗透，并可根据市场供求情况及时调整，定价比较灵活。

4. 各种定价方法的运用

定价方法有很多种，企业应根据不同经营战略和价格策略、不同市场环境和经济发展状况等，选择合适的定价方法。

从本质上说，成本导向定价法是卖方定价导向。它忽视了市场需求、竞争和价格水平的变化，有时候会与定价目标相脱节。此外，应用这一方法确定的价格均是建立在对销量主观预测基础上的，从而降低了价格确定的科学性。因此，在采用成本导向定价法时，还需要充分考虑需求和竞争状况，来确定最终的市场价格水平。

竞争导向定价法是以竞争者的价格为导向的。它的特点是：价格与商品成本和需求不发生直接关系；商品成本或市场需求变化了，但竞争者的价格未变，就应维持原价；反之，虽然成本或需求都没有变动，但竞争者的价格变动了，则应相应地调整其商品价格。当然，为实现企业的定价目标和总体经营战略目标，谋求企业的生存或发展，企业可以在其他营销手段的配合下，将价格定得高于或低于竞争者的价格，并不一定要求和竞争对手的商品价格完全保持一致。

顾客导向定价法，是以市场需求为导向的定价方法，价格随市场需求的变化而变化，不与成本因素发生直接关系，符合现代市场营销观念要求，企业的一切生产经营以消费者需求为中心。

3.2.3 商品定价策略

价格是企业竞争的主要手段之一，企业除了根据不同的定价目标，选择不同的定价方法，还要根据复杂的市场情况，采用灵活多变的方式确定商品的价格。

1. 新品定价

（1）有专利保护的新品的定价可采用撇脂定价法和渗透定价法。

① 撇脂定价法。新品上市之初，将价格定得较高，在短期内获取厚利，尽快收回投资。就像从牛奶中撇取其所含的奶油一样，取其精华，因此这种定价方法被称为撇脂定价法。

这种方法适合需求弹性较小的细分市场，其优点是：新品上市时，顾客对其无理性认识，利用较高价格可以提高身价，适应顾客需求心理，有助于开拓市场；主动性强；进入成熟期后，价格可分阶段逐步下降，有利于吸引新的购买者；价格高，限制需求量增加过快，使其与生产能力相适应。缺点是：获利大，不利于扩大市场，好景不长，很快就会招来竞争者，迫使价格下降。

② 渗透定价法。在新品投放市场时，价格定得尽可能低一些，其目的是获得最高销售量和最高市场占有率。

当新品没有显著特色，竞争激烈，需求弹性较大时，宜采用渗透定价法。其优点是：能迅速为市场所接受，打开销路，增加产量，使成本随生产规模的扩大而下降；低价薄利，使竞争者望而却步、减缓竞争，获得一定市场优势。

对于企业来说，采取撇脂定价还是渗透定价，需要综合考虑市场需求、竞争、供给、市场潜力、价格弹性、产品特性、企业发展战略等因素。

（2）仿制品的定价。仿制品是企业模仿国内外市场上的畅销货而生产出的新品。仿制品面临着产品定位问题，就新品质量和价格而言，有九种可供选择的战略：优质高价、优质中价、优质低价；中质高价、中质中价、中质低价；低质高价、低质中价、低质低价。

2. 心理定价

心理定价是根据消费者的消费心理定价，主要有以下三种：

（1）尾数定价法。许多商品的价格，宁可定为0.98元或0.99元，而不定为1元，这是适应消费者购买心理的一种取舍，尾数定价使消费者产生一种"价廉"的错觉，比定为1元的反应积极，能够促进销售。相反，有的商品不定价为9.8元，而定为10元，同样会使消费者产生一种错觉，迎合消费者"便宜无好货，好货不便宜"的心理。

（2）声望性定价法。此种定价法有两个目的：一是提高商品形象，以价格说明其名贵名优；二是满足消费者的购物档次需要，适应购买者的消费心理。

（3）习惯性定价法。某种商品由于同类商品多，在市场上形成了一种习惯价格，个别生产者难于改变。降价易引起消费者对品质的怀疑，涨价则可能受到消费者的抵制。

3. 折扣定价

大多数企业通常都酌情调整其基本价格，以鼓励顾客及早付清货款、大量购买或增加淡季购买。这种价格调整叫作价格折扣和折让，主要包括以下五种：

（1）现金折扣，是对及时付清账款的购买者的一种价格折扣。例如，"2/10净30"，表示付款期是30天，如果在成交后10天内付款，给予2%的现金折扣。许多行业习惯采用此法以加速资金周转，减少收账费用和坏账。

（2）数量折扣，是企业给那些大量购买某种产品的顾客的一种折扣，以鼓励顾客购买更多的产品。大量购买能使企业降低生产、销售等环节的成本费用。例如，顾客购买某种商品100单位以下，每单位10元；购买100单位以上，每单位9元。

（3）职能折扣，也叫贸易折扣，是制造商给予中间商的一种额外折扣，使中间商可以获得低于目录价格的价格。

（4）季节折扣，是企业鼓励顾客淡季购买的一种减让，使企业的生产和销售一年四季能保持相对稳定。

（5）推广津贴。为扩大商品销路，生产企业向中间商提供推广津贴。如零售商为企业产品刊登广告或设立橱窗，生产企业除负担部分广告费外，还在产品价格上给予一定优惠。

4. 歧视（差别）定价

企业往往根据不同顾客、不同时间和场所来调整商品价格，实行歧视（差别）定价，即对同一商品或服务定出两种或多种价格，但这种差别不反映成本的变化，主要有以下几种形式：

（1）对不同顾客群制定不同的价格。

（2）对不同的花色品种、式样的商品制定不同的价格。

（3）对不同的部件制定不同的价格。

（4）在不同时间制定不同的价格。

实行歧视定价的前提条件是：市场必须是可细分的且各个细分市场的需求强度是不同的；商品不可能转手倒卖；高价市场上不可能有竞争者削价竞销；不违法；不引起顾客反感。

网商须担当
商家定价自由需谨守法律底线

网购价格一般属于市场定价，即商家享有根据同行定价、消费者关注度等因素调整价格的自由，但应该保护消费者的知情权。商家的定价自由需要谨守法律边界，《中华人民共和国价格法》第十四条规定：经营者不得有下列不正当价格行为：

（一）相互串通，操纵市场价格，损害其他经营者或者消费者的合法权益；

（二）在依法降价处理鲜活商品、季节性商品、积压商品等商品外，为了排挤竞争对手或者独占市场，以低于成本的价格倾销，扰乱正常的生产经营秩序，损害国家利益或者其他经营者的合法权益；

（三）捏造、散布涨价信息，哄抬价格，推动商品价格过高上涨的；

（四）利用虚假的或者使人误解的价格手段，诱骗消费者或者其他经营者与其进行交易；

（五）提供相同商品或者服务，对具有同等交易条件的其他经营者实行价格歧视；

（六）采取抬高等级或者压低等级等手段收购、销售商品或者提供服务，变相提高或者压低价格；

（七）违反法律、法规的规定牟取暴利；

（八）法律、行政法规禁止的其他不正当价格行为。

目前，网店商家常用折扣促销或"抄底价""最低价"等宣传方式来吸引消费者。"最低"这样的词汇是相比较而言的，需要明确比较的时间、对象，如跟同类商品比、跟竞争对手比或是跟自家的历史价格相比等，以避免对消费者的误导。商家需慎用此类宣传口号，当消费者看到此类词汇时也要提高警惕。

3.3 商品信息处理

3.3.1 商品图片处理

1. 商品图片拍摄原则

商品图片可以给买家带来对网店的第一印象。卖家应该在体现商品特点的同时，尽量考虑到买家的心理需求，拍摄一些清晰、准确和美观的图片来满足买家的期待。一般来说，网店可遵循以下拍摄原则，提高网店照片的质量。

（1）图片清晰原则。图片清晰是照片拍摄最主要的原则，清晰的图片不仅能吸引买家的眼球，还能展示商品的细节，坚定买家的购买信心。但并不是相机的像素越高，商品图片就越清晰，一般来讲，拍摄网店商品图片的相机在300万px以上就可以基本满足图片清晰的要求。若需要更加高清和高质量的图片，卖家可根据实际情况斟酌选择合适的相机。

（2）背景干净原则。背景是为商品服务的，不要使用太过花哨的背景，以免喧宾夺主。干净的背景会让商品更加突出，让画面显得和谐统一。

（3）整体纵览原则。网店主图是买家进店后第一眼看到的图片，展示的是商品的整体状况，因此该图片的拍摄至关重要，一定要拍摄得清晰漂亮。

（4）细节展示原则。考虑到买家对商品细节了解的心理需求，网店可以尽量多拍摄一些商品细节图片来满足买家了解商品的愿望，打消买家在质量方面的心理顾虑。例如，可展现商品的材质和做工，功能、特点和特殊卖点。

（5）打光自然原则。自然的光线是拍照成功的重要因素之一。打光一般采用专业的闪光灯，否则拍摄出的照片会偏灯光的颜色，常用两侧布光、两侧45°布光、前后交叉和后方布光，拍摄出的商品比较自然，也能展示出质感。

（6）大小比较原则。因为网购局限性的原因，很多买家收到实物商品时，都会觉得和网页上看到的商品图片有所出入。而其中最容易产生出入的一项就是尺寸大小不一致。一般而言，除了服装等类型的商品外，买家经常会忽略商品的尺寸。因此，卖家拍摄时可以在商品旁边摆上有标准尺寸的物品作为参照物来展示商品的大小，如硬币、A4纸等。这样给买家的印象会比较直观且准确。

（7）色彩对比原则。鲜明的色彩对比可以使照片显得更加生动活泼。例如，在白色的背景中摆放一盆绿色植物，在深色木质的背景前放置白色的花，这样做不仅不会抢走主体商品的风采，而且会使画面看起来更丰富饱满。

（8）减少色差原则。虽然色差不可避免，但卖家应该想办法尽可能地降低色差，以免引起与买家之间的纠纷。在拍摄照片之前，用一张白纸为相机设置白平衡，而计算机屏幕同样可以用白纸设置白平衡，从而使色差降低到最低程度。

（9）风格统一原则。在同一页面上，统一的照片拍摄风格会使买家感觉清爽整齐。网店应尽量使用相同的背景、相同的光源、相同的角度和相同的相机摆放位置进行拍照。

2. 提升主图点击率的技巧

主图的设计至关重要，它不仅影响着买家是否有欲望去浏览网店的商品，甚至还影响网店的销量、转化率。那么，主图点击率的高低也就是商品的主图是否做得足够好的重要考量标准，所以如何提高主图点击率也就成为卖家最关心的话题。吸引买家注意最常见的方法有以下四种：

（1）明确目标人群喜好。在制作主图和详情页图片的时候，一定要弄清楚自己商品的受众人群，不要凭着自己的意愿去作图，尤其不要认为图片越多就越好。针对商品的受众人群，要了解他们的偏好、兴趣爱好、消费能力、消费水平，美工需要和运营人员沟通，毕竟运营更了解用户行为。因此，网店要根据这些特点做针对特定人群所关注的点的图片，不能一张图片覆盖所有受众。

（2）选取不同的拍摄角度。如今网上的商品已经不计其数，如果在众多商品中，大家的拍摄角度都差不多，那么自己网店的商品自然就不会很突出。此时，如果能做到使拍摄角度具有差异化，通过差异化让自己的商品脱颖而出，买家在浏览商品的时候就能够注意到。

如图3-7所示，浏览者第一眼就会关注到第四张图，它更吸引眼球，这是因为它的拍摄角度和拍摄手法都跟其余三张图形成鲜明对比，更能突显商品的特质。

图3-7 拍摄角度对比

（3）选择与众不同的背景色。网店在制做主图的时候，为了凸显商品的特色，除了在拍摄角度上进行差异化处理之外，有时候差异化的背景色也是可以起到很大的作用的。例如，当网店发现其行业类目下的商品几乎都是用的深色底时，就可以考虑用浅色底来做主图（结合自己的商品底色做适当的调整）来突出商品的卖点，这样买家在浏览的时候就会第一时间注意到该网店商品。

（4）创作更有创意的文案。为了让自己商品的图片与众不同，网店需要创作一些有创意的文案。其实，要做一个创意的文案，不一定需要多高的创意能力，如果网店没有这方面的基础，学会模仿和改进也是一个不错的选择。网店经营者会经常去看大量的主图和图片，如果用心的话，完全可以总结这些图片好在哪儿，有什么创意。然后网店经营者就可以在这些基础之上结合自己的商品进行修改，通过不断试错来验证这个创意是不是也适合自己，如果不适合，就进行快速的调整。

3.3.2 商品文案写作

1. 商品卖点提炼

每个网店都希望自己店铺的商品能畅销，那么就要有效提炼卖点。卖点就是真正打动消费者的关键点。例如，对于干性皮肤的人来说，超强补水就是护肤品的卖点。

好的卖点要具备竞争力、辨识度和唯一性。大多数卖家都知道卖点的重要性，但是真正到提炼的时候，就会有这样的困惑——不会描述：绞尽脑汁写了很多内容，却打动不了消费者。如何提炼出最符合网店特征、商品属性的卖点，把商品描述得更加吸引人呢？

（1）确定目标人群画像。磨刀不误砍柴工，前期的数据调查可以让网店少走很多弯路。通过关键词指数，买家搜索相应关键词，就可以判断客户的人群画像、性别、年龄占比、消费层级等，根据这些信息，网店可以较为精准地判断哪些人群会购买网店的商品。客户群体分析得越透彻，定位也就越准，找到的卖点就越精确。

（2）挖掘自身商品优势。提炼卖点，首先要了解网店的商品主要能为消费者解决什么问题并了解商品的属性。其次要了解商品优势，可以从商品的外观、材料、工艺、功能、生产时间、地域文化、情怀、售后服务等方面进行挖掘。另外，还需要研究竞争对手，看看他们有没有什么独特的卖点，或者说是否存在同质化的卖点。

（3）抓住目标客户的痛点。痛点就是消费者在使用该商品时最关切的不舒适感，例如母婴类目，消费者关注的肯定是安全，那么一定要强调安全性。不同的店铺调性不一样，商品定位也不一样，要找痛点还是要看自己的类目和属性。

（4）关注用户的负面信息。一些商品上架之后，不管有没有销量，总会有一些人来询单，询单时买家会提出一些问题，这些问题很可能就是核心的卖点。同样是服装，男装会更注重品质，女装会注重上身效果。除了客服聊天记录，还可以多参考同行的商品详情页，注意描述痛点的角度。表现优秀的网店可以看买家的评价，尤其是中差评，他们的痛点有可能就是自己的核心卖点，再经过文案的陈述，对提高转化率肯定有帮助。

（5）提炼自身的独家卖点。一个独家卖点里面包含两类元素：竞争度和区分度。竞争度是其他网店有的卖点自己的网店也有的程度，但在某种程度上要比竞争对手强，如运动鞋，透气性比竞争对手更好，这就是独家卖点；区分度就是指商品具有极强的可识别度，商品具有独一无二性。

2. 软文写作

现在很多社交平台上的软文已不再是一种普通的文章，它们具有极大的传播性和感染力，已经跟商品挂钩，通过其内容让商品或者企业品牌进行大幅度曝光。在社交电商时代，越来越多的流量将通过内容营销来匹配，因此卖家不仅要让买家购物，还要让买家的体验升级为"好玩有趣地购物"，这样买家才会进入店铺，浏览商品，最终达成交易。

在互联网时代，针对网店所销售的商品，可以上网搜索相关的内容，如花茶的功效、衣服的搭配、家装的知识等。如果网店能系统地将知识提供给目标群众，就有机会将自己的商品植入这些软文中去。从写作风格上，软文可以分为以下七种。

（1）娱乐性软文。现在的上网人群普遍会更喜欢看有娱乐性的标题的文章，比如某运动品牌的软文标题《健康娱乐，惬意生活》，这样的文章带来的营销效果往往是很不错的。

（2）爆料性软文。从心理学上讲，大家对于某件事情总是有好奇心，如某化妆品的标题是《×××年轻20岁的秘密》，以解密为主题发布文章，点击率一般是很高的。

（3）悬念性软文。全文围绕一个主题采用自问自答的形式进行分析和解答，如某健身房的标题《半个月瘦身5公斤，秘密首次公开》，这样的标题一般都会吸引很多正在减肥的人群。

（4）故事性软文。爱听故事是每个人的天性，讲故事是一种传授知识的方式，如某网店要为某种商品做广告时，往往是先用一个故事吸引人点击进去看，最后才带出要介绍的商品。对于网店来说，当粉丝群规模还不够大时，要先了解目标买家喜欢什么故事，然后才能写好软文。

（5）警示型软文。人内心都有恐惧的一面，直击买家的痛点后，让买家先意识到其严重性，再给买家一个解决的方案。如某保健品的软文题目是《30岁的人，60岁的心脏》，这样形成对比的效果会让买家记忆更深刻。

（6）情感型软文。买家都有丰富的情感，如某礼品的软文题目是《19年的等待，一份让她泪流满面的礼物》，通过时间和表情的特写来增强整个标题的吸引力。又如，某个保健品软文题目是《工作压力太大，试试这个吧》，通过这种劝说的语气，让人们更容易感受到温情和体贴，同样也能达到不错的效果。

（7）热点型软文。互联网的特性就是信息传播速度快，买家利用自己的碎片化时间随时随地就能捕捉到热点新闻，如果卖家能跟进社会热点，将热点写进自己的软文中，就能将流量引进自己的店铺，其中就会有精确的流量。

其实，还有很多写好软文的方法，要看卖家是否有善于发现的眼睛和学习的心。各行各业都有其诀窍，对于卖家来说，写好营销软文首先是要了解买家的心理，其次是掌握写作的方法，最后就是进行修饰和加工，把商品信息毫无痕迹地加入软文中，又能让人自然地看下去。

3.3.3　商品详情页规划

1. 商品详情页的作用

商品详情页是指展示商品详细情况的页面。通俗地讲，就是浏览者点击一个商品后看到所有关于商品具体内容的页面。

商品的详情页会直接影响商品的展示效果、用户的购买量以及用户对店铺的评价。在商品详情页中，卖家以"图文混排"的形式传递商品相关属性信息，用以满足线上用户对商品信息的了解或者购买的需求。

商品详情页由文字、图片和色彩构成，通过排版形成了一种信息和视觉上的导向。文字主要起描述和修饰作用，以传递信息为主，不仅可以起到场景带入作用，还能渲染氛围；图片的主要作用是展示商品信息，通过视觉影响消费者感受；色彩的作用是隐性的，往往被人所忽略，但色彩对烘托质感、展现风格和调性起到至关重要的作用。

商品详情页对拍摄图片质量的要求是非常高的，质量欠佳的图片，就算是排版和设计再好也无法传递良好的商品信息。另外，文字的字体、大小、位置以及内容也直接影响版面效果和信息的传递。

2. 商品详情页结构

网店商品有不同的类目，每个类目模块都有具体的要求，要结合平台的规则，为网店规划合理的商品详情页结构，输出不仅视觉效果美观、逻辑通顺，而且技术层面更专业的商品详情页页面。

这里就以服装展示模块为例，梳理出商品详情页核心区域的规划，主要包括以下几个方面：

（1）海报展示。一张优质的海报能立刻吸引消费者的关注，海报需要具有视觉冲击力，一般选用模特正面或者稍侧面照为佳；在模特摆姿上，也要选最具有吸引力的姿态，能够完整呈现服装效果与亮点。同时，在海报的设计上可以搭配文字等素材来增加用户对品牌的认知，以此来渲染气氛，体现调性。海报要彰显品牌的调性，渲染气氛。

（2）卖点优化。卖点优化区是由图片和文案组成的，网店要根据商品的特点，从不同的角度提炼亮点，例如：设计师有话说、潮流趋势、亮点解说、版型特点、工艺解读、细节卖点以及面料解析等。

卖点的提炼除了要从商品的自身特点出发外，还要站在消费者的角度，去了解消费需求与关注点。好的文案能够用简短的几个字就直接激发用户的购买欲。不过在实际工作中，考虑到时间以及人力的投入，无法对每款商品都能够做到卖点优化，因此，网店在实际操作中，会针对重点商品或者爆款做文案细究，建议用美工机器人的商家在进行模板设计规划时，将通用文案放置在卖点区域，后期再有针对性地修改重点商品，做到内容与视觉效果并重。

商品卖点图如图3-8所示。

（3）商品信息展示。以上区域的内容都是为了激起用户的购买欲，而商品信息区域就是决定用户是否购买的关键。准确、真实、有效、美观地展示商品的面料、指数、尺码等信息能够直接促成客户的购买行为。对这个区域的制作也很考验美工人员对细节的认真程度。

传统美工在套版的时候，往往会

图3-8　产品卖点图

通过PSD文件中既定的表格样式对每款商品信息进行填写或修改，这不仅耗费大量时间，也容易出现排列上行首不对齐、多空格等错误。这些看似细小的错误会影响商品详情页的整体美观，因此，美工机器人通过设定客户的需求样式，将商品信息区域网页化，实现内容在线实时编辑和修改，提升制作该区域的效率与输出的效果。

商品信息展示要样式统一、信息准确、注重细节，如图3-9所示。

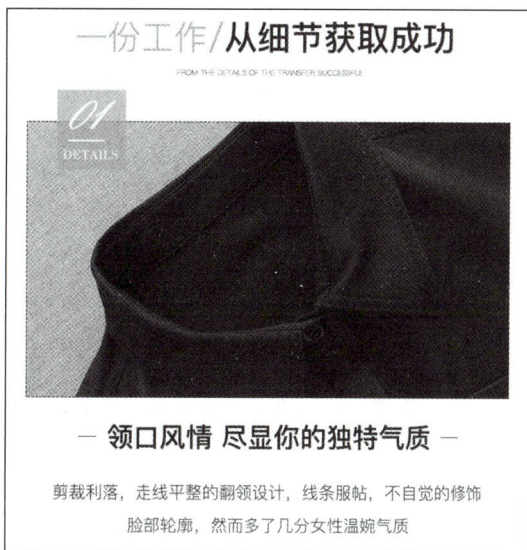

图3-9　商品信息展示

（4）搭配推荐。根据市面上不同的搭配形式，可将搭配推荐分为三大类：场景化搭配、关联搭配、同类推荐。其中，场景化搭配是最能体现商品的特性、提升用户购买代入感的搭配方式。场景化搭销是基于着装搭配逻辑，在商品拍摄阶段，可以让模特穿上搭配好的多款同期在售商品进行拍摄，并在商品详情页中合理嵌入对应搭配产品图片以及链接，将用户带入着装搭配场景中，从而实现用户购买。

然而，目前除了规模较大、人员充足的服装商家，多数商家并未制作场景化搭配，主要的难度有：未从摄影策划端就开始规划搭配；搭配图片、链接的制作及后期维护需要花费比较多的时间；涉及一定难度的代码编写。

为降低此类搭配区域的制作门槛与时间成本，可以利用AI技术对素材图进行智能分析，自动生成搭配区域，自动添加对应商品的链接，为商家带来较大的便利。

（5）模特展示。模特展示区是服装类商品上身效果展示的重点，能让购买者通过模特图效果以及排列逻辑顺序全面地了解商品，可以理解为上身效果的重现。一般在模特拍摄阶段，会从模特的正面、侧面、背面来采集图片，并且在商品详情页当中全方位展示。

对于一款多色的商品，不同颜色模特图的排列逻辑顺序就显得至关重要。建议网店可以按主、副色依次展示，先展示4~5张主推颜色商品图片，然后再展示3~4张辅推颜色的商品图片。

需要强调的是，很多商家都会误认为模特展示图片的数量越多越好，其实这是不对的，就好比讲故事一样，越长越容易让人找不到重点；图片太多会造成商品详情页冗长，加载慢，导致用户跳失。因此，在模特展示的部分，建议商家做到全方位且重点突出地展示照片。

模特展示如图3-10所示。

图3-10　模特展示图

（6）平铺细节图。平铺细节图包括平铺图、细节图、买家所关注的质量和材质的图片。由于平台化的购物无法让买家直接、多角度、全面感受实物的触感和质量。因此，平铺细节图是能够弥补用户感受的重要呈现方式。一般要求平铺图能够完整地展示商品的正反面效果，而细节图的展示需要多角度，而且每张图应有清晰的关键点，体现面料效果。对于品牌附加值较小的商家，通过精修细节图并对应匹配文案来画龙点睛，更有助于刺激用户下单。

平铺细节图如图3-11所示。

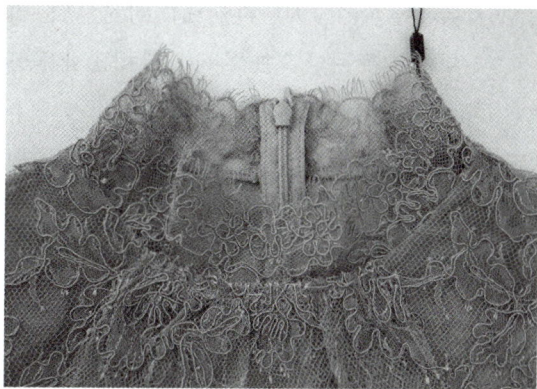

衣领设计 圆领增加蕾丝花边，形成半高领的设计，修饰颈部线条，提升魅力，后领有拉链

图3-11 平铺细节图

清晰而且符合用户购物体验的逻辑顺序有利于打造具有层次感的商品详情页，传递商品有效的信息，这是网店不可忽视的排版设计要点，而文字的字体、大小，整个页面的色彩搭配，以及对各区块间的节奏把控，也直接影响页面浏览者的视觉体验。

商品详情页的三大属性，通过合理把控商品详情页在视觉、销售、技术上的属性，结合美工机器人快速排版设计"上新"能力，可以优质且高效地完成商品详情页设计与"上新"工作，同时从页面规划角度帮助网店提高转化率，实现精细化运营。

综合实训

采购投标和发布商品

一、采购投标

根据数据魔方的市场需求数据，选择合适的类目的商品进行经营，根据供应商提供商品的促销方式、数量、体积、价格制定采购投标方案，通过公开竞标的方式获得该种商品。

系统自动评判中标单位。采购竞标时，同一种商品按照单位价格出价的高低依次进行交易；如果竞标价格相同，则与供应商的关系值高的优先成交；如果竞标价格相同，与供应商的关系值也相同，则媒体影响力高的优先成交；继续比较社会慈善金额、销售额、投标提交的先后顺序来依次交易。

供应商的关系值：每次采购成功一个订单，供应商关系值加1。

社会慈善金额：为慈善活动捐助的金额，增加社会慈善金额可以提升企业综合指数。

如果同种商品一次性采购数量和企业信誉度都达到卖家的促销方式要求，可以享受价格和账期上的优惠。

$$企业信誉度 = 1 \times 履约订单数 - 4 \times 违约订单数（未发货）- 3 \times 违约订单数$$
$$（已发货，超过订单要求到货期限）$$

在制定采购投标方案时，需要确定合适的采购城市，中标后的商品必须入库到该城市的配送中心。如果入库其他城市的配送中心，需要先入库至该城市的配送中心，再进行调拨。

市场预测图如图3-12所示。

类别	商品	1-1	1-2	2-1	2-2	3-1	3-2	4-1	4-2	5-1	5-2
服装	裤子	8	7.68	7.36	7.04	6.8	6.56	6.24			
	西装				16	15.36	14.72	14.08	13.6	13.12	12.48
	连衣裙								12	11.52	11.04
首饰	项链	80	79.2	78.4	77.6	76.8	76	75.2	74.4	73.6	
	手链					72	68.4	64.8	61.92	58.32	55.44
	戒指									52	49.4
家具	桌子	56	54.88	53.76	52.64	51.52					
	床		40	36.8	34	31.2	28.8	26.4	24.4	22.4	
	柜子						60	55.2	51	46.8	43.2
电器	油烟机	32	29.44	27.2	24.96	23.04					
	平板电视			24	21.6	19.44	17.52	15.84	14.16	12.72	
	热水器							20	18	16.2	14.6
	空调										36

图3-12　市场预测图

【解读】采购商品前要认真分析市场预测图，牢记商品生命周期及平均价格。不要投即将无市场需求的商品。根据采购规则，科学采购应遵循以下原则：① 注意阶梯定价；② 注意市场上的竞争情况，控制采购成本，根据商品策略，选择高费高价或是低费低价；③ 关注企业信誉度达标后的优惠条件；④ 适量采购，确保在商品的生命周期结束前销售完毕。

二、发布商品

在开设的店铺中发布计划销售的商品，填写商品基本信息、商品物流信息及售后保障信息。

微课：商品发布

若发布商品时，设置为卖家承担运费，则商品价格＝商品一口价；若商品价格高于市场平均价格×（1+不同人群价格浮动率），则为违规价格，违规价格系统不提示，但不能成交；若发布商品时，设置为买家承担运费，则商品价格＝(商品－口价×购买数量＋总物流运费)/购买数量；若商品价格大于市场平均价格×（1+不同人群价格浮动率），则为违规价格。物流运费：发布商品时卖家可以选择卖家承担运费还是买家承担运费。

发布商品时，不管设置为卖家承担运费还是买家承担运费，卖家都是按照实际物流信息（辅助工具菜单下面可以查询物流信息）支付物流公司的实际运费。

商品发布数量＝库存数量＋预售数量

系统允许商品预售，但是预售数量不能超过20件，若产生交易，必须按照买家要求的到货期限交货，否则将承担违约责任。

创建模板时，卖家可分别设置各种物流方式的默认运费及每超过一件需要增加的运费；每超过一件需要增加的运费不能高于默认运费的0.5倍；如果不创建模板，直接输入各种物流方式的物流运费时，此物流运费为整单（若干件）的物流运费。

保修、开发票会产生售后服务费用，会影响对保修有要求的人群的成交和网店绩效。

【解读】商品发布价格不得超过上限价格，否则无交易产生。针对综合人群、品牌人群的价格的浮动率为20%，针对低价、犹豫人群的价格的浮动率为10%。物流运费根据经营策略，可选择买家承担运费或卖家承担运费，注意运费设置不违规即可。每一期都要对已经发布的商品进行信息更新，包括价格调整、库存数量调整。保修会产生售后服务费用，每件商品的售后服务费为1元，从确认交货后的下一期开始缴纳售后服务费，连续缴纳3期。

请在电子商务竞赛系统中完成采购投标和发布商品。

知识与技能训练

一、单选题

1. 以下商品在网购消费中占比最大的是（　　　）。

A. 日用百货 　　　　　　　　B. 家用电器

C. 服务鞋帽 　　　　　　　　D. 个人护理用品

2. （　　　）类型的商品在实际销售中的比例最高。

    A. 爆款　　　　　　　　　　　B. 引流款

    C. 利润款　　　　　　　　　　D. 活动款

3. 在商品详情页中，（　　　）图片更能体现品牌调性。

    A. 海报　　　　　　　　　　　B. 商品信息

    C. 细节　　　　　　　　　　　D. 模特展示

4. 在电子商务竞赛系统中，预售数量不能超过（　　　）件。

    A. 10　　　　　　　　　　　　B. 20

    C. 30　　　　　　　　　　　　D. 40

5. 心理定价方法不包括（　　　）。

    A. 尾数定价法　　　　　　　　B. 整数定价法

    C. 声望性定价法　　　　　　　D. 习惯性定价法

二、多选题

1. 消费者网络购物的动机有（　　　　　）。

    A. 求新、求廉动机　　　　　　B. 方便性动机

    C. 冲动性动机　　　　　　　　D. 体验性动机

2. 企业在规划线上线下差异化时，可采取（　　　　　）。

    A. 消化库存策略

    B. 网络专销品牌策略

    C. 地区补缺策略

    D. 线上网店与线下专卖店互动协作策略

3. 提升店铺主图转化率的技巧包括（　　　　　）。

    A. 明确目标人群喜好　　　　　B. 选取不同的拍摄角度

    C. 选择与众不同的背景色　　　D. 创作更有创意的文案

4. 在电子商务竞赛系统中，科学采购应该做到（　　　　　）。

    A. 注意阶梯定价

B. 适量采购，确保在商品生命周期结束前销售完毕

C. 关注信誉度达标后的优惠条件

D. 注意市场上的竞争情况，控制采购成本

5. 商品图片拍摄的原则包括（　　　　　），以及打光自然原则、大小比较原则、色彩对比原则、减少色差原则和风格统一原则。

A. 图片清晰原则　　　　　　　　　B. 背景干净原则

C. 整体纵览原则　　　　　　　　　D. 细节展示原则

三、技能训练

　　在商品信息处理中，卖点提炼是关键环节，也是商品详情页的核心内容。请在自己拟经营的商品中选择一款主要商品，提炼出不少于3个卖点，做出卖点展示图片，并填写表3-1。

表3-1　商品卖点提炼

商品标题（30 个字以内）	卖点提炼		
序号	核心卖点 （10 个字以内）	卖点确定原因	卖点展示图片
1			
2			
3			
……			

模块四
网店流量引入

- ⏵ SEO——搜索引擎优化
- ⏵ SEM——搜索引擎营销
- ⏵ 社交电商推广
- ⏵ 网店促销

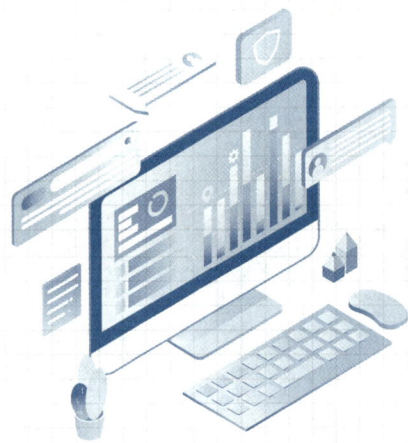

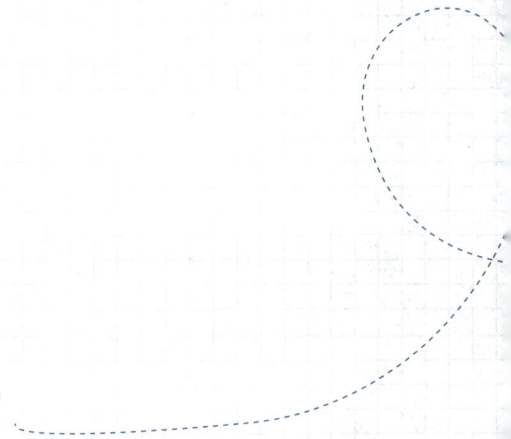

素养目标
- 养成利用数据制定策略的职业素养
- 推动形成良好网络生态，树立正当合法进行引流优化的网店运营观

知识目标
- 熟悉搜索引擎的概念及工作原理
- 掌握 SEO 和 SEM 的含义
- 熟悉站外推广的含义和方法
- 掌握网店促销的方法

技能目标
- 能够根据数据魔方关键词数据进行 SEO 优化
- 能够根据商品在售情况进行 SEM 推广
- 能够合理利用短视频和直播推广
- 能够为商品制定合理的促销方案

思维导图

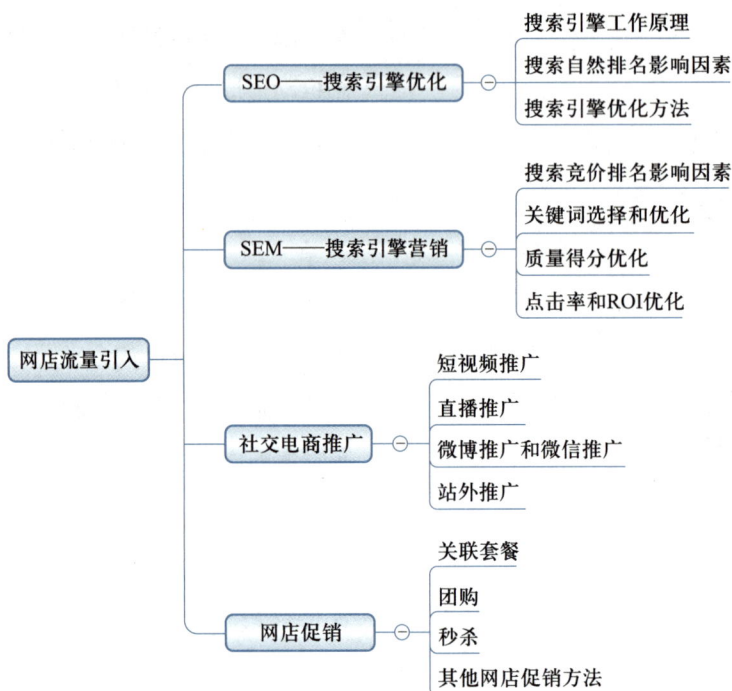

网店流量引入
- SEO——搜索引擎优化
  - 搜索引擎工作原理
  - 搜索自然排名影响因素
  - 搜索引擎优化方法
- SEM——搜索引擎营销
  - 搜索竞价排名影响因素
  - 关键词选择和优化
  - 质量得分优化
  - 点击率和ROI优化
- 社交电商推广
  - 短视频推广
  - 直播推广
  - 微博推广和微信推广
  - 站外推广
- 网店促销
  - 关联套餐
  - 团购
  - 秒杀
  - 其他网店促销方法

导入案例
从打造流量到"流入人心"

在家居行业,"流量焦虑"尤其严重——"Z世代"已然崛起,成为新一批的家居消费主力,但众多家居品牌却尚未找到合适的品牌沟通形象和路径,拓宽新生流量池,还在进行"存量博弈"。而真正能够打造强劲品牌力的品牌,始终坚持着品牌长期建设初心,并顺应时代,既善于打造流量,更让真正有效的"流量"流入"人心",成为品牌的"留量"。

1. 多维跨圈营销,塑造年轻同行者形象

面对年轻人的消费市场,想要吸引新增量,品牌首先就需要在新一代的潜力人群中扩大品牌认识和认知。针对这一发展需求,立邦近年来持续通过多样化营销,从多个渠道触达新一代消费者,并建立起了顺应时代趋势的品牌新认知。近几年,立邦与年轻人群的互动较多,其中还不乏针对"Z世代"的"破圈"事件。比如在开学季,立邦与B站合作,联动众多B站年轻人群，打造了《开学大作战》节目，吸引、带动众多B站用户关注、参与"刷新生活"的活动和讨论。立邦还与综艺跨界，在爱奇艺推出的《登场了！敦煌》节目中，担任"刷新官"，以专业的色彩进行洞察，为"千年网红色"添彩，还原历史的夺目光辉。这次综艺植入也正契合了当代年轻文化中突出的国潮风格，顺应了年轻人群的东方美学审美趋势，为立邦品牌积淀了文化内涵。

在一系列的营销实践里，立邦从创作、艺术、色彩、音乐等不同角度，持续进入年轻文化社区，并将品牌融入年轻人群独有的文化和审美，与新一代潜在消费人群实现了深入生活方式、文化和价值观的对话。这为立邦不断"破圈"，赢得新流量，储备未来增量的同时，也塑造着新的年轻文化同行者认知，帮助立邦品牌构建起更长期的年轻人群影响力。

2. 行业领域持续发力，夯实"专家"形象

在塑造品牌新认知的同时，立邦也并未忘记夯实品牌多年来建立的"专业"地位。在天猫超级品牌日，立邦联合天猫、中国工业涂料协会发布了《刷新服务行业指南》，以深耕重涂行业的专业和经验，颇具前瞻性地推动行业服务升级，回应消费升级大趋势。值得一提的是，此次天猫超品日也是立邦打开线上渠道，迎合新一代消费者购物习惯的重要尝试。

此外，立邦还连续多年赞助、参与家居行业综艺《梦想改造家》，让目标人群们持续看到品牌的产品、服务焕新、升级，始终保持与消费者和潜在消费者，在专业领域上的沟通。

从上述立邦的品牌认知打造策略里，可以看出立邦近年的营销和引流不再是粗放式的"广而告之"，而更侧重于对标目标人群，进行精细化的品牌认知塑造和推广。这样一来，在争夺流量的时代，立邦同步提升了抢占精准新流量的效率与效果。

3. 满足升级使用需求的硬实力

新一代消费者对于涂料的使用需求明显与过去不同，而立邦就不断瞄准目标人群个性化、轻量化的新需求，以多元色彩、创新科技开发了多样的产品和专业刷新服务——比如小罐漆、投影漆、随心涂、双色墙，以及能够配合家居设计，张扬个性的局部刷新等，为消费者创造舒适美好的生活空间。

立邦产品一直以来的安全、天然的口碑也没落下——甲醛净化、双倍防霉、抗菌抗病毒技术等升级，直接提升了消费者健康环保的意识。与此同时，立邦还通过未来之星设计师大赛等储备未来创新人才，以发掘、满足更多消费体验。以产品、服务为介质，与消费者进行优质体验沟通的品牌，往往就能培养更忠诚的消费者和口碑传播者。

4. 满足情感需求的软实力

与产品、服务沟通同步进行的，还有各类营销互动。这些营销互动在深化品牌认知的同时，其实也是在与消费者做情感链接——通过营销互动，立邦传递出对消费者群体文化的支持，以及对消费者生活态度的认同。

总体来看，立邦用品牌营销为消费者创造着美好的生活场景，通过全面满足消费者需

求，赢得了消费者的肯定与信赖，构建出了牢固的品牌关系。

思考：内容营销是未来网店流量引入的趋势吗？为什么？

4.1 SEO——搜索引擎优化

4.1.1 搜索引擎工作原理

1. 搜索引擎的概念

搜索引擎，通常指的是对网络信息资源进行搜集整理并提供信息查询服务的系统，包括信息搜集、信息整理和用户查询三部分。

当用户查找某个关键词的时候，通过之前建立的全文搜索引擎数据库，所有在页面内容中包含了该关键词的网页都将被作为搜索结果显示出来。在经过复杂的算法排序（或者包含商业化的竞价排名、商业推广或者广告）后，这些结果将按照与搜索关键词的相关度高低（或与相关度毫无关系）依次排列。

2. 搜索引擎的工作原理

搜索引擎的工作原理可分为爬行抓取、建立索引、关键词处理、排序四个部分。

（1）爬行抓取。搜索引擎发出一个能够在网上发现新网页并抓文件的程序，这个程序通常被称为网络爬虫或蜘蛛。搜索引擎从已知的数据库出发，就像正常用户的浏览器一样访问这些网页并抓取文件。搜索引擎通过这些爬虫去抓取互联网上的外链，从一个网站"爬"到另一个网站，去跟踪网页中的链接，访问更多的网页，这个过程就叫爬行。这些新的网址会被存入数据库等待搜索。

（2）建立索引。对爬虫抓取的页面文件进行分解、分析，并将其以大型表格的形式存入数据库，这个过程就是索引。在索引数据库中，对网页文字内容，以及关键词出现的位置、字体、颜色、加粗、斜体等相关信息都有相应记录。

（3）关键词处理。用户在搜索引擎界面输入关键词，单击"搜索"按钮后，搜索引擎程序即对搜索词进行处理，如中文特有的分词处理、去除停止词、判断是否需要启动整合搜索、判断是否有拼写错误或错别字等情况。搜索词的处理必须十分快速。

（4）排序。对搜索词处理后，搜索引擎程序便开始工作，从索引数据库中找出所有包含搜索词的网页，并且根据排名算法计算出哪些网页应该排在前面，然后按照一定格式返回到搜索页面。

4.1.2 搜索自然排名影响因素

如前文所述，搜索引擎对搜索词处理后，会根据排名算法计算出哪些网页应该排在前面，这就是搜索自然排名。而搜索自然排名影响因素就是由搜索引擎的排名算法所生成的。不同的搜索引擎的搜索自然排名影响因素不同，搜索自然排名结果也不同。例如，由于搜索需求不同，淘宝和百度搜索引擎的设计也存在很大差异（见表4-1）。

表4-1　淘宝搜索引擎与百度搜索引擎对比

项目	淘宝搜索引擎	百度搜索引擎
搜索主体	商品	网页文本信息
时效性	搜索结果更新频繁	结果固定，更新速度慢
检索维度	考核的因素与维度相对较多	以关键词与文本的匹配为主

同样以商品信息搜索为主体，淘宝搜索引擎和京东搜索引擎也存在不小差异。因此，分析搜索自然排名的影响因素必定要基于确定的某个搜索引擎。下面以淘宝搜索引擎为例，分析搜索自然排名的影响因素。

淘宝搜索引擎的核心算法是淘宝对商品搜索自然排名的核心技术，是非公开的，只能通过部分公开的内容、历史数据等推测淘宝商品搜索自然排名的影响因素。可以简单地将淘宝商品搜索自然排名的影响因素分为类目模型、时间模型、文本模型、卖家模型、服务模型、人气模型和商业模型七个方面。

（1）类目模型。类目模型属于淘宝搜索引擎中基础性影响因素，系统会首先检索商品类目与属性填写是否正确，商品错放类目在一般情况下无法被正常搜索，即使能搜索到，排名也相对靠后。

（2）时间模型。时间模型在淘宝网的搜索自然排名中存在，但在天猫商城的搜索自然排名中不存在。时间模型主要指商品的上下架时间。发布商品时，系统会自动记录当前发布的时间，以此作为商品上下架时间，以7天×24小时进行周期循环。在其他搜索影响因素相同的情况下，临近下架时间的商品排名靠前，就会优先得到展示。

（3）文本模型。文本模型是指搜索关键词与商品标题的匹配情况，这也与淘宝特有的分词和切词技术有关。

（4）卖家模型。卖家模型考虑的是店铺规模与经营情况，在其他影响因素相同的情况下，天猫商城实行卖家优先，有消费者保障服务；其次，无消费者保障服务；最后，卖家开通的7天无理由退换货、破损补寄等服务承诺也会有相应加分。

（5）服务模型。服务模型包含旺旺平均在线时间、第一响应时间、发货速度、投诉率、DSR评分、买家好评率、退款率等因素，这些服务层面的分数也是淘宝商品搜索自然排名的重要影响因素。

（6）人气模型。人气模型包含许多不同维度和层次的数据，主要包括商品销量及增量、橱窗推荐、转化率、收藏人数、商品浏览量及访客量、回头客占比等。有以7天为周期的考察维度，也有以14天、30天为周期的考察维度。有峰值数据，也有增长的同比数据。

（7）商业模型。商业模型主要关注商品的品牌因素、营销因素、用户需求及盈利模式。设计商业模式的主要目的是实现企业的战略目标，提高用户黏性，增加收益，降低成本等。

4.1.3　搜索引擎优化方法

搜索引擎优化（SEO），是指利用搜索引擎的规则提高在有关搜索引擎内的自然排名，从而获得该搜索引擎的自然搜索流量。

搜索引擎工作原理中的关键词处理和排序是进行搜索引擎优化的基础。开展搜索引擎优化，必须基于对该搜索引擎关键词处理和排序的研究。当搜索引擎关键词处理和排序的核心算法发生改变时，所对应的搜索引擎优化方法也要做出相应调整。

以淘宝为例，早期的淘宝商品搜索引擎并没有现在这么多搜索自然排名的影响因素，仅简单地以上下架时间、橱窗推荐和销量为主要影响因素，卖家只需要合理布局全店铺商品的上下架时间，及时为接近上下架时间的商品设置橱窗推荐，适当通过活动、促销等手段提高商品销量，就可使自己的商品拥有较高的搜索自然排名，从而为店铺获得比较多的访客流量。后来，淘宝商品搜索引擎逐渐加入商品人气、个性化标签等因素，卖家想要绕过踏实的经营，直接通过投机取巧的捷径获取长期的自然搜索高排名，已经变得不可能。

匠心网商人
SEO优化三步走

所有搜索引擎都是为用户服务的，它们的目标也是为让用户找到所需要的内容，所以，做搜索引擎优化就要围绕用户进行研究，研究目标用户的搜索习惯，搜索用户关键词，只有这样才能真正做好优化工作。因此，搜索引擎优化的方法与搜索自然排名的影响因素相对应，就是针对所在平台搜索引擎的影响因素开展优化的方法。

搜索引擎优化的第一步是研究搜索自然排名的影响因素，既可以根据搜索引擎公布的内容进行解读，也可以通过尝试不同的设置来观察排名情况，推测可能的影响因素。

搜索引擎优化的第二步是关键词匹配。只有匹配到关键词，才有被搜索到的可能性，才有搜索自然排名优化的意义。若网页和商品无法被重要的关键词所匹配，再如何提升各个影响因素也是没有意义的。

搜索引擎优化的第三步是提升各个影响因素的分值，以达到提高搜索自然排名的目的。

以淘宝为例，可以从关键词匹配和排名影响因素分值提升两个角度进行搜索引擎优化。

当网店的商品作为新品刚刚上架或者各个影响因素分值较低时，可以考虑使用竞争不激烈、搜索更精准，但是搜索量不大的长尾关键词组合成商品标题，这样可以尽可能多地让网店的商品获取有效排名，有机会被展现出来。例如，搜索"四件套"这样的热门关键词，每天的搜索量非常大，但是如果网店的商品排名非常靠后，甚至没有机会展现，那么这个词对于网店的商品来说就没有意义。但是，搜索"四件套纯棉加厚磨毛冬季被套"这样的长尾关键词，虽然每天的搜索量不及"四件套"的万分之一，但是使用这个长尾关键词的卖家少，网店的商品获取较高自然搜索排名的机会大，即使每天只有少量点击，也比没点击的热门关键词效果好。

当网店找到适合的长尾关键词，使商品逐渐有了点击量时，再做好商品优化、促销等，使商品被购买，商品的各项分值就会有所增长。之后，网店可根据商品的分值情况，向热门关键词方向调整商品标题，逐渐增大商品标题的搜索量，最终形成良性循环，达到商品标题涵盖大量热门关键词、搜索量最大化的目标。

淘宝搜索引擎内部原理较为复杂，排名影响因素也较多，一个店铺要做好SEO，需要完成以下步骤：

1. 完善基础属性

详细填写商品属性，设置好7天无理由退款或者更多、地区包邮、运费险、24小时内发货等。基础属性完善对于新店的作用是非常大的，是可以带来流量的。

2. 选择主推产品

选择1~3款产品作为主推产品，一个做爆款，另外两个做辅助款。如果爆款出现什么问题，辅助款依然可以带来流量。

3. 撰写商品标题

主图和商品详情页都是重中之重，标题的关键词决定着网店商品被展现的排名，主图决定着点击量。

4. 关注7天数据

注重数据提升，建议参照7天上下架的数据进行调整，在新品上架的第一个周期，先做一些补量数据，提升网店收藏、加购、分享方面的数据，通过多个方向去优化好店铺的数据。

5. 维护DSR评分

DSR评分直接影响到消费者对店铺的满意程度，网店要争取使自己的评分高于行业平均值，否则会严重影响转化率。

6. 引导用户评价

发货一定要控制在24小时内，要引导买家评价，如产品外观、质量、发货时间、售后服务等，有助于提升商品的曝光率和转化率。

7. 辅助直通车推广

有了一定的销量基础后，可以把直通车推广做起来，由单个商品引入到店铺里，一个点击量带来的可能是若干个订单。

8. 提升用户复购率

复购率指标反映网店的服务或者产品质量是否优于同行水平，关注老顾客，提供优惠，提升复购率，有助于提升利润空间。

大赛直通车
电子商务技能大赛系统搜索引擎优化方法

微课：搜索
引擎优化

首先考虑SEO关键词匹配方式，能够使商品被搜索到的关键词必须符合完全匹配、高度匹配、部分匹配三种匹配方式中的一种。因此，在进行SEO优化时，要先选好SEO的关键词。

每种商品的SEO最多设置7个关键词，每个关键词2~10个字，关键词可以自由输入。

这里，要根据数据魔方的关键词情况，让商品的SEO通过完全匹配、高度匹配、部分匹配方式覆盖目标关键词。然后需要考虑SEO商品排名得分分值。

SEO商品排名得分 = SEO关键词排名得分 ×0.4+商品绩效得分 ×0.06，SEO商品排名得分高者排名列前。

SEO关键词排名得分 = 关键词搜索相关性（数据魔方提供）× SEO关键词匹配方式得分

当SEO关键词匹配方式为完全匹配时，SEO关键词匹配方式得分为1分；

当SEO关键词匹配方式为高度匹配时，SEO关键词匹配方式得分为0.5分；

当SEO关键词匹配方式为部分匹配时，SEO关键词匹配方式得分为0.2分。

数据魔方提供的关键词搜索相关性对于每个小组来说是相同的，分值为2~10分不等。因此，关键词排名得分主要看关键词匹配方式。完全匹配时，关键词排名得分为 $2\sim10\times1\times0.4=0.8\sim4$ （分）；高度匹配时，关键词排名得分为0.4~2分；部分匹配时，关键词排名得分为0.16~0.8分。对于相关性分值为2分的关键词，不同匹配方式的分值差为0.8－0.4=0.4（分）和0.8－0.16=0.64（分）。对于相关性为10的关键词，不同匹配方式的分值差为4－2=2（分）和4－0.8=3.2（分）。

可以看出，对于相关性大的关键词，关键词匹配方式会对最终的SEO商品排名得分产生较大影响。

商品绩效得分＝商品点击率得分（20）＋商品点击量得分（10）＋商品转化率得分（20）＋商品转化量得分（10）＋商品退单率得分（30）＋保修得分（10）

商品绩效得分从0分到100分不等，在最终的SEO商品排名得分中占60%。从电子商务技能大赛系统的搜索自然排名影响因素中可以看到，商品绩效得分主要由点击、转化、退单和保修四个方面组成。点击和转化的得分对比的都是班级平均值，只要超过班级平均值即可获得该项的满分，不到班级平均值的小组也可以按照比值获得一定的得分。同时，点击率和转化率的满分分值高于点击量和转化量。

想要提高商品绩效得分，与此相对应，应从四个方面着手。点击量和点击率考察的是小组在售商品引流的情况，不止商品SEO能够增加点击量，SEM获得的点击量也会提高商品的点击量。转化量和转化率考察的是小组在售商品成交的情况，SEO途径的访客和SEM途径的访客所购买的商品都被计算为商品的转化率。这里要注意点击量和转化率的关系。转化率＝转化量/点击量×100%。转化率与点击量成反比，也就是说，同样转化量的情况下，点击量越高，转化率反而越低，而转化率的满分分值比点击量高。同时，预售的转化量过大容易形成退单，降低退单率的得分。所以，要合理安排点击量、转化量、转化率的估计量，使得商品绩效得分尽可能高。

总之，搜索引擎优化要平衡关键词匹配和绩效得分两个方面，根据现有情况选择关键词，绩效得分高的多选覆盖面广的关键词，绩效得分低的可以适当选用相关性高的关键词进行完全匹配。

4.2 SEM——搜索引擎营销

4.2.1 搜索竞价排名影响因素

搜索引擎营销（SEM），就是根据用户使用搜索引擎的方式，利用用户检索信息的机会，尽可能将营销信息传递给目标用户。简单来说，搜索引擎营销就是基于搜索引擎平台的网络营销，利用用户对搜索引擎的依赖和使用习惯，在用户检索信息时将信息传递给目标用户。

在网店的搜索自然排名靠后时，为了获取关键词搜索排名，就要针对该关键词进行付费推广，在自然搜索结果的附近呈现自己的网站或商品。各大搜索引擎也相应地推出了付费推广工具，例如，百度的百度竞价推广、淘宝的直通车、京东的京东快车等。根据国家法律相关规定，搜索引擎付费推广必须标注"广告"两个字。如图4-1所示，在百度搜索结果最上方显示的是百度竞价推广。

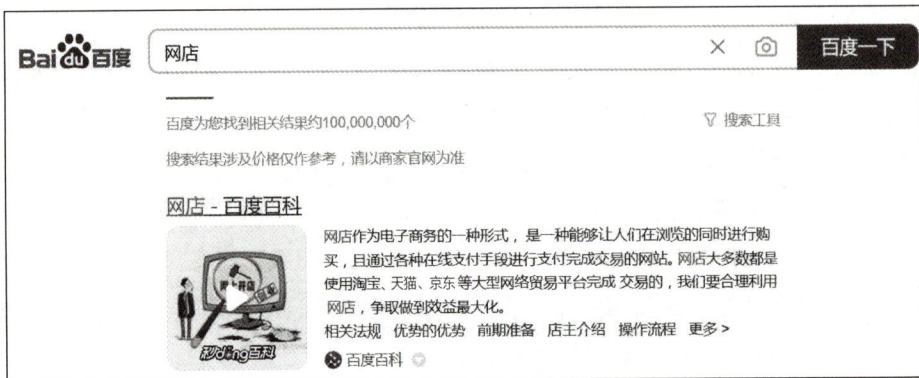

图4-1　百度搜索结果中的竞价推广

动画：直通
车推广

在淘宝搜索引擎中，移动端直通车推广的商品穿插在自然搜索结果中，更加难以辨认，如图4-2所示。

作为搜索付费推广工具，关键词竞价是搜索付费推广排名的重要影响因素。另外，考虑到所推广内容的质量，搜索引擎也会将推广内容点击情况、点击效果等作为竞价排名的影响因素。例如，淘宝直通车的付费推广排名由关键词质量分和关键词出价共同影响。而关键词质量分由创意质量、相关性、买家体验三部分组成：① 创意质量指的是关键词所在商品的推广创意效果，包括推广创意的关键词点击反馈、图片质量等；② 相关性指关键词与商品标题、推广创意标题、商品类目、商品属性等信息的相关性；③ 买家体验是指根据买家在店铺的购买体验和账户近期的关键词推广效果给出的动态得分，包括直通车转化率、收藏加入购物车、关联营销、详情页加载速度、好评差评率、旺旺反应速度等影响购买体验的

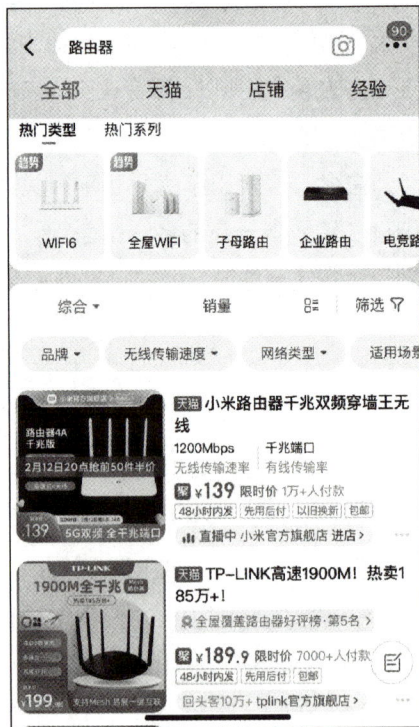

图4-2　淘宝移动端直通车推广

因素。

4.2.2 关键词选择和优化

淘宝直通车中单个商品最多可以添加200个关键词。网店在添加关键词时，系统会根据网店所选的推广商品，推荐大量的关键词，推荐排序默认以关键词相关性为主要指标，如图4-3所示。但是，系统默认相关性高是以商品所放类目为标准，未必就是真实的关键词。例如，图4-3中网店推广的商品是由园林园艺剪刀、铲子等组成的套装，放置在园艺工具铲的类目中，与买家搜索"花卉""盆景盆"等关键词的目标相关性并没有系统预期的5分这么高。因此，网店在选择关键词时，需要对商品与关键词的相关性做出人工筛选。

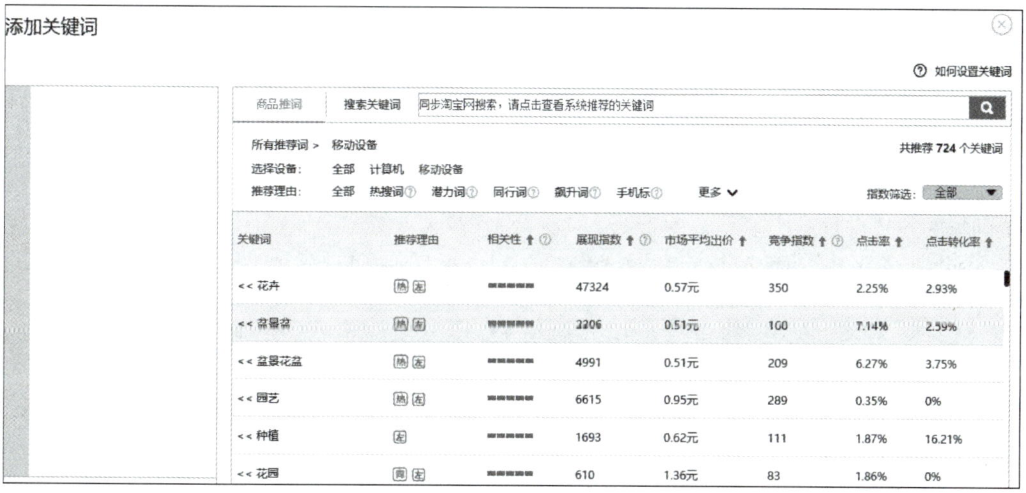

图4-3　淘宝直通车添加关键词

添加关键词后，网店可以根据关键词的历史数据进行进一步筛选。展现指数间接反映关键词被搜索的热度，展现指数越高，说明关键词搜索量越大。市场平均出价代表众多卖家对关键词的出价情况，竞争指数反映关键词被卖家选中的情况，点击率反映关键词推广中被买家点击的效果，点击转化率反映关键词推广中点击后转化订单的比例。一般情况下，网店倾向于选择高展现、低出价、低竞争、高点击率、高点击转化率的关键词。

网店要根据关键词的推广情况不断调整和优化。在经过一段时间推广后，可以得到关键词的表现情况。原则上来说，要保留高点击率和高转化率的关键词，剔除点击率低、转化率低的关键词。另外，考虑商品标题关键词自然排名的提升，倾向于多使用与商品标题相关的关键词进行推广。

动画：商品
关键词选择
与优化

SEM商品关键词最多可以添加50个。SEM关键词匹配方式分为：精确匹配、中心匹配、广泛匹配。

精确匹配时，只有当买方搜索的词与卖方投放的关键词完全相同才能被搜索到；中心匹配时，当买方搜索的词是卖方投放的关键词的子集时也能被搜索到；广泛匹配时，买方搜索的词与卖方投放的关键词有一部分相同即可被搜索到。

对SEM关键词进行选择和优化的操作方法主要取决于使用SEM推广的目的，不同的推广目的会有不同的选择和优化方法。

假如只投入少量资金，不在乎点击量和转化量，只希望获取高额回报，那么，推荐选择点击单价低一些、转化率高一些的关键词，使用精确匹配的方式进行推广。

假如想要点击量数据超过其他小组，那么可以选择点击量多的关键词进行推广。

假如想要大量推广，进行商品促销，那么可以选择关键词覆盖率高的关键词，使用广泛匹配的方式进行推广。

4.2.3　质量得分优化

淘宝直通车的质量得分范围从0分到10分不等，由创意质量、相关性和买家体验三部分组成。

（1）创意质量。对于创意质量，淘宝直通车有创意管理模块，卖家最多可以同时建立四组创意，如图4-4所示。

流量分配方式采用轮播的形式，通过不断测试得到推广创意的点击效果数据，选出优质创意，淘汰表现较差的创意。使用这种方法，可以不断优化推广创意，提升创意的点击率。

（2）相关性。对于相关性，卖家可以尝试调整商品标题、推广创意标题、商品类目、商品属性等信息，与淘宝直通车推广的关键词保持一致。

（3）买家体验。对于买家体验，卖家需要管理好直通车转化率、收藏加入购物车情况、关联营销、详情页加载速度、好评/差评率、旺旺反应速度等淘宝直通车及其之外的相关工作指标因素，简单来说，就是要提升店铺整体的服务水平。

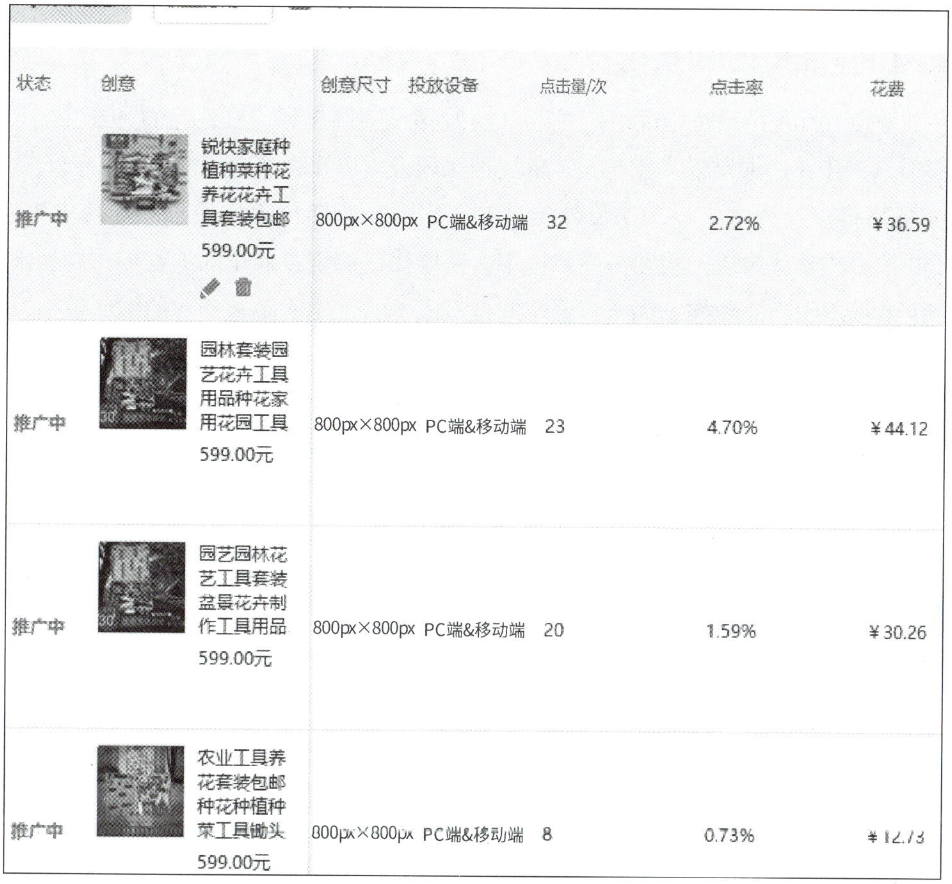

状态	创意	创意尺寸	投放设备	点击量/次	点击率	花费
推广中	锐快家庭种植种菜种花养花花卉工具套装包邮 599.00元	800px×800px	PC端&移动端	32	2.72%	￥36.59
推广中	园林套装园艺花卉工具用品种花家用花园工具 599.00元	800px×800px	PC端&移动端	23	4.70%	￥44.12
推广中	园艺园林花艺工具套装盆景花卉制作工具用品 599.00元	800px×800px	PC端&移动端	20	1.59%	￥30.26
推广中	农业工具养花套装包邮种花种植种菜工具锄头 599.00元	800px×800px	PC端&移动端	8	0.73%	￥12.73

图4-4 淘宝直通车推广的创意管理

大赛直通车
SEM质量得分优化

$$质量分 = 关键词搜索相关性 × 0.4 + 商品绩效 × 0.06$$

其中，关键词搜索相关性由数据魔方提供。商品绩效就是SEO中的商品绩效。

$$商品绩效得分 = 商品点击率得分（20）+ 商品点击量得分（10）+ 商品转化率得分（20）+$$
$$商品转化量得分（10）+ 商品退单率得分（30）+ 保修得分（10）$$

其中，商品绩效得分从0分到100分不等，在最终的SEM商品排名得分中占60%。

商品绩效优化方法同SEO中商品绩效优化。

4.2.4　点击率和ROI优化

ROI是Return on Investment的缩写，一般指投资回报率。在淘宝直通车中，ROI指的是投入产出比，通常以产出与投入的比值来表征。ROI值越高，推广效果越好。

在SEM推广过程中，点击率反映推广的点击效果，转化率反映推广的转化效果，ROI反映推广的整体效果。想要提高点击率，需要优化淘宝直通车的关键词、商品创意等；想要提高ROI，需要控制淘宝直通车的推广成本，优化淘宝直通车的推广效率，提升淘宝直通车的推广效果。其公式为：

$$ROI=访客数 \times 转化率 \times 客单价 / 访客数 \times 平均单次点击花费$$

从公式中可以看到，优化ROI的有效途径就是提高转化率和客单价，尽量降低平均单次点击花费。

大赛直通车
SEM 点击率和 ROI 优化

在电子商务大赛系统中，不涉及SEM推广的创意等因素，SEM推广商品的点击率取决于SEM商品排名，只有SEM商品排名前30%的小组才会被点击。当这些小组的推广费用达到限额时，推广计划下线，后续的小组才会递补上来被点击。所以，在一般情况下，SEM商品排名一直处于前30%的小组的点击率高于后续递补上来的小组。要优化点击率，就得让SEM商品排名一直处于前30%，直到推广费用用完为止。但是，点击率高，ROI未必高。

卖家实际为某个SEM关键词的一次点击所付的费用＝该关键词排名下一名的竞价价格 ×（下一名的质量得分/卖家自己的质量得分）+0.01

在SEM推广中选择高出价，让推广时商品排名一直处于前30%，势必会增加推广成本。所以，从推广成本的角度出发，保证点击率和ROI的最佳位置是前30%中的最后一名，比如10组的赛场，处于SEM商品排名第三名的小组是最划算的。

从商品转化率的角度分析，在SEM推广的同时，需要适当调整销售策略，使商品更符合成交规则，以达到订单转化的目的。

从商品客单价的角度分析，需要适当增加单个订单的购买数量或者尽量提高商品售价，以提高客单价。

4.3 社交电商推广

4.3.1 短视频推广

随着移动互联网的加速发展，短视频已经成为用户日常获取信息的重要方式。相较于传统图文形式，短视频声画结合，信息承载量大且丰富，符合当前碎片化的阅读场景和用户获取信息的习惯，易分享扩散，尤其符合资讯类内容的传播需求。

1. 短视频推广的特点

（1）短视频带来的流量较大。中国互联网信息中心发布的数据显示，2018—2022年我国短视频使用规模在不断地增长，截至2022年12月，我国短视频用户增长到10.12亿人，占整体网民的94.8%。

（2）短视频的入门门槛低。与传统广告相比，短视频推广的成本相对较低，主要在制作成本、传播成本、维护成本三个方面。但是要注意，短视频传播是否带来较高的传播效应，不是取决于制作的成本，而是在于短视频本身内容的质量。只有吸引人的短视频才能带来更多的点赞、转发和传播。

2. 创作短视频内容的方法

要想创作优质的短视频，需要掌握一定的内容创作方法，有效的视频内容创作方法能够精准确定用户，累积粉丝，提升账号质量，有利于短视频账号内容整体规划与深入。创作短视频内容可以采取以下方法：

（1）合理代入法。创作短视频内容时，往往会对背景、场地等进行选择，但是每个视频都选用新场景，不仅会增加拍摄的成本，还会使内容创作人员疲于准备。因此，在进行视频式新媒体内容创作过程中，可以合理利用同一场地，将不同的视频类新媒体内容的场景代入其中，节省创作的成本和时间。

（2）四维还原法。四维还原法是将短视频从内容、用户习惯、用户群体和策划逻辑四个维度进行创作，具体表现为：

① 内容还原。内容还原是指将高流量爆款的内容从文字、脚本等各个方面进行描述，将视频细节、信息等全部记录，并进行展现。

② 用户兴趣还原。用户兴趣还原是指内容创作人员需要对高流量爆款的内容评论进行分析，通过评论区用户的评论，寻找用户对高流量爆款视频的兴趣点。

③ 用户群体还原。用户群体还原是指通过对高流量爆款的内容评论进行分析，分析了解用户群体相关特征，确定视频内容的用户群体，了解用户群体的兴趣点。

④ 策划逻辑还原。策划逻辑还原是指内容创作人员从短视频内容出发，分析制作短视频的思路，推敲其策划思路，为自身短视频内容策划提供思路。

（3）情节反转法。情节反转法是指在视频类新媒体内容创作过程中，通过前后剧情的反转，产生对比和反差，以造成喜剧效果或调动用户的情绪，吸引用户的关注。情节反转法往往是通过用户期望的结局，满足用户的心理需求，以吸引用户的关注，或者通过意想不到的情节，为用户的生活带来乐趣，为短视频带来流量，扩大传播的范围，增加影响力。

（4）嵌套故事法。嵌套故事法可以增加短视频内容的信息量，引起用户探究短视频内容细节，吸引更多的用户讨论短视频内容。在运用嵌套故事法时，可先制作整个故事的框架，然后找到故事的嵌入点，并根据视频长短，确定嵌套故事的数量，将故事情节进行细化和完善，丰富短视频的内容，增加短视频的戏剧性。

（5）现身说法法。现身说法法是指利用自身的经历或真实处境进行创作，提高短视频内容的说服性和可信度，增强传播的效果。需要注意的是，现身说法法的局限性较强，展示过程中一定要抓住用户想看的心理需求，否则可能不能带来较好的效果。

不论采用哪种方法，都必须要注意视频内容的质量。进行短视频内容的创作应该选择正能量的视频，将正确的价值观传递给用户，切不可博取眼球、低俗、恶俗，符合新媒体平台审核机制，也能获得用户的认可。

3. 创作短视频的流程

（1）确定主题。只有明确短视频的定位和主题，才能更有针对性地策划和制作短视频，以此来保证短视频制作的每个环节都能高效完成。因此，在创作短视频的时候，第一步便是要知道这段短片将向谁展示，什么样的人群会喜欢它。

（2）编辑文案和脚本。在观看短视频的过程中，用户不仅是会关注短视频的画面，有时候最打动用户的便是短视频中精彩的文案。短视频的创作者们需要在编辑文案时，结合短视频的主题，考虑短视频受众的偏好，提前写好视频中需要出现的内容，提前准备好台词。这里需要注意的是，在编辑文案时，创作者需要考虑该部分文案在短视频拍摄过程中的呈现方式，要保证文案和场景能够更好地融合起来。

（3）场景设计与拍摄。网店推广中的短视频与常规的短视频不同之处在于，商品详情页中对于商品介绍的短视频的主要目的是帮助消费者更快地了解商品或者了解店铺品牌等。因此，在短视频制作的时候，需要更有针对性。同时要注意，商品介绍的短视频要更加突出商品的特性或者商品的使用场景呈现。除了专业的拍摄设备，还需要组建专业的摄影团队根据脚本进行拍摄，比如商品的多角度呈现、模特使用商品时的效果、商品的某些特性等。

（4）视频的后期处理与剪辑。在拍摄环节中积累了较多的视频素材后，就需要进入后期制作环节。通过加入特效、背景音乐、字幕等方式，剪辑调整多个拍摄短视频，使短视频的画面更加具备吸引力，帮助消费者了解商品，促成交易。

（5）短视频发布及宣传。短视频制作完成后，除了放在商品详情页中进行使用，还可以进一步考虑发送到朋友圈、粉丝群进行推广与传播。当然也可以考虑抖音、快手、哔哩哔哩（B站）等短视频平台来增加视频的曝光率。这里一定要注意遵守法律法规，不可以为了高曝光率就擅自"搬运"他人录制的相关短视频，同时也要注意保护短视频的著作权，维护网络市场良好秩序。

4.3.2　直播推广

2023年1月30日，商务部发布消息称，2022年重点监测电商平台累计直播场次超1.2亿场，累计观看超1.1万亿人次，直播商品超9 500万个，活跃主播近110万人。快速成长的直播带货，已逐渐占据电商的重要位置。直播电商行业的火热，又吸引了越来越多的从业者，不断壮大着行业的影响力。那么直播带货要如何开展呢？

1. 直播推广前的筹备

（1）明确直播主题。与短视频创作一样，一场直播的成功需要提前明确直播的主题，如美妆类商品可以考虑做一次"守护年轻力"主题的直播。

（2）确定直播选品。结合选定的直播主题和该直播拟面向的消费群体，选择合适的直播商品。如以"守护年轻力"主题的直播商品多为具备抗氧化、抗衰老的护肤品。除了考虑直播单品，还需要考虑各类商品的组合以及相应的优惠活动等。

（3）设计直播流程。确定了直播主题和商品后，直播团队需要提前安排好直播时间、直播内容、产品讲解话术等。针对优惠活动的设计，除了在直播开场、中场、尾声有相应的设计外，还需要考虑到消费者在直播间的实时反应进行互动调整优惠活动内容。

（4）筹备场地、设备、物料等。直播场地一般分为室内场地和室外场地。在室内场地布置的过程中，直播团队需要考虑到直播间的搭建效果，架设摄像设备、收音设备、网络设备、灯光、商品的摆放，以及直播背景等。针对室外直播时，需要考虑的因素则更多，如室外网络的稳定性、天气对直播光线的影响、室外空旷或人员密集时对于收音效果的影响等。

2. 直播推广的执行

直播推广的执行一般分为三个环节：直播开场、直播中场以及直播收尾。

（1）直播开场。一个良好的开场，不仅能调动直播间气氛，更能展现主播风采、赢得观众认可；一个失败的开场，却能将直播间气氛降至冰点，让观众从一开始就对直播失去兴趣。直播的开场要尽可能引起观众的兴趣，调动观众的积极性，特别是可以抛出一些直播的亮点，引导观众邀请朋友进入直播间。因此，一场直播的开场的首要目的就是引发观众的兴趣，尽可能让更多的人看到直播。

（2）直播中场。在直播中场环节除了已准备好的商品描述话术，更多的是主播与直播观众的互动，有效的互动可以更好地促进直播带货的效果。主播可以考虑通过弹幕互动加强观众的参与感，也可以通过红包或等价礼品的发放聚集人气，与更多的观众进行互动。当然主播也可以在直播间与消费者玩小游戏，让消费者参与游戏互动，从而活跃直播间氛围。但是，仅仅通过热闹的互动还不足以将观众转变为消费者，一定程度的商品专业性知识讲解和互动问答，能更好地帮助观看直播的消费者了解商品详情，还可以体现出主播的专业形象，增加消费者对商品和品牌的信任度。

（3）直播收尾。直播中的最后一个环节就是直播收尾，直播收尾的核心在于促成流量转化。直播的营销效果，除了与直播开场的吸引程度和直播过程的互动程度有关外，还与直播收尾的引导有关。

直播结束后，主播首先要解决的是流量问题，直播过程中无论有几十人还是几万人观看，一旦直播结束，用户就会马上散去，流量也会随之消失。因此，为了对直播间的流量进行有效转化，主播在直播收尾时，一定要做好的工作就是对直播间的流量进行定向引导。

通常留在直播间直到结束的观众，对直播都比较感兴趣。对于这部分观众，主播可以充当售前顾问的角色，在收尾时引导观众购买产品。不过需要注意的是，销售转化要有利他性，能够帮观众省钱或帮观众抢到供不应求的产品；否则，在直播结尾植入太过生硬的广告，只会引来观众的反对。

另外，要注意将流量引导至粉丝平台，在直播收尾时，可以告知粉丝平台加入方式，并邀请观众报名。在同一场直播中积极互动的观众，通常比其他观众更活跃，注意在直播收尾时邀请这类观众入群，在直播结束后通过运营该群，逐渐将直播观众转化成忠实粉丝。

3. 直播推广的复盘

直播推广并不是在主播下播后就立即结束的，直播结束后，需要对直播筹备和执行情况进行复盘。

首先是直播复盘，就是在直播结束后对直播过程进行梳理，预先是怎么设定的，中间出了什么问题，为什么没做到，总结经验，为后续的直播提供参考。直播复盘既要针对直播经验进行总结，从主观层面进行自我总结与讨论，也要通过收集回来的直播数据进行客观分析。直播复盘通常具有以下几个方面的作用：

（1）摸索规律，使工作流程化。在直播的开场、中场、收尾，主播都应使用一些方法，以起到事半功倍的效果。但是这些方法并不是固定、唯一的，主播需要通过不断摸索，找到最适合自己的方法。通过直播复盘，可以看到哪些方法更适合自己，可以让整个直播工作更加流程化。

（2）发现不足，及时修正。通过直播复盘，会发现直播中存在的不足，把这些不足记录下来并进行改正优化，下次就能避免产生同样的问题，使得每一次直播都比上一次更好。

（3）分析突发状况，找到解决方案。直播时，经常会遇到一些突发状况。直播复盘时，要将这些突发状况记录在案并进行分析总结，找出对应的解决方案，以后再遇到类似的突发状况时就能沉着应对。

4. 直播推广的二次宣传

随着直播行业的发展，直播平台具备的功能也越来越强大。在直播过程中，平台会记录下直播过程数据，也会保留下直播的"高光"时刻。作为直播带货的网店，在直播后需要结合直播回放进行复盘外，还可以对直播回放中的"高光"时刻等进行二次利用，如主播对产品的介绍和演示部分、精彩的直播互动等。通过对直播回放进行有效剪辑，制作出精彩的直播回放短视频，在网店、朋友圈、短视频平台进行宣传与投放，既可以对直播起到二次宣传的作用，也能更好地吸引消费者，提升网店的销售数据。

网商须担当
"清朗"系列专项行动八大亮点

党的二十大报告指出，我国"网络生态持续向好"，强调要"推动形成良好网络生态"。这既是对前一阶段治理工作的充分肯定，更是对新形势下进一步做好管网治网工作的重要部署。2023年"清朗"系列专项行动，将认真贯彻落实党的二十大精神，以"推动形成良好网络生态"为工作目标，聚焦新情况新问题和难点瓶颈，开展一系列专项整治，其中9方面问题是重中之重，具体包括：

一是"清朗·从严整治'自媒体'乱象"专项行动，集中整治"自媒体"造谣传谣、假冒仿冒、违规营利等乱象，破解"自媒体"信息内容失真、运营行为失度等深层次问题。督促平台健全"自媒体"账号管理体系，优化"自媒体"账号注册、运营、关闭等全流程的管理细则。

二是"清朗·打击网络水军操纵信息内容"专项行动，全面清理网络水军违法违规信息，打掉水军容易聚集的群组和版块，坚决阻断招募引流渠道；查处实施水军活动的工具，打击批量操纵网络水军的群控软件，用于接发任务、支付结算的平台等。

三是"清朗·规范重点流量环节网络传播秩序"专项行动，紧盯短视频平台、热搜热榜等重点流量环节，压实平台主体责任，全面清理违规采编、违规转载、炮制虚假新闻等典型扰乱网络传播秩序信息，全面排查处置仿冒"新闻主播"等违规账号，坚决守住网上新闻信息规范有序传播重要关卡。

四是"清朗·优化营商网络环境 保护企业合法权益"专项行动，强化存量信息处置，指导网站平台集中开展信息内容和账号排查，及时处置已被认定为谣言、涉企业家个人隐私和显性的侵权信息，加强搜索联想词管理，对于问题突出的账号进行处置处罚；强化维权工作机制，进一步畅通渠道、细化标准、优化程序，线上线下配合，平台协同联动，为企业和企业家举报维权做好服务保障，指导网站平台健全信息内容审核发布机制，高效处置涉企问题举报线索。

五是"清朗·生活服务类平台信息内容整治"专项行动，全面整治推荐导向不良信息、为违法活动引流、宣介违法违规商品、搜索结果推送低俗负面联想词等突出问题；督促网站平台优化完善弹窗信息推送、搜索结果黑名单、广告位置等重点环节机制，强化常态治理；对问题多发易发、屡查屡犯的版块、栏目，视情采取暂停更新、永久下线等处置措施，并予以通报曝光。

六是"清朗·整治短视频信息内容导向不良问题"专项行动，集中清理整治存在真假难辨、善恶不分、是非不明等信息内容导向问题的短视频，着力解决平台审核把关松、推荐算法不科学、流量分配机制不合理等问题。督促短视频平台进一步优化算法推荐机制，加大对优质内容的人工筛选力度，实现短视频行业健康发展。

七是"清朗·2023年暑期未成年人网络环境整治"专项行动，聚焦网上涉未成年人突出问题，拉紧违规内容整治高压线，严厉整治各类有害内容和违法犯罪；筑牢青少年模式保护防线，全面升级青少年模式，在丰富分龄内容的同时，对时间和功能进行科学限定，让该模式真正成为未成年人健康上网的"保护盾"。

八是"清朗·网络戾气整治"专项行动，严管评论区信息内容，督促网站平台加强评论区管理，要求账号强化所发信息内容跟帖管理，对未做好跟帖评论管理的公众账号，采取限制功能等措施；整治直播"PK"环节问题，严肃查处主播逞勇斗狠、互撕攻击、谩骂吐脏等行为，针对部分主播逃避监管、借"小号"进行恶俗行为，对其所有账号采取统一处置措施，情节恶劣的纳入黑名单。

4.3.3　微博推广和微信推广

1. 微博推广

微博推广是以微博作为推广平台，每一个听众（粉丝）都是潜在营销对象，每个企业利用更新自己的微博向网友传播企业、产品的信息，树立良好的企业形象和产品形象；每天依靠更新的内容和粉丝交流，或者发掘大众所感兴趣的话题，以达到营销的目的。

企业可以在客户不同的消费阶段与客户进行微博互动，逐步建立情感关系。在消费者认知阶段，可以主动发现潜在客户的需求，帮助消费者了解品牌和产品的基本功能；在消费者购买阶段，可以有针对性地回答客户咨询，促进购买决策的达成；在消费者使用阶段，可以通过贴心的互动让客户有更好的体验；最后很关键的是要倾听客户怎么评价产品及其使用体验，给予客户关注和奖励，促使客户更有动力地向身边的朋友推荐。

2. 微信推广

微信推广是网络经济时代企业或个人营销模式中的一种，是伴随着微信的火热而兴起的一种网络营销方式。微信不存在距离的限制，用户注册微信后，可与周围同样注册的"朋友"形成一种联系。用户订阅自己所需的信息，商家通过提供用户需要的信息推广自己的产品，从而实现点对点的营销。

微信推广主要体现在以安卓系统、苹果系统的手机或者平板电脑中的移动客户端进行的区域定位营销，商家通过微信公众平台，结合微信会员管理系统展示商家微官网、微会员、微推送、微支付、微活动，形成了一种主流的线上线下微信互动营销方式。

4.3.4 站外推广

站外推广主要通过在分类信息网站、论坛、B2B、博客等平台来发布与自己所要推广的产品有关系的信息，以达到销售商品、提升品牌知名度、提高网站热度等目的。

站外媒体广告投放是站外推广中的重要途径。企业可以选择在报纸、杂志、广播、电视等媒体平台做广告。淘宝、京东等电商平台也在整合平台内的商家，集体在商场、车站等人流量大的地方进行广告投放。

淘宝卖家还可以在阿里妈妈旗下的淘宝联盟中选择淘宝客，通过第三方淘宝客为自己的商品进行推广。淘宝卖家也可以定期参加平台组织的线下推广活动，在商场、超市等人流量密集的地方进行地推。

🚄 大赛直通车
电子商务技能大赛系统站外推广

在电子商务技能大赛系统中，站外推广功能只对B店开放。在开设B店后，将商品发布在B店，如图4-5所示。

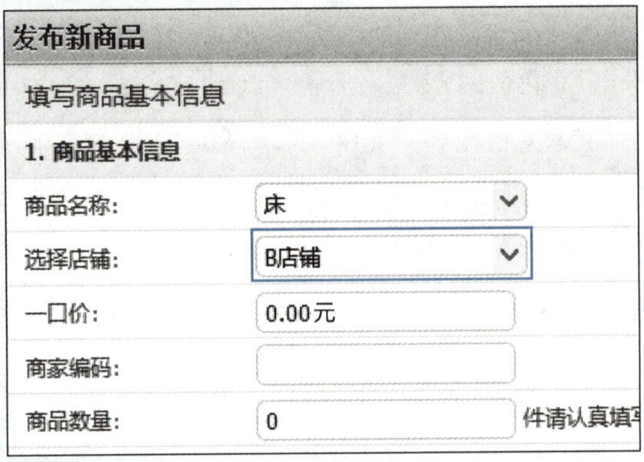

图4-5　选择B店铺发布商品

可以对B店商品进行站外推广，如图4-6所示。

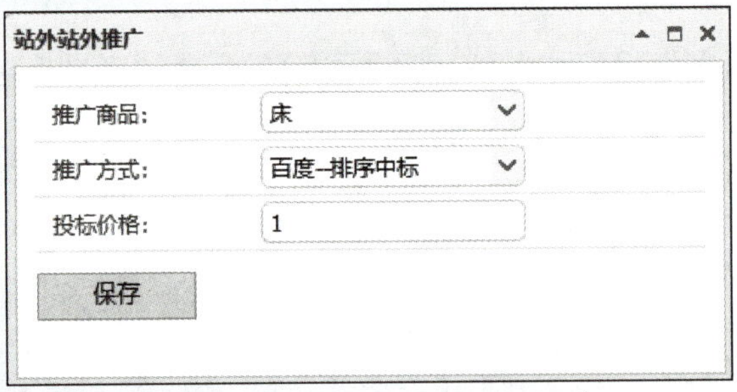

图4-6　对B店铺商品进行站外推广

电子商务技能大赛系统站外推广方式有百度推广、网络广告联盟推广、央视推广三方面。百度推广根据投标竞价进行排名，第一名至第十名分别获得不同的影响力和关系值。网络广告联盟推广包括微博、微信、论坛三种，影响力分别为7、8、6，关系值均为4，竞价最高的小组扣除相应费用，获得对应影响力和关系值，其他小组不扣费。央视推广分为黄金时段、午间时段、晚间时段，影响力分别为40、12、6，关系值分别为2、10、8，竞价最高的小组扣除相应费用，获得对应影响力和关系值，其他小组不扣费。

在大赛系统中，站外推广是面向品牌人群引流和销售的唯一途径，如果某商品没有投中任意一种站外推广方式，卖家就不可能拥有该商品的品牌人群市场。站外推广的引流作用与商品绩效无关。因此，B店最容易销售的方式是通过站外推广获取品牌人群的订单。

另外，站外推广获得的影响力也有助于综合人群市场的占有率提升。

4.4 网店促销

4.4.1 关联套餐

关联套餐是网店促销的重要手段之一，主要用于提高客单价，带动其他商品销量的提升。关联套餐将几种商品组合在一起销售，通过促销套餐让买家一次性购买更多的商品，提升店铺销售业绩，提高店铺购买转化率，提升销售笔数，提高商品曝光度，节约人力成本。此工具目前不支持虚拟类商品。

关联套餐的设置操作比较简单，只需要选择相应的商品后设置优惠即可，如图4-7所示。

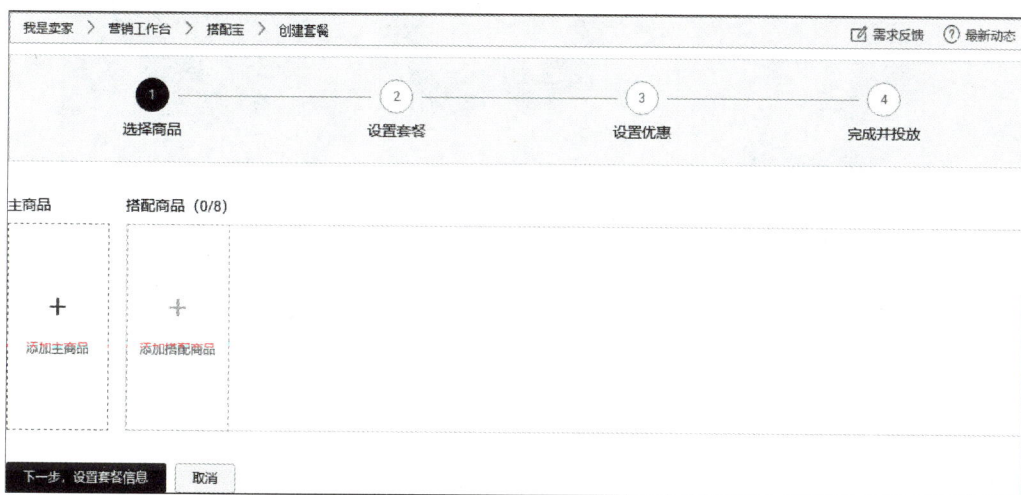

图4-7　利用天猫搭配宝创建套餐

关联套餐的设置思路有很多种，可以从紧密相关的商品、互补相关的商品、可联想的商品三个角度去设计关联套餐。例如，图4-8中的中国风服装，可以从紧密相关的角度为其添加裤子作为关联套餐，从互补相关的角度为其添加厚一些的中国风外套作为关联套餐，从可联想的角度为其添加手串作为关联套餐。

图 4-8　中国风服装及其关联套餐

大赛直通车
电子商务技能大赛系统的关联套餐

　　网店可以组合多种商品搭配出售，每个关联套餐可由两种或者三种商品组成。关联套餐的价格等于套餐内所有商品单价的总和。关联套餐内商品的单价由卖家制定，但是关联套餐内除了引流进入的商品外，其余关联套餐内的商品不能高于当地商品一口价。

引流的商品一口价＋物流运费＞关联套餐内引流商品单价＋关联套餐物流运费

　　例如：卖家正常购买A商品一口价为5元，物流运费为2元，卖家提供关联套餐为商品A单价是4元，商品B单价3元，套餐物流运费为2元；某买家欲购买商品A，则商品A为引流商品。判定1：买家正常购买一件商品A总共花费5+2=7（元）；购买卖家提供的关联套餐商品A的花费4+2=6（元）；如果7>6，则判定1成功；否则判定1失败，买家放弃购买关联套餐。判定2：判定1成功后，判定B产品是否低于当地商品一口价，如果低于，则判定成功，买家购买关联套餐；否则，判定失败，买家放弃购买套餐。

关联套餐数量最多可以设置为1 000件。

关联套餐商品只生成一个订单。

关联套餐销售的优势是单个套餐订单能够获得店铺人气2和商品人气2。

关联套餐销售面向的市场是所有人群。

4.4.2 团购

团购（Group Purchase）即团体购物，是指认识或不认识的消费者联合起来，提高与商家的谈判能力，以求得最优价格的一种购物方式。根据薄利多销的原理，商家可以给出低于零售价格的团购折扣和单独购买时得不到的优质服务。团购作为一种新兴的电子商务模式，通过消费者自行组团、专业团购网站、商家组织团购等形式，提升用户与商家的议价能力，并极大程度地获得商品让利，引起消费者及业内厂商，甚至资本市场关注。

聚划算就是一种团购形式，是淘宝天猫专属的团购平台，如图4-9所示。

图4-9 聚划算的团购页面

🚄 **大赛直通车**
电子商务技能大赛系统的团购

根据经营需求，卖家组织针对某种商品的团购活动，用来吸引犹豫不定人群的购买需求，增加店铺人气和商品人气。

团购价格＝商品价格 × 团购折扣

享受折扣额按照卖家填写折扣数值享受，比如八折，就填写8，如图4-10所示。

团购销售的优势是单个团购订单能够获得店铺人气2和商品人气2。

团购销售面向的市场只有犹豫不定人群，其他人群不会参加团购。

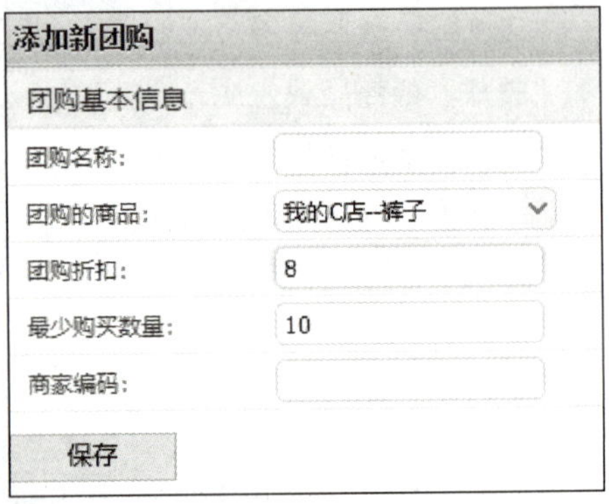

图4-10　添加新团购

4.4.3　秒杀

秒杀是网上竞拍的一种方式。它是网店发布一些超低价格的商品，所有买家同一时间在网上抢购的销售方式。通俗地说，秒杀就是网店为促销等目的而组织的网上限时抢购活动。由于商品价格低，往往一上架就会被抢购一空，有时只用一秒钟就会售罄。

卖家进行秒杀时通常会降价销售，甚至亏本销售，通过高人气和高流量来弥补利润的损失，图4-11是天猫超市联合宝洁公司的秒杀活动。

图4-11　天猫超市联合宝洁公司的秒杀活动

根据经营需求，卖家发布若干件折扣为五折的商品，用来吸引买家抢购，迅速增加店铺人气、商品人气。

$$秒杀价格 = 商品价格 \times 50\%$$

秒杀的折扣固定为五折，不能更改，各小组只能选择秒杀或者不秒杀。

秒杀销售的优势是单个秒杀订单能够获得店铺人气4和商品人气4。

一旦开启秒杀，所有人群的订单都会是秒杀订单。

4.4.4 其他网店促销方法

网店的促销方法还有限时折扣、满就减和满就送、优惠券等。

（1）限时折扣。限时折扣是在特定的营业时间内提供优惠商品销售的措施，以达到吸引顾客的目的。进行限时折扣时，要将折扣商品以宣传单、广播等形式告知顾客。

（2）满就减和满就送。满就减和满就送类似，是指购买商品满足多少数额或者数量后，就立刻减价多少或者赠送某些优惠的促销活动。例如，天猫超市经常有零食满99元减50元的活动，如图4-12所示。

图4-12 天猫超市满就减活动

（3）优惠券。优惠券是订单减价的促销工具，吸引买家前往店铺购买商品，其功能与满就减类似，不同之处在于优惠券可以预发到买家账户中，使买家在优惠券引导下前往店铺挑选商品。

大赛直通车
电子商务技能大赛系统的促销

根据经营需求，卖家对某种或某几种商品进行满就送促销、多买折扣促销、买第几件折扣促销，用来吸引买家抢购，增加店铺人气和商品人气。

促销销售的优势是单个促销订单能够获得店铺人气2和商品人气2。

促销面向所有人群，在促销设置时可以设置活动限制。

视频：促销

（1）满就送促销。满就送促销是指成交总金额达到设定的金额就可以享受返现金的优惠活动。卖家可以根据经营需求设定活动限制，选择参加活动的商品。当正常购买的成交总金额大于等于设定的金额时，成交总金额＝商品价格×商品件数－总优惠额＝商品一口价×商品件数＋正常购买时总物流运费－总优惠额。

（2）多买折扣促销。多买折扣促销是指顾客一次性正常购买数量达到设定数量，促销后成交总金额全部按折扣后金额付款。如八折就填写8。成交总金额＝商品价格×商品件数×折扣数值×0.1＝（商品一口价×商品件数＋正常购买时总物流运费）×折扣数值×0.1。

（3）买第几件折扣促销。买第几件折扣促销指设定一个第几件折扣数，当购买的商品数量达到这个数量时，本件商品即享受优惠折扣，下一件商品再重新计数，以此类推。折扣额直接填写折扣数，如八折就填写8。成交总金额＝商品价格×商品件数－单个优惠金额×优惠商品数量；单个优惠金额＝商品价格×（1－折扣数值×0.1）；优惠商品数量＝（商品件数／第几件折扣数）向下取整。

三种促销方法同时满足时，系统会选取最优促销方法生成订单。

SEO 与 SEM 是电子商务技能大赛系统网店运营推广中引流的核心操作。卖家必须通过 SEO 或者 SEM 获得点击量，从而进入成交判定环节，若卖家没有成功获得点击量，则其商品将无法卖出。

动画：SEO
优化与SEM
推广

每个商品最多 7 个关键词，关键词分别用";"号隔开；如果所设关键词超过 7 个，则保存前 7 个；每个关键词字数不能超过 10 个字。

每个商品的 SEM 组最多推广 50 个关键词，关键词出价不能低于关键词的平均点击出价。

所有系统模拟的买家都是搜索数据魔方中的关键词。数据魔方中的关键词在每次经营开始时保持相同，如图 4-13 所示。

数据魔方							系统公告 叼 设计时 第 1 轮第 1 期
桌子	桌子市场需求数据						
油烟机	商品名称	需求城市	市场平均价格/元	品牌人群需求数量/人	综合人群需求数量/人	低价人群需求数量/人	犹豫不定人群需求数
项链	1 桌子	北京	52.64	0	15	28	15
裤子	2 桌子	沈阳市	56.56	0	15	29	19

	桌子关键词数据							
	关键词	展现量/次	点击量/次	转化量/次	点击率	转化率	点击花费/元	平均点击单价/元	搜索相关性
1	左右餐桌	3923	818	91	20.85%	11.12%	30.00	0.04	2.20
2	组合书桌	3615	807	91	22.32%	11.28%	228.00	0.28	2.60
3	组合书柜书桌电脑桌	3475	818	91	23.54%	11.12%	24.00	0.03	3.60
4	组合电脑桌	3926	784	85	19.97%	10.84%	942.00	1.20	3.60
5	组合餐桌椅	786	351	80	44.66%	22.79%	624.00	1.78	10.00
6	组合 书桌	2062	364	45	17.65%	12.36%	6.00	0.02	5.00
7	组合 餐桌椅	708	258	40	36.44%	15.50%	852.00	3.30	8.20
8	桌子折叠餐桌	3210	727	91	22.65%	12.52%	24.00	0.03	3.40
9	桌子折叠	2821	693	91	24.57%	13.13%	198.00	0.29	3.40
10	桌子 折叠简约	2190	454	45	20.73%	9.91%	1443.72	3.18	4.00
11	桌子 折叠 餐桌	888	471	116	53.04%	24.63%	1056.00	2.24	10.00
12	桌子 书桌 简约	775	337	65	43.48%	19.29%	642.00	1.91	10.00
13	桌子 简约	802	369	82	46.01%	22.22%	1062.00	2.88	10.00
14	桌子 简易	2111	545	91	25.82%	16.70%	36.00	0.07	3.60
15	桌子 方	4742	1091	182	23.01%	16.68%	36.00	0.03	3.40

图 4-13　数据魔方界面

请根据数据魔方的关键词情况，编写 7 个合适的关键词作为 SEO 的关键词。

请根据 SEM 策略，从数据魔方中选择 50 个关键词作为 SEM 的关键词，并规划出价和 SEM 计划限额。

一、单选题

1. （　　）主要是指商品的上下架时间。

A. 类目模型　　　　　　　　　B. 时间模型

C. 文本模型　　　　　　　　　D. 服务模型

2. 在人气模型中，一般不会采用（　　）天为周期作为考察维度。

A. 1　　　　　　　　　　　　B. 7

C. 14　　　　　　　　　　　　D. 30

3. 在电子商务技能大赛系统中，每种商品的SEO最多可以设置（　　）个关键词。

A. 2　　　　　　　　　　　　B. 7

C. 10　　　　　　　　　　　　D. 50

4. 某个店铺的直通车点击花费和以下（　　）因素无直接关系。

A. 卖家自己的出价　　　　　　B. 卖家自己的质量得分

C. 下一名的竞价价格　　　　　D. 下一名的质量得分

5. （　　）是网上竞拍的一种方式，指所有买家同一时间在网上抢购超低价格商品。

A. 关联销售　　　　　　　　　B. 团购

C. 秒杀　　　　　　　　　　　D. 买就送

二、多选题

1. 淘宝直通车的关键词质量分主要包括以下（　　　　　）部分。

A. 创意质量　　　　　　　　　B. 相关性

C. 出价　　　　　　　　　　　D. 买家体验

2. 搜索引擎的工作原理一般包括以下（　　　　　）部分。

A. 爬行抓取 　　　　　　　　　B. 建立索引

C. 关键词处理 　　　　　　　　D. 排序

3. SEO 的匹配方式有（　　　　）。

  A. 广泛匹配 　　　　　　　　B. 高度匹配

  C. 完全匹配 　　　　　　　　D. 部分匹配

4. 创造短视频内容的方法包括（　　　　）及嵌套故事法。

  A. 合理代入法 　　　　　　　B. 四维还原法

  C. 情节反转法 　　　　　　　D. 现身说法法

5. 直通车推广中与 ROI 成正比的因素有（　　　　）。

  A. 转化率 　　　　　　　　　B. 客单价

  C. 平均单次点击花费 　　　　D. 点击率

三、技能训练

为电子商务竞赛系统中的项链、油烟机、裤子、桌子编写 SEO 关键词，并观察每个商品数据魔方中关键词的特点，将上述内容填入表 4-2 中。

表 4-2　商品关键词及其特点

商品名称	SEO 关键词	关键词特点
项链		
油烟机		
裤子		
桌子		

模块五
流量转化和客户服务

》转化率提升

》客服沟通技巧

》客户关系管理

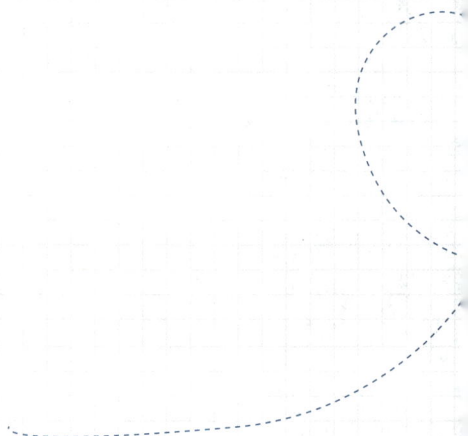

素养目标
- 树立正确的网店服务观念，摆正客服在网店中的位置
- 培养敬业、团结、积极、耐心的职业素养

知识目标
- 理解转化率的概念；掌握转化率提升的技巧
- 懂得客户服务在网店运营中的重要作用
- 掌握客户满意度分析的一般方法和技巧

技能目标
- 能够运用客户相关数据，提高沟通效率，进一步提升客户满意度
- 能够完成客户资料的分析工作，完成客户回访、维护等工作
- 能够制定合理的客户关系管理的策略，独立完成客户满意度分析

思维导图

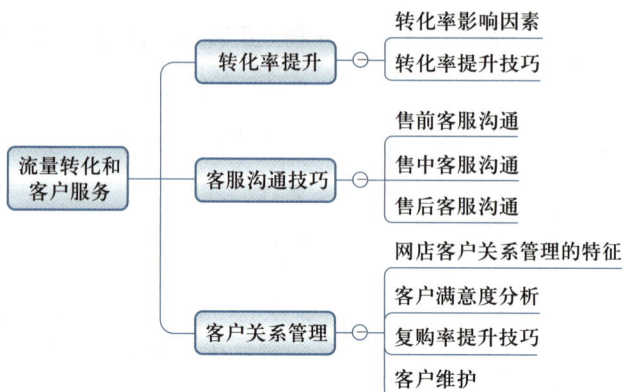

导入案例
提高客户忠诚度

一、建立员工忠诚

一般地，具有高客户忠诚度的企业同时具有较高的员工忠诚度。如果一个企业的员工流动率非常高，那么该企业很难获得较高的客户忠诚度；因为客户都是通过与员工接触来获得产品/服务的。因此，客户忠诚的核心原则是：首先要服务好自己的员工，然后才有可能服务好自己的客户。

二、确定客户价值取向

要提升客户忠诚度，首先要知道哪些因素将影响客户的取向。客户取向通常取决于三方面：价值、系统和人。当客户感觉到产品或者服务在质量、数量可靠性或者适用性方面有不足的时候，他们通常会侧重于价值取向。期望值受商品或者服务的成本影响，对低成本和较高成本商品的期望值是不同的。但当核心产品的质量低于期望值时，他们便会对照价格来进行考虑。

三、实践"二八法则"

企业实施客户忠诚计划时应该要好好应用一下"二八法则"。概括地说，企业80%的收入来源于20%的客户。客户对于企业来说价值是不一样的；其中一些客户为企业带来了长期的价值。明智的企业应该能够跟踪客户、细分客户，并根据客户的价值大小来提供有针对性的产品和服务。因此，企业在推行客户忠诚计划时，把重点放在20%～30%的高价值客户上，但同时应该考虑有一些有价值潜力的客户，并采取相应的策略。

四、让客户认同"物有所值"

只有保持稳定的客源，才能为品牌赢得丰厚的利润。但是，当商家把"打折""促销"作为追求客源的唯一手段时，"降价"只会使企业和品牌失去它们最忠实的客户群。促销、降价的手段，不可能提高客户的忠诚度，"价格战"只能为品牌带来越来越多的"毫无忠诚可言"的客户，而当商家、企业要寻求自身发展和高利润增长时，这部分客户必将流失。企业在经营同质化的背景下，只有细分产品定位、寻求差异化经营、找准目标客户的价值取向和消费能力，才能真正培养出属于自己的忠诚客户群。

五、根据客户忠诚度确定提升办法

客户忠诚度于企业必然会处于一种状态上，因此企业理解客户目前所处的状态就能够清楚地认识到，如何才能够提升客户忠诚度。一般来说，客户忠诚度可以划分为五个阶段：猜疑、期望、第一次购买客户、重复购买客户、品牌宣传客户。

六、化解客户抱怨

对于大多数企业而言，只有10%的客户可以有机会向企业明确表述客户抱怨。而这些抱怨只能反映在一些行为中，如拖欠账款，对一线的客户服务人员不够礼貌等。此外，借助于互联网，这些有抱怨的客户很容易会让更多人知道他们的感受。因此，企业必须要在这个不愉快的事情发生之前快速解决，尽量给客户一个倾诉抱怨的机会，让他们有机会说出心中的不畅，同时尽量解决这些不畅的问题。

七、获得和保留客户反馈

研究表明，客户反馈与客户对优质服务的感知是密切相关的。互联网时代已经改变了客户对反馈的感知，客户开始期待在企业能够获得全天24小时服务。而且，现在的客户也已经习惯了访问网站，并期望能够在网上获得问题的答案。一些基于Web的自助式服务、E-mail管理和即时沟通工具已逐渐成为公司客户服务部门的关键应用。

八、主动提供客户感兴趣的新信息

一对一个性化的服务已经成为一个趋势，如使用设计好的小程序，请客户填入他们最感兴趣的主题，或者运用自动分析客户资料库，找出客户最感兴趣的话题。当有这方面的新产品时便主动通知客户，并加上推荐函，必能给客户一个不一样的个人化服务感受。

九、做好"客户再生"

研究发现，向一个流失客户销售产品的成功率是向一个新客户销售成功率的两倍。在很多企业，挽回流失客户通常是最容易被忽视的，但又可增加收入的问题。一般情况下，企业每年平均流失客户的20%～40%，因此，企业不仅需要建立客户获取和客户保留策略，还需要建立"客户再生"策略。

十、针对同一客户使用多种服务渠道

通过多种渠道与企业接触的客户的忠诚度要明显高于通过单渠道与企业接触的客户。

不过这个结论的前提是，客户通过进入实体商店，登入网站或者给客户中心打电话都可以获得同样的服务。为了实现这种多渠道的产品交付和产品服务，企业必须整合多种渠道的资源和信息，并且无论客户使用何种渠道，企业相关的与客户接触的人员都能够获得与客户相关的、统一的信息。客户的善变性、个性化追求，使得企业必须改造渠道，否则，客户只会流向竞争对手。

思考：在"互联网＋"时代背景下，电商企业应如何提高客户忠诚度，有效进行客户关系管理？

5.1 转化率提升

转化率（Conversion Rate）是指用户进行了相应目标行动的访问次数与总访问次数的比率。相应的行动可以是用户登录、用户注册、用户订阅、用户下载、用户购买等一系列用户行为。因此，转化率是一个广义的概念。简而言之，转化率就是当用户使用互联网相应服务的时候，把访客转化成常驻用户的比率，也可以理解为从访客到用户的转换率。

网店转化率，是指所有到达网店并产生购买行为的人数和所有到达该网店的人数的比率。计算公式为：

$$转化率 = 产生购买行为的客户人数 / 所有到达店铺的访客人数 × 100\%$$

5.1.1 转化率影响因素

影响网店转化率的因素有商品描述、销售目标、商品评价、客户服务等。

1. 商品描述

（1）商品详情页整体页面要协调，主题和页面要相关联。制作一个商品详情页，一定要注意设计出一个与主题相关的页面，不然很多客户就无法明确商品本身的定位和功能特质，在购买时就不能够很全面地了解商品本身，从而失去继续浏览的兴趣。同时，商品详情页面的设计不需要过于复杂，只需要站在消费者的角度去思考，根据他们的实际购买行为来安排商品的图片、文案、排版等。一个页面协调、主题关联度高的商品描述页面能更加吸引消费者的注意力，并提高转化率。

（2）商品详情页和首页的设计要与主推商品的属性相契合。在网店装修中，首页海报一般都围绕着商品的定位和主要卖点展开。因此，建议网店商品详情页和整个网店装修的首页相协调，并且与主推商品的属性相契合。例如，在色调、整体风格上保持高度一致。

（3）在商品详情页上着重突出商品最大的卖点。在网店的首页，店主都会使用海报来突出网店的特色与主打商品的品质。如果能在网店内通过装修来进一步描述商品的品牌或公司的实力，就能增加客户对于品牌或公司的认知、信任等，也就能为突出商品卖点做好呼应。

（4）商品详情页的个性化处理。可以使用较为个性化的颜色、图片等形式来进行处理商品详情页，消除客户的视觉疲劳，同时也能将商品的不同规格展示给消费者。另外，网店可充分利用多媒体手段来展示商品细节，让客户充分认识到网店商品的特殊定位，以便于提高转化率。

（5）在商品详情页的末尾可添加回收方式及购物服务保障。在商品详情页描述的末尾，建议加入关于退换货、购物须知等售后保障服务的小常识内容。比如，如果有轻微色差，最好是提醒客户；还有快递的发货时间、选择哪家快递公司等。以此增加用户对网店的好感，充分体现客户至上的理念。

（6）在商品详情页中加入相关商品推荐。商品详情页的相关商品推荐不可缺少，关联相似、搭配、互补商品，一方面能提高商品本身的转化率，另一方面也可以带动店铺内的关联消费，一举两得。

2. 销售目标

一般来说，消费者在购买商品的时候都会有一定的从众心理。因此，网店应该就如何定价和定位进行广泛的调研和分析。通常来讲，主流消费群体应该是网店的首选销售目标。而做好定位、确定好销售目标则是提高转化率的重要因素之一。

首先，完成店铺定位。网店经营者需要先确定一个大的行业，然后对这个大的行业进行市场分析，了解这个市场的需求，再分析把商品卖给哪一类人群。例如，根据消费者的年龄段、性别、爱好等因素，来分析商品的价格策略以及渠道策略。在网店中，价格是消费者非常关注的一个因素，因此，一定要充分了解市场定价，让目标群体更容易接受。

其次，当做好网店和价格的定位后，就需要对商品进行布局。例如，上架多少种商品合适，保持怎样的上新频率等。一般来说，网店开设初期不建议上架太多种商品，尽量控制在20~30种。因为网店在有一定数量的商品上架的同时，还要保证整个店铺的拉动销售，商品越多，拉动销售就越难控制。如果要上30种商品，可以在两周内完成，确定第一周上传多少种，第二周上传多少种，然后选择在一个相对竞争小的时间段进行上架，这样的效果会比同时上架多种产品要好很多。

最后，在店铺的持续运营过程中，要根据销售的数据不断地动态调整销售目标，从而进一步优化产品和店铺定位，这样做会对店铺转化率的提升有明显的帮助。

在电子商务技能大赛系统中，人群需求中提供套餐、秒杀、团购、其他促销等有关数据信息，可根据人群需求的不同来制定相关促销信息，制定运营策略，提高转化率。

一、套餐

条件：套餐可组合多种商品搭配出售，套餐价格＝套餐包含商品的价格总和。套餐的物流运费不能高于选择购买商品运费的0.5倍（免运费的只能是0）。套餐商品价格低于当地市场价格。套餐商品只生成一个订单。

收益：获得人气2。

二、秒杀

条件：若（店铺一口价＋物流运费）＞[当地市场价×（1＋秒杀价格浮动）]，则为违规价格。物流运费的增量不能高于起初运费的0.5倍。

收益：获得人气4。

三、团购

条件：若（店铺一口价＋物流运费）＞[当地市场价×（1＋团购价格浮动）]，则为违规价格。物流运费按照正常购买计算。

收益：获得人气2。

顾客购买判断顺序：走低价需求人群判断方式。

成功团购：必须到达店铺设定的团购数量才会成团购买成功。

四、其他促销

条件：确定购买该店铺的一种商品；成交价格的判断是：店铺一口价＋物流运费－促销优惠。

收益：获得人气2。

3. 商品评价

恶劣的评价对于店铺的销售影响较大。一般来说，信誉如何是很多网络购物消费者考虑购买的主要因素。因此，商品评价页上的评价标签，是提高转化率的重中之重。尤其是当店铺的负面标签积累到3个以后，转化率就会急剧下降，这不仅是网络购物平台对网店的降权导致的，也是对买家产生的一种心理暗示造成的结果。此外，惯性思维会导致店铺的评价越来越差。例如，对物流的评价较低的时候，对客服的评价也会相对较低。因为一般来说，当物流没有做到位的时候，买家会先咨询客服，但如果客服也没有很好地解决问题，就会导致物流评分低，客服的评分同样较低。这样一来，消费者再给各类商品单独进行动态评分时，就会普遍偏低。所以，网店不能轻视客服在店铺长期经营中形成的影响力。

对于店铺负面评价的处理，一般要做三个方面的工作：① C 店，引导修改评价；② 天猫店，引导隐藏评价；③ 改变评价的排序。因此，优化评价标签是网店必须要完成的日常工作。

一般来说，维护顾客评价的时间是交易成功的15天内，网店需要在此期间引导顾客来评价。另外，180天内顾客可追加评价，值得注意的是，追加评价是删除不掉的。

那些卖家服务评级系统（DSR）偏低或者单品评价分偏低的店铺，首先搜索的权重会降低，其次新品的初始权重也没有DSR较高的店铺高，网店报名参加各种活动也会被拒绝。对于一个既不靠搜索，也不参加官方活动的卖家来说，顾客的选择是有限的。当一个顾客看见商品置顶评价欠佳时，往往会犹豫、放弃购买，这就会影响店铺的转化率。因此，DSR评分对店铺非常重要。

4. 客户服务

买家体验不仅影响店铺转化率，也影响老客户的增长速度。客服的回复速度、客服话术等会直接影响买家的购买行为。买家是否有愉快的购物体验，或者是否能得到良好的服务，是他们做下一步购买决策的重要因素。售前、售中、售后客服都会影响转化率，甚至店铺整体的后期发展。客服是网店的窗口，好的客服相当于销售成功了一半。因此，对于客服的严格要求是必不可少的。

电商最前线
电子商务消费向绿色化、数字化、智能化发展

目前，随着消费者网购理念的不断升级，新品消费、绿色消费、智能消费，以及工厂直供、定制化消费趋势相对明显，进一步推动生产制造端向绿色化、数字化、智能化发展。

一是新品消费成为新亮点。2022年以来，电商平台日益重视扎根实体经济，积极帮助品牌商家挖掘新的增长点，提供营销、数据、场景支持，助力品牌推陈出新，打通新品增长路径。2022年，京东在"双11"期间共推出近2 000万款新品，成交额环比翻1.57倍，其中1 000万款新品成交额环比增长超200%。数据显示，最近半年在网上购买新产品或新品牌，如品牌首发商品、全新品类商品、产品升级商品、IP联名限量款等的用户，占网络购物总体用户的比例达15.2%。

二是绿色低碳消费成为新风尚。随着碳达峰、碳中和的"双碳"目标的深入贯彻，消费者的环保消费意识逐渐增强，绿色消费、循环消费等消费模式日益成为网购消费新潮流。数据显示，半年内在网上参与过绿色消费的用户占网络购物用户总体的22.3%，其中，购买过节能家电或参与以旧换新、购买二手商品的用户比例分别达15.9%和9.6%。

三是智能家居消费蓬勃发展。从2016年到2021年，我国智能家居市场规模由2 600亿元增长至5 800亿元，年均增长率近20%。2022年"双11"期间，京东的智能家居产品中超20个智能品类成交额同比增长超5倍。数据显示，最近半年在网上购买过智能家居、家电、可穿戴设备等智能产品的用户占网络购物用户总体的30.6%。其中，25～34岁、35～44岁用户最近半年网购过智能产品的比例最高，分别达到40.2%和34.4%。

四是工厂直供、定制化消费异军突起。电商平台一方面通过释放消费数据生产力，引导工厂、品牌商更好地满足消费个性化和多样化需求，进一步提升数字化和柔性生产能力；另一方面通过扶持工厂直接对接消费者，持续丰富货品供给。数据显示，最近半年在网上购买过工厂直供、定制化产品的用户，占网络购物总体用户的比例分别达41.9%和13.4%。

(资料来源：中国互联网络信息中心，有改写)

5.1.2 转化率提升技巧

1. 打好商品基础

在网店里，商品基础会影响商品的后期转化率，与店铺的整体业绩息息相关。因此，打好商品基础让商品一开始就处于领先优势是网店必做的功课之一。

（1）评价。评价是来自买家的声音，卖家传达给消费者的信息并不能让消费者百分百信服，如果有买家的赞同，消费者就会信任倍增。很多消费者最后的购买行为都止步于对商品评价的浏览，一旦看到很多买家的中差评，本来要下单的消费者也会望而却步。因此，网店需要多从买家真实的评论里找出商品自身的问题，并做出改善，让消费者更加信服。对于一些中差评，网店也可以加以利用，如一些中差评并没有阐述商品自身问题，而是由于快递等其他因素造成的差评，客服可以回复买家感谢对商品的认同，快递方面会对其进行督促或者更换，更好地服务消费者，这样做反而会促进消费者下单。网店要懂得变通，把握好评价。

（2）价格。任何类目的商品价格都会有高中低之分，打价格战不是长久之计，只有找准网店的定位，针对不同的消费群体内相应制定不同的价格，才能获得更好的效益。一般来说，经济型消费者看重的是便宜的价格，中等消费人群则更看重商品性价比，高等消费人群更看重的则是品牌实力。给自己的商品定好位，做到在同等级商品中拥有价格优势，或者提供一些附加价值，如实用的小赠品，或者店铺优惠券等，能在一定程度上提高转化率。

（3）销量。销量也是消费者下单前要对比的重要因素之一。只有充分了解消费者购物的心理，打好销量基础，提高销量权重，才能在后期使用直通车时有更好的效益，同时也能提高直通车的权重。因此，不论是做好老客户维护，还是进行低价冲销量等营销活动，最好都要在有一定销量基础之后再开始付费推广业务。

2. 提高引流质量

为了提高引流质量，应重点关注以下几类关键词：

（1）低转化大流量词。这类关键词是"耗能大户"，只花费成本但产出很少，这时候就要降低关键词出价，以合理的成本获取流量。如果依旧长期没有转化，则要删除这类关键词，减少不必要的成本，提高计划整体转化率；也可以适当做些流量转移，如详情关联推荐，用其他商品来消化部分流量，提高流量价值。

（2）有转化的中等流量词。这部分关键词的转化率虽然不高，但是会有定期成交量，引流效果中等。网店可先给予这部分关键词更多的展现机会，适当提高出价，引进更多流量观察转化情况，有提升则表示这类关键词有机会成为优质流量关键词，应继续保持出价；如果转化率下降，则停止出价，退回原来位置，根据后期投资回报率情况做出调整。

（3）高转化流量词。网店对这类关键词要重点监控，这是对计划提升最有帮助的一类关键词，引流能力强并且转化率可以达到类目平均水平以上。对这类关键词，一定要保持其排名，稳定引流。可以将此类关键词放在优质位置，如移动首条、页面搜索左侧位置等。如果按点击付费（PPC）价格在接受范围内，可以去抢优质位置。如果转化率下降，则要放弃此类关键词，以稳住转化率为主要任务。

（4）具备潜力的转化词。这类关键词主要是指有收藏和加购行为，但是还没有实现转化的关键词。作为潜力股，这类关键词不适合过高花费，应保持中等引流位置，注意给予转化引导，如通过加购、收藏、送优惠券等方式引流，看后期转化率是否会提升。如果转化率提高，则可以适当提高出价，获取更多展现机会。

（5）竞争激烈的引流词。这部分关键词由于竞争大，可能按点击付费（PPC）的价格会比较高，导致推广成本的增加，这时候要对关键词进行分析，对相关性高的优质精准词，先去培养质量得分。只有把质量得分培养起来，在竞争中才能占优势，不会导致点击单价过高。适当降低引流成本，根据转化率和投资回报率（ROI）情况做出调整。

在推广后期，调整关键词要以转化率和投资回报率为指导，网店要将成本放在更多有价值的关键词上。在关键词选择上，数据分析是必不可少的，不能盲目调整，要对这些关键词进行分类统计，对于不同关键词制定不同调整策略，提升网店整体的转化率。

3. 调整关键词出价

关键词出价直接影响排名，不同排名获取展现的机会截然不同，但这并不代表位置越靠前转化率就会越高，每个关键词都会有更合适的位置，衡量标准最终还是转化率，要保持关键词在转化率中具有最好的位置。

关键词在投放初期要获取足够展现量，所以出价要高于市场平均价格，以便于获取展现。接下来要根据数据进行调整，如果展现量过少，则要继续提高出价；如果出价超出心理预期但还是展现量少，则放弃该关键词。

（1）根据流量修改出价。前期投放关键词首先需要获取流量，对没有展现或展现量过少的关键词可以统一提高出价，如试着提价5%，继续观察引流能力；如果是精准长尾词，可以大胆出价，争取在首页位置获取足够流量；对热词则要保守出价，根据反馈数据慢慢提高出价。

（2）根据转化率修改出价。推广中期则要重点提升转化率，把计划中转化率高的关键词提升排名，争取优质展位，尤其是大流量引流词，一定要注意监测；转化中等关键词，可以观察其前后位商品情况，看自己的商品是否占优势，试着提高或者降低排名，测试在不同位置的成交变化，找到合适位置；转化率较低关键词，要降低出价控制花费。

（3）减少无用花费，全面提高转化率。商品进入推广末期后，要尽量砍掉无用花费，在投放时间、投放地域和投放人群上都要做到精简流量，尤其对转化率较低的关键词，不要再继续投放。同时，把关键词按照花费进行排序，根据展现量、点击率、转化率、投资回报率等多项数据，设置指标。把关键词的广度降低，将精力投放在更多精准关键词上，删除无用的关键词。

在调价时，要兼顾质量分、点击率、转化率和投资回报率，不同时期有不同侧重点，前期重点在引流，后期重点在成交。对于数据反馈好的关键词，要提高出价；对于转化率和点击率都不理想的关键词，则要降低出价。网店可以根据自身类目设定不同的执行标准，如设置"展现量排名>10名，点击率<2%，转化率<1%，进行降价5%"处理的规则，把它导入省油宝并优化，或者选择对应软件提供的优化规则方案，根据设置统一调整关键词，提升优化效率。调整之后再去继续观察关键词引发的数据变化，保持最优排名。

4. 优化标题与推广图

（1）优化标题。商品标题关系着自然流量，推广标题则会对点击造成影响，标题优化得好则更有利于计划中对关键词的培养，也会间接影响转化率。例如，对于服饰类等有季节差异明显的商品，标题要根据季节优化调整；如果是一些冷门的小类目，标题则可以适当用一些搜索量较高的关键词；如果是竞争激励的类目，还是以精准长尾词作为标题核心关键词。

在优化标题时，网店应当注意，不能重复堆砌关键词，标题中的每一个字都不能浪费，要充分利用每一个位置；尽量少用空格，在本身有空格的关键词中心可以插入其他关键词；如果是没有空格的长尾词，则要保持紧密性原则，这样搜索权重才会高。网店应根据推广不同阶段对标题相应做出调整优化，前期以精准长尾词为主导，后期则要加入流量热词，加大引流能力。

（2）优化推广图。在搜索结果中展示列表图片是最先吸引眼球的，买家从众多商品中能否一眼看中你的商品，就看主图是否有吸引力了。主图是由商品、背景和文案组成的，不同风格、不同创意表现形式会对点击率造成直接影响，从而影响引流能力，决定转化成本。同样的花费，好的创意则能获取更多流量。网店可制作多张图片进行测试，通过前期的测试保留点击率高的图片。

推广图制作要点包括：① 可以展现不同颜色的图片，但不要全部颜色都展现，要用主推颜色做主图；② 如果有折扣或者赠品，字体突出，可以用促销吸引买家的注意；③ 多观察同行产品推广图，将自己的推广图做出差异化；④ 主图饱满，色彩清晰，不能拼接，看上去要自然舒适；⑤ 商品卖点突出，对于部分类目产品细节放大，真实地展示商品；⑥ 文字不能太多，图片与文字的比例要保持均衡，不能喧宾夺主，间接精炼土要利益点。

5. 配合店铺营销

（1）店铺相关活动。店铺要不定期进行促销活动，并经常进行店铺动态更新，让买家关注到店铺的变化，激发他们的购物兴趣。尤其在节假日或者店庆、品牌日、会员日等时间，都可以给店铺策划一场活动，给店铺补充活力，使其多一些生机。

（2）关联营销。关联营销设置可以减少跳失率，增加访问深度，给顾客多一个选择。网店还可以通过关联商品的反馈情况，选出流量获取能力好的商品进行直通车推广；网店可对间接流量进行分析，把间接转化率较高的商品设置成关联营销，提升整体客单价，同时还可以通过数据看出哪些商品具有潜力，这样还省去了单独测款的费用。

（3）维护现有客户。每一个客户都是网店花费成本引进来的，网店需要把握每一个机会，尽量促使顾客下单，在买家咨询购买意向比较明显但又略有犹豫之时，客服可以给予其紧张感，如"此款商品销量火爆，下单晚了就没有了"，或者赠送礼品等，这也是提升转化率最直接有效的办法。

（4）优质服务。不管在售前还是在售后，客服都要耐心地给客户及时解决问题，在顾客咨询时给予专业的产品解答，买家有疑虑时站在买家角度给予分析，要有同理心，计消费者更容易接受客服的建议，只有享受愉快的服务客户，才能达成转化，甚至在后期的回购中成为店铺的长期忠实客户。

6. 规则视觉营销

网络购物的消费者不能看到实物，往往只能从视频、图片和文字描述了解商品。网店想要追求高转化率，首先要有良好的视觉体验，视觉规划的内容包括店铺装修、商品主图拍摄及商品详情描述。店铺首页装修应保持风格一致，注重用户体验，要有清晰的商品分类导航，主推商品大图，主次分明，有自己的品牌形象。

除了在前面谈到过的商品详情页描述需要注意的问题以外，还可以从以下几方面着手优化详情：

（1）体现亲切感：针对目标群体进行文案解说，亲切贴近目标消费群体，真实客观地描述商品更能赢得买家青睐，不要过度浮夸，要从不同角度真实再现商品，把商品卖点层层递进地描述清楚，让买家一步步了解商品，认可商品。

（2）对话形式：以对话的形式对商品进行描述，可显得亲近自然，让消费者更容易接受。

（3）自白故事型：用一种自我诉说的形式把商品介绍给买家，可以把买家带入真实情境，使买家对商品产生感性认识。

（4）氛围紧张感：有时候营造氛围是很重要的，在买家犹豫之时给予其紧张感，告诉买家促销活动结束立刻涨价，今天是大促最后一天，礼品限量赠送等，让买家感觉如果不现在下单购买就会错失良机，促使买家下单。

5.2 客服沟通技巧

5.2.1 客户满意度分析

1. 客户满意度的概念

客户满意度是一个相对的概念，它是指客户期望值与客户体验的匹配程度，反映了客户对其消费行为、所购买商品、网店服务水平的总体满意程度，是对网店经营水平的综合评价。客户满意度更多体现为一种心理状态、一种自我体验。客户满意度的高低影响客户的选择，也影响网店的声誉和销售量。客户进行购物决策时，普遍会参考其他人对自己所要购买商品的评价，并根据好评率的高低决定是否下单，如果某个网店中差评过多，客户往往会果断放弃，长此以往网店销量就会下降，严重时甚至会导致网店经营失败。

2. 网店运营中影响客户满意度的因素

（1）商品质量因素。商品质量是商品功能有效发挥的基础，是客户需求得以满足的保证，因此成为影响客户满意度的主要因素。对多数客户而言，商品质量的高低取决于其使用商品后直观感受的好坏，或者体现为对其需求满足的程度，而不一定是所谓的技术指标。所以，网店要深入研究客户的需求，有针对性地为客户提供相应质量的商品或定制品，可以提高客户对商品质量的满意度。

（2）商品描述因素。在网购过程中，客户对商品的认知主要来源于网页展示的商品图片和文字说明，缺乏对商品的直接感知。为了对客户产生足够的吸引力，网店往往将商品最好的一面用最佳的形式或特殊的方式表现出来。客户购买后，由于自身条件或使用环境的差异，商品使用效果可能和网店描述的有一定差别。差别过大，客户就会不满意。因此，展示商品时，网店应充分考虑客户类型的复杂性、使用环境的差异性，尽量做到客观、真实地描述商品。

（3）客服服务因素。客服是网店和客户的桥梁，负责与客户直接沟通和联系，为客户提供销售信息。客服服务态度的好坏、服务质量的高低，直接影响客户满意度的高低。网店需要不断加强对客服的培训，在保持优质服务态度的同时，不断提高客服的专业水平，增加对商品知识、消费心理、网络操作技能的学习，增强为客户服务的能力，提高客户的满意度。

（4）物流配送因素。物流配送对客户满意度的影响主要体现在配送速度、商品完好率、配送人员服务态度等方面。其中，配送速度是客户关注的焦点，也是客户投诉较多的方面。合理设立配送中心、加强新技术的运用和配送人员的管理与培训，可以有效提高物流配送效率，减少客户不满意的因素。

（5）网络安全因素。网络安全对网上购物的发展有较大威胁，很多新客户通常担心遇到假的网店链接地址而受骗，或者担心个人信息泄露和资金安全受到威胁。相关部门应加强对网络诈骗的打击力度、提升资金支付的安全保障程度，网店运营者要严格遵守《中华人民共和国个人信息保护法》《中华人民共和国网络安全法》等法律法规，加强对客户个人信息的保密管理，给客户提供一个安全、便捷的网上购物环境。

3. 提升网店客户满意度的策略

（1）加强对信用评价的管理。消费者的评价是客户做出购物决策的一个重要参考标准，如果一个网店的好评比例较高，说明客户满意度高；如果中差评较多，说明客户满意度低。网店运营者应及时对客户的评价予以处理，消除中差评带来的负面影响，减少中差评的比例，提高网店的好评率，提高客户满意度。

具体而言，一是要及时对客户的好评予以感谢和回复，并争取做到有针对性地一一回复，让客户觉得有被重视、被服务的感觉，进一步增加客户的好感；二是要真诚地为中评道歉，并积极地解决问题，只要把客户的问题解决了，客户就会理解并且继续支持网店；三是在处理差评的过程中应全程保持良好的态度，并最大限度地解决问题，让客户满意，力争改变客户的态度，让客户改差评为中好评。

（2）致力于客服服务水平的提高。高水平的服务可以引导客户促成购买，提高服务的附加价值，提升客户购物的愉悦感，提高客户满意度。

第一，明确客服招聘标准。一是应聘者的个性特点，要具备积极的工作态度、主动学习的心态和时刻准备采取行动的意识，具有友善、诚实、可靠、真诚的性格；二是具有熟练的操作技能和一定的专业知识，如具备较快的打字速度、软件使用能力、良好的记忆能力和商品知识的快速学习能力；三是具有一定的工作经验，以及相应的工作阅历和与人沟通、合作的能力。

第二，精选客服培训内容。一是网店基本制度培训，包括日常工作规范、工作守则和行为准则、奖惩规定等内容；二是服务流程培训，一般按岗位性质，针对售前客服、售中客服和售后客服分开培训；三是知识技能培训，包括对客户的分析能力、对产品的熟悉程度和话术的整理；四是价值观的培训，培养客服对职业的认识和态度，以及对职业目标的追求和向往，包括诚实守信、客户第一、团结互助、爱岗敬业等方面。

第三，完善客服激励机制。一是竞争机制，通过对客服之间数据与服务的定期比较，可以发现每个人的不足，帮助客服不断提高知识与技能水平；二是晋升机制，建立合理的晋升通道和培养选拔任用制度，使得到晋升的客服成为其他客服人员学习的标杆；三是奖惩机制，奖优罚劣是保持员工积极向上作风的需要，奖惩要做到公平有据；四是监督机制，通过对客服的工作状态、工作成效、顾客满意度、员工认可度等方面进行督促和管理，促使客服的工作结果达到预定的目标。

第四，优化客服考核设计。一是在广泛调研和大数据分析的基础上，确定能客观、科学评价客服工作效果及对网店贡献度的指标，形成关键绩效考核指标体系；二是对各个指标设计不同的区间标准并赋予其相应的分值，衡量客服在该项工作上的能力；三是依据各个指标对客服评价重要程度的不同，赋予这些指标不同的权重。

（3）优选进货渠道，确保商品品质。第一，选择大品牌和大企业的商品。商品质量和技术相关，商品价格一般和规模相关。在技术创新和专利发明方面，大企业有相对优势，产品质量有可靠保证；在生产规模方面，大企业规模优势明显，生产成本较低，商品的市场空间较大。

第二，选择地方传统特色产品。我国各地都有一些传统特色产品，它们一般采用传统的制作工艺，相比现代工艺制作的产品，传统特色产品具有明显的特色，地域性突出，质量也有保障，对于区域外的消费者具有一定的吸引力。

第三，拓宽自营产品范围。自营产品即网店直接售卖给买家的产品，产品由网店从厂家采购，并负责配送、售后，产品质量由网店负责保障。相对于非自营品牌，自营产品具有品牌力强、产品质量可控等优势。

（4）选择优质高效的物流公司。我国物流业发展迅速，物流公司数量众多，但服务水平参差不齐。网店在选择物流公司时要参考以下四个方面：一是物流派送效率高，建设有科学、合理、快捷的配送网络；二是安全系数高，能够保障商品在运输和派送过程中不出现损坏和丢失现象；三是服务态度好，物流公司管理人员和快递员经过严格培训，服务水平高；四是服务费用合理，既不漫天要价，又不过于低廉，报价和提供的服务水平相匹配。

5.2.2　售前客服沟通

1. 客服回复速度

（1）响应速度。对客户问题的响应速度直接影响买家对店铺的态度。试想，如果客服响应速度很慢，或者回复速度很慢，那么客户就会觉得如果后期产品真的出现了问题，也不一定能找到解决的办法。这样一来，网店就会给客户一种心理暗示，那就是本店的服务不到位。因此，响应速度的快慢，能够影响买家对于店铺的整体印象。

微课：售前客服工作流程

（2）语句用词。买家不喜欢看到客服用敷衍的态度来回复。例如，"哦、嗯、啊"这类回答。这些语句给人的心理反应就是不想回答问题，或者敷衍了事。例如：

买家：你这款产品发货3天能不能到货？

客服回答：嗯。

在这种回答的情况下，买家是否愿意购买呢？是否愿意付款呢？可能就有些迟疑了。而正确的处理方法如下：

客户：你这款产品发货3天能不能到？

客服回答：这个能到的，您现在付款的话，今天16∶00点前就能发货，很快就能到货了！

可见，后面这种方式的回答就能够提高网店的转化率。因此，客服要在与客户交流中尽量避免"哦、嗯、啊"等单字的出现，将"嗯"变成"好的"两个字，将语气助词"啊"变成"哈"也会让交流更显和气。

2. 对待砍价的客户

网店客服与客户在线沟通的中心内容之一就是客户的砍价。当遇到客户砍价时，可采取以下方法：

（1）按规定来对待。例如，客户问："老板，我在淘宝上看见和你家一样的衣服，他们只卖90多元，你家怎么卖200多元？能不能便宜点？"网店应该都遇见过这种客户，没有耐心的客服可能就会直接丢下一句话："90多元的你不买，干吗还来问这200多元的？"相对来说，这样做客户很难会购买。对待这样的买家，客服要耐心地跟他

（她）解释材料、做工的差异。如果客户仍然要求低价，客服可用"不好意思，我们全部定价由公司决定，客服人员无权修改价格"的话术来应对。

（2）送赠品或包邮。对付此类砍价，宜以退为进促成交易，有的客户砍价不成功，就会软磨硬泡地和客服商量，说会下次再来，让同学、同事都来之类的话语。如果杀价超过5分钟，就说明这个客户很喜欢网店的东西，相对来说成交率会比较高。客服可以通过赠送 商品配件，或采用包邮之类的优惠来满足他（她）。

（3）引导购买其他产品。例如，也许网店的某件商品的标价是289元，客户会问客服150元能不能卖。对于这样对砍价要求过高的客户，客服可以引导客户购买店铺内其他促销的特价商品，或许能为店铺多带来一笔交易。

3. 发货问题

发货问题是网店客服与客户沟通的另一个中心内容。由于快递、仓库等原因，有时可能不能准时发货，而客服如果对客户承诺当天发货，那么第二天发货就可能会带来很多售后问题。所以，对于买家的此类咨询，客服可以这样回答："您好，非常感谢您的光临，我们会在发货前认真检查并尽快发货！"在不能保证发货时间的情况下，客服尽量不要给买家明确的发货时间承诺。

还有很多客户会问什么时候可以到？物流速度往往不是卖家能够掌握的，对于此类问题，很多客服会承诺一般3~5天可以到。而有时候快递公司会出现十天半个月都送不到的情况。因此，对于此类问题，客服也最好不要给出承诺时间。客服可以回复："很抱歉，由于物流的速度也不是我们可以控制的，所以不好向您保证几天到哦。"另外，在卖家标注发货时会有一个"预计几天到达"的选项，卖家在标注时尽量根据地区决定，不要全部选择最晚的或最早的时间，以免造成不必要的麻烦。

4. 客服不要主动提出赠送买家礼物

当有些买家在店铺购买多单商品的时候，许多卖家会向买家赠送些小礼品，这也是促进销售的一种手段。但如果买家没有要求赠送其他小礼品的话，接待的客服不要主动承诺赠送礼物，当然，不承诺不代表不赠送。

一般来说，客服在买家下单后立即向买家说会赠送小礼物，买家当时会很高兴，但是商品不是马上就可以收到的，等买家收到商品时，可能早就把要赠送礼物的开心事忘掉了；如果网店忘记赠送了，还可能会遭到投诉。而要是网店在没有事先说明的情况下向客户赠送小礼物，买家拆开包裹时会有一种惊喜的感觉，也许因物流、包装等出现问题，原本准备想给网店中差评的，结果因为这个惊喜，他会转而给网店好评。有的买家收到小礼物后还会主动联系客服："你们是不是多给我发了个帽子啊，我给你们寄回去吧！"而这时客服再告诉买家那是赠送的，买家就会备感高兴的。

5.2.3　售中客服沟通

当客户经过咨询后成功下单了，但客服并没有最终促成客户成功付款，那这笔交易就前功尽弃了。因此，付款转化率也是影响店铺整体转化率的非常重要的因素。

1. 针对冲动型购物的客户

客服要尽量在客户的冲动期内促成客户付款。比如，适时地提醒客户："我们的活动限时限量，18：00点前付款可以当天发货。"如果不能及时付款，客服还需要在付款时间内定期提醒和回访。

2. 针对付款遇到问题的客户

客服要积极提出解决办法并协助客户解决问题。网店一般会要求客服熟悉整个下单付款流程，了解支付宝余额付款、网银付款、信用卡付款、快捷支付等付款方式的区别，以及操作方式和每个银行的日限额差异，还有银行客服电话等。

3. 针对拍下后24小时未支付的客户

客服会采取旺旺提醒、短信提醒的功能进行提示。这种提示需要技巧，决不能给客户带来反感，使本来可以成交的订单被客户取消。客服可以统计分析每种催付话术所带来的最终成功催付率，并筛选出效果最好的话术进行进一步优化。

此外，客户下单后，客服的服务也会成为影响付款的因素。下单前后客服的态度反差是否很大，如回复速度是否变慢、服务承诺前后是否统一等，都会影响付款。

5.2.4　售后客服沟通

1. 漏发、发错问题

很多店铺都有小商品，一般买家买其他商品时，看见中意的小商品时会加购，也有时卖家会主动赠送某些小商品。但可能由于赠品与买家购买的商品是分开发货的，发货时就容易疏漏。对于漏发赠品或者买家加购的其他商品，卖家要主动补发，不要因为几元钱的小商品再出一次运费而让买家退款。

微课：售后客服工作流程

2. 商品轻微瑕疵、质量问题

天下没有十全十美的商品。无论做工多么仔细，发货前检查得多么认真，卖家都不能保证发出的都是无瑕疵、无质量问题的商品。特别是服装类商品，可能会出现衣服纽扣掉了、某些地方的接缝处开线了、某处有点污渍等问题。这类小问题给买家换货带来了较高的时间和费用等成本，买家可能会非常介意这类事情的发生。如果问题不太大，对买家影响不严重，客服可尽量与买家商议，让买家自己解决。例如，衣服开线了，客服可以建议买家去裁缝店修理，并承诺赔偿买家双倍修理费用，不是特别苛刻的买家一般都能接受。而对于真正有严重质量问题的商品，卖家应该立即无条件退换货。

3. 缺货问题

很多商家都是在多个平台同时运营B店和C店，因此，库存不足这个问题是很难避免的。例如，买家在咨询时某件商品还有好几件库存，但是2分钟后，当买家正准备下单付款时这种商品就卖完了。这时，如果客服直接和买家说缺货了，买家会认为这是网店不负责任造成的，当然会引起他们的反感，进而对店铺产生不好的印象。对于缺货问题，建议不要用旺旺沟通，无论买家是否在线，都可以电话联系买家。电话联系买家时最好自称是仓库发货人员，对买家也不要直接说缺货，要以其他委婉方式表达。

客户服务是影响店铺转化率的重要因素，客服一定要用心服务每一个客户，提升店铺形象和口碑，从而提高店铺的转化率。

大赛直通车
模拟订单购买

在电子商务技能大赛系统中，模拟订单购买面对4种不同的人群，他们的购买条件不同，在某个媒体影响下的顾客购买判断顺序也有相应的规则。根据这些条件和规则，要做好运营设置，并确定客服的回复问题，能取得更高的下单转化率。

1. 品牌需求人群

（1）若（店铺一口价+物流运费）>［当地市场价×（1+品牌价格浮动）］，则为违规价格。

（2）物流支持客户的要求，则客户会参考购买；若物流不支持客户的要求，则顾客会选择其他购买方式。

（3）成交价格的计算公式是：成交价格=店铺一口价+物流运费。

（4）物流运费的增量不能高于起初运费的0.5倍。

（5）在某个媒体影响下的顾客购买判断顺序为首先选择品牌指数最高的店铺。

（6）选择有售后服务的店铺。

（7）选择可以开设发票的店铺。

（8）产品评价：最低是0，低于0不会购买；默认是5；违约减少1；正常交货加1。

（9）城市影响力：每在一个城市交货一次，订单影响力加1。

（10）低价格过滤：谁的价格低购买谁的。

（11）综合评价指数过滤：店铺视觉值、ISO认证、IEC模式、店铺人气、店铺积分、订单量、店铺总媒体影响力、社会慈善。

（12）购买成功附加值：如果购买的总量接近"多买更优惠"的总量，顾客判断"多买更优惠"优惠多，则随机进入套餐购买。

（13）对象：忠于品牌的人群。

2. 低价需求人群

（1）若（店铺一口价+物流运费）>[当地市场价×（1+低价价格浮动）]，则为违规价格。

（2）若物流支持客户的要求，则客户会参考购买；若物流不支持客户的要求，则顾客会选择其他购买方式。

（3）成交价格的计算公式是：成交价格=店铺一口价+物流运费。

（4）物流运费的增量不能高于起初运费的0.5倍。

（5）在某个媒体影响下的顾客购买判断顺序依次为：价格最低的店铺；选择有售后服务的店铺；选择可以开设发票的店铺。

（6）产品的评价：最低是0，低于0不会购买；默认是5；违约减少1；正常交货加1。

（7）城市影响力：每在一个城市交货一次订单影响力加1。

（8）综合评价指数过滤：店铺视觉值、店铺总媒体影响力、订单量、社会慈善、ISO认证、IEC模式、店铺人气、店铺积分。

（9）对象：低价人群。

3. 综合评价需求人群

（1）若（店铺一口价+物流运费）>[当地市场价×（1+低价价格浮动）]，则为违规价格。

（2）若物流支持客户的要求，则客户会参考购买；若物流不支持客户的要求，则客户会选择其他购买方式。

（3）成交价格的计算方式是：成交价格=店铺一口价+物流运费。

（4）物流运费的增量不能高于起初运费的0.5倍。

（5）在某个媒体影响下的顾客购买判断顺序：综合评价指数高的店铺；选择品牌指数最高的店铺；选择有售后服务的店铺；选择可以开设发票的店铺。

（6）产品的评价：最低是0，低于0不会购买；默认是5；违约减少1；正常交货加1。

（7）城市影响力：每在一个城市交货一次订单影响力加1。

（8）综合评价指数过滤：店铺视觉值、店铺总媒体影响力、店铺人气、社会慈善、ISO认证、IEC模式、订单量、店铺积分。

（9）对象：综合评价人群。

4. 犹豫不定人群

（1）若（店铺一口价＋物流运费）＞[当地市场价×（1＋犹豫不定价格浮动）]，则为违规价格。

（2）若物流支持客户的要求，则客户会参考购买；若物流不支持客户的要求，则客户会选择其他购买方式。

（3）成交价格的计算公式是：成交价格＝店铺一口价＋物流运费－店铺优惠。

（4）物流运费的增量不能高于起初运费的0.5倍。

（5）必须是有促销活动，秒杀或者团购。

（6）判断顺序：随机进入团购；秒杀。

（7）对象：犹豫不定人群。

5.3　客户关系管理

企业为提高核心竞争力，利用相应的信息技术和互联网技术协调企业与顾客间在销售、营销和服务上的交互，从而提升其管理方式，向客户提供创新性的个性化的客户交互和服务的过程，被称为客户关系管理。客户关系管理的最终目标是吸引新客户、保留老客户以及将已有客户转为忠实客户，增加市场占有率。网店客户的成长过程如图5-1所示。

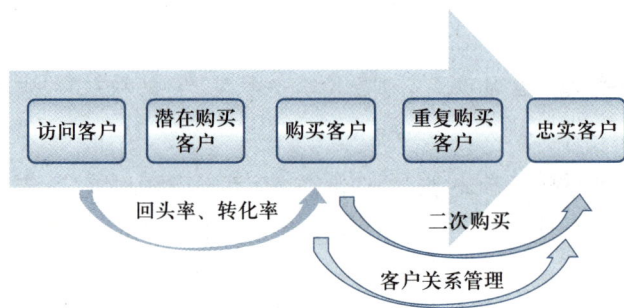

图5-1　网店客户的成长过程

5.3.1　网店客户关系管理的特征

在以淘宝网为代表的在线购物的运营模式下，其客户关系与传统模式相比呈现出新型的特征，主要体现在以下五个方面：

第一，网店拥有比传统模式更庞大的客户群，它突破了空间的限制，源源不断地将买家吸引到这个巨大的平台上来。从单个卖家的角度来分析，除了拥有庞大的客户资源外，还可以依据平台所具有的数据管理技术准确地分析市场和买家需求。

第二，从客户关系细分的角度来说，网络销售平台能够对买家进行更加科学精确地细分，使网店拥有精确的分类目录，以满足不同客户的需求。

第三，较传统模式，网店所采用的网络购物模式，能够通过折扣促销、满减活动、秒杀活动、团购活动、送优惠券等方式，带给客户更多的让渡价值。

第四，网店不仅拥有数量巨大的买家，还联系着数目众多的卖家，他们有着不同的特色、信誉及品牌。单个买家可挑选的空间大，买家的流动性很强；单一卖家较难使客户具有忠诚度并长期维持现有的客户关系。因此，卖家应该从特色、信誉、品牌、情感等多个角度来塑造自己的形象、确定自己的定位。

第五，在网购中，买卖双方可以进行实时互动。平台通过技术实现了客户之间的即时沟通交流，既提升了客户体验，也记录了客户信息的重要部分，提升了客户满意度与忠诚度。

网店的运营平台具备了实现良好的客户关系所必要的技术、资源、管理方法等基本前提，但同时也应该看到，网店面临着激烈的竞争——如何保持客户忠诚？只有坚持以客户为中心的理念，并不断地找到解决问题的措施，才能够为网店提供持续发展的动力。

电商最前线
人工智能客服

在网络购物中，最忙碌的除了电商平台的运维人员、物流配送人员，还有一批默默贡献的客服人员。消费者每发出一个请求，都需要客服及时有效地反馈，在像各类大促的购物节中，电商企业的客服人员更是处于24小时待命中。

现在，智能客服和NLP（Natural Language Processing，自然语言处理）文本处理的应用帮助很多企业提升了运营效率和客户体验，尤其是以华为云对话机器人为代表的一系列产品，正在为这些需要大量人工客服的企业降本增效。与此同时，越来越多的商业应用场景必将带动NLP语言理解和语言生成技术取得更多突破。

1. 智能话务机器人

智能话务机器人在多个企业业务场景中实现了机器人自动打电话，能和人类进行多轮互动。典型的使用场景包括：自动外呼核实用户身份信息、回访客户满意度、查询订单状态物流信息、营销筛选意向客户以及各种类型的预约或预订服务等。例如，华为云对话机器人服务使用自主研发的智能话务机器人引擎，可以根据客户的外呼使用场景和话术要求来定制人机通话的流程。智能电话机器人每天可以拨打至少800个电话，对不断重复的工作也不会有情绪，其工作效率显著高于真人操作。而且，当企业业务增长时，无须花费时间培训新员工，只需一键增加机器人数量，机器人客服团队即可处理更多客户需求。

2. 智能问答机器人

人工智能客服在企业中的应用，还包括智能问答机器人，它可以用来构建智能客服解决方案，满足企业在客服领域的需求。在购物的售前咨询和售后服务的场景中，智能问答机器人可以快速实现机器人自动应答用户问询。当用户通过不同的渠道，如PC端网页、App聊天窗口、微信公众号和小程序等发起问询时，问答机器人可以使用语义匹配、排序模型等智能算法找到最匹配的答案，自动答复客户的问题。当问题超出机器人知识范畴而无法回答的时候，可以将用户无缝转接到人工客服处理。智能问答机器人既可以帮助企业提升运营效率，也能识别宝贵的销售线索或客户的有效反馈。

3. 多维度分析产品舆情

自然语言处理能力也可以服务于智能客服，实现对客户反馈的多维度分析。对于很多企业来说，互联网上存在大量和其产品相关的用户评论。由于这些评论比较分散且人力成本高，企业无法进行及时和有效的分析。例如，手机生产商出了新品，需要第一时间响应客户的反馈，并且需要知道用户的反馈和手机的哪个属性相关，只有了解这些信息，才能迅速调整和优化产品；又如，连锁酒店企业需要搜集和聚集多个渠道的用户评论，在多个维度上自动分类，以确保服务品质和品牌口碑。

4. 消费者要习惯与机器人互动

语音交互会成为人机交互的下一个趋势，聊天机器人和电话机器人将无处不在。在各个不同的垂直细分领域都会有聊天机器人辅助或帮助人类做一些工作，无论是售前咨询、售中下单还是售后服务，都有机器人去引导用户，辅助他们完成整个流程。未来智能机器人会具备分析大量文本的能力。从阅读、分析、理解到生成摘要总结，都可以由机器人完成。个性化的定制将成为流行。不管是服务消费者的虚拟助手，还是服务企业的机器人，都会具备自己独有的能力和个性，以满足不同场景的应用需求，或体现企业的业务竞争力。

5.3.2　复购率提升技巧

重复购买率简称复购率，是指消费者对某种商品或者服务的重复购买的比率，重复购买率越高，则反映出的消费者对品牌的忠诚度就越高；反之，则越低。忠诚度高的客户也就是网店的粉丝。粉丝对网店的价值是毋庸置疑的，而提升用户对商品的价值和贡献度是网店运营的核心。

随着电子商务的发展，网店获取新客户的成本越来越高，由流量转化成有效注册会员的比例缩减了很多，会员有效地转化为第一次下单的客户的比例又会缩减很多，若网店持续以单次成交为运营重点，拉新成本就会居高不下，这种"烧钱"的方式不是所有的网店和商品都能承受的。

新客户很多都是被低价商品吸引过来的，这些客户的购买行为都是由优惠券或者补贴驱动的，持续的补贴可能会产生多次购买行为，但补贴停止后，他们可能就不会再产生购买行为了。首先，这种靠纯补贴驱动的客户购买转化是不可持续的，补贴的刺激作用会随着时间的推移而减弱；其次，这种方式带来的销售额增长更多的是虚假增长，背后的成本也比较高。

从上面的分析来看，如果只是考量单次购买，或者新客户转化是利益驱动的，那么成本就会持续上升，效果却是持续减弱的。想要让客户产生持续的购买行为，那么提高客户对商品的使用黏性和信任度就很关键。所以，要想提升客户的重复购买率，网店在商品设计和运营上就需要多花心思。

1. 复购率的计算方式

重复购买率有两种计算方法：

第一种是对于所有购买过产品的顾客，以每个人为独立单位计算重复购买产品的比率，例如，有10个客户购买了产品，其中5个又产生了重复购买，则重复购买率为50%；

第二种是按交易次数计算，即计算单位时间内重复购买交易次数与总交易次数的比值。例如，某网店某月内一共产生了100笔交易，其中有20个人有了二次购买，这20人中的10个人又有了三次购买，则重复购买次数为30次，重复购买率为30%。

一般网店都采用第一种计算方式。从计算方式里面也可以看出，如果复购率高，单个用户对产品的贡献度也就高，这也说明复购率指标对网店的发展是很重要的。

2. 提升重复购买率的策略和方法

从产品设计的角度出发，现在越来越提倡"大产品"的概念，其公式为：大产品＝内容＋产品＋服务。这里的"内容"是指售卖或提供服务的对象，如电商产品里的商品、教育类产品里面的课程等都算是内容；"产品"是指"功能＋体验"；"服务"是指售前、售中、售后环节所提供的各种服务。从"大产品"的角度去考虑提升重复购买率，以下六点比较关键：

（1）内容品质是口碑产生的关键。任何形式的商品售卖，到了售后环节都是要考验内容品质的。网店卖的商品好，买家下次可能还会继续来买；网店卖的商品不好，买家不但可能要把这次购买的商品退掉，下次也不会再来购买。很多主打让利去吸引新客户的商品，为了降低成本，拿出一些残次品、临期商品或尾货商品来售卖，其实反而在最初的时候就使用户失去了对网店的信任。

另外，要提高复购率，网店要理解复购并不是指对同一款商品的重复购买，而是基于对品牌、平台的重复购买。因此，商品品类的丰富度也是很重要的一个方面，对单一品类提高复购率是很难的，特别是低频次消费的商品。

（2）商品的功能体验是基础。线上下单购买流程经过几年的发展和优化，已经基本上比较顺畅。例如，网店正常的商品检索、商品详情、下单购买流程、支付流程、配送过程等，每个业务模块都会影响用户的消费体验。只有各个环节都做好了，才能从根本上保障产品的使用体验。

（3）会员体系的打造。很多网店做到一定规模之后，都会开始搭建自己的会员体系，这样做一是为了丰富会员的服务，二是为了提升会员的黏性。常见的做法如建设会员等级体系、进行会员尊享活动、实施积分换购、建设会员成长体系等。

其中，"会员卡"模式在传统线下业务场景中很常见，是一种很好的现金流获取方式。现在有很多网店将其应用到线上，如京东的PLUS会员机制，支付一定的会员费就可以享受固定周期内的购买优惠，而且这种优惠是立减的，对于客户的吸引力较强。而且买家办了这种线上会员卡后，基本上等同于做了一个消费绑定，只要京东有的商品，他们可能就不会选择去其他平台购买了，除非商品的价差很大。

（4）大数据分析。精准化推荐是网店常用的一种大数据应用方式，它根据用户的消费习惯和浏览行为去预测用户可能要购买的商品，从而在用户浏览的过程中，或者在定期向用户推送的内容中，加入类似商品的推荐营销内容。通过对最近7天在搜索结果列表页、商品分类列表页、商品收藏页、购物车中被用户看过、添加过或收藏过的商品进行分析，系统就能推测出客户对哪些商品产生了需求。

还有一种是预测洞察式的营销，基于用户过往购买的周期性行为，去预测用户将来同样的消费行为。例如，女性卫生用品购买的月度特性、婴儿奶粉购买的周期性、洗衣粉/洗衣液购买的周期性等。有了这样的周期规律，再加上一些定向优惠券、一些用户关怀，购买转化率或许就提升了。强调精准化推荐，对用户进行画像，主要是指对用户的消费行为进行分析和分类，有的放矢，延长用户的生命周期。

（5）做好售后回访。伴随着消费升级，客户购买的不仅仅是商品，还有服务，及时的售后回访会给客户带来良好的购物体验。当然，回访的次数也不能太频繁，通常以三次左右为宜。第一次，在客户收到商品后，引导客户添加客服小号或者关注品牌的官方公众号，回访的直接目的是帮助客户更好地了解商品（使用方法、注意事项等）；第二次，在客户使用商品一段时间后，可进行抽样有奖调研，交互的过程既可以提高客户黏性，也可以得到商品的反馈建议；第三次，在商品上新、营销活动期间，可通过短信或网络推送的形式告知客户，通过前面两次的铺垫再进行营销活动，客户的感觉就不会那么反感，这次交互的目的是转化，提升复购率。

对于这样通过零距离交互沉淀下来的客户，网店可顺势打造自己的社群。社群是相对稳定的流量入口，可以大到一个垂直的社交软件，也可以小到一个微信群。在这种分类明确、高黏性的圈子里，网店与客户可以沟通分享、共同成长。

（6）智能硬件的整合营销是趋势。随着智能硬件技术的发展，很多智能硬件可以和对应的软件设备进行绑定营销。例如，某些智能穿戴设备会与其对应的App或网上商城进行绑定。从某种意义上来说，这种场景为用户提供了便利，只是现在对用户使用习惯的培养还有待于时间的进一步检验。

3. 提升重复购买率需要注意的问题

一是购买周期，复购率的统计分析和统计周期关系很大，要结合所售卖商品的特性来综合考量，以约定是月度复购率、季度复购率，还是其他周期复购率。例如，零食的购买周期是比较短的，可以用月度复购率来统计。

二是品牌维度，对于平台来讲存在三类维度：第一类是商品自身的品牌；第二类是店铺品牌；第三类是平台品牌。例如，某平台商家售卖坚果类商品，在分析复购率的时候，可以考察该品牌商品的月度复购率，以分析这个品牌商品的用户喜好度；也可以分析商家本身的商品月度复购率，以分析商家的经营状况；还可以分析该电商平台的月度复购率，以分析平台自身的运营效果。

认识到上面两点以后，网店考量重复购买率时，就应该考虑以下因素：

（1）消费频次。消费频次对复购率的影响很大。不同品类商品的消费频次差异很大，如零食类商品客户可能一个月要消费好几次，但生日蛋糕客户有可能一年只消费一次。

（2）品类丰富度。提升品类丰富度也是很好的提高复购率的方法，因为品类扩充可以提升客户的满意度，从而影响复购率。

（3）运营阶段。不同的运营阶段对复购率的影响很大。在拉新阶段，最重要的是获取新客户，此时复购率必然是比较低的；在留存阶段，重要的是新老客户的转化，复购率会有所增长；在活跃和转化阶段，重要的是使客户向粉丝转化，复购率必然会因此而得到提升。

综上，要想提升复购率，商品自身的建设是关键，商品运营的方式是辅助。随着互联网的发展，网店的商品运营方式肯定会越来越丰富，但根本还是要依托于商品本身。网店要与时俱进，关注于业务本身，基于用户使用场景出发去考虑客户需求，深刻理解复购率的价值。只有这样，才能在正确的阶段做出提升复购率的正确决策。

5.3.3 客户维护

1. 网店客户维护现存的主要问题

（1）现有客户资源利用率低，客户信息分散。目前，网络购物平台的客户信息还没有被作为企业重要的战略资源进行保护，平台与卖家的关系还是不太密切。一般情况下，只有在发生交易纠纷时，网络购物平台才会介入解决问题。也就是说，在平台通过对卖家的交易行为进行适当的约束以保障消费者的利益时，彼此之间才会发生关系。大部分时候，除了这种约束关系，基本上是彼此独立的关系。

（2）缺乏为消费者专门建立的网络社区，沟通不到位。一般而言，只有先了解消费者的想法才能进而引导其购买行为的发生。打开网络购物平台，页面上显示出来的几乎全都是促销的信息，如打折、优惠等，接触的次数多了，就会给人呆板的感觉，容易使买家产生厌烦情绪甚至是抵触心理。

（3）商品配送环节薄弱导致客户满意度低。一般而言，买卖双方在地域上是分散的，除虚拟产品可通过网络数据传输送达消费者外，其他实物商品的配送基本依靠第三方的物流公司来完成。网店往往很难控制物流质量，无法监管售后服务流程，这也给网络诈骗提供了可乘之机。商品配送服务无法提升质量直接降低了消费者在网上购物的积极性，暗藏着丧失潜在客户和现有客户的危机。

2. 网店客户关系维护的解决措施

（1）树立全员"以顾客为中心"的管理理念。将网店视为平台的一个部分，使所有的网店以不断提升客户的价值作为平台的经营理念。向每个网店传输客户关系管理意识的重要性，使所有网店认可"以创造客户价值为中心"的客户管理模式，实现客户关系管理理念深入到每一个网店；鼓励网店做好客户信息的收集整理工作，并与顾客建立紧密联系，实现平台与网店之间、各网店之间客户信息资源的共享，确保客户关系管理的有效实施。

（2）建立利于沟通的网络社区。网络社区的设计应基于心理学的原理，平台要创造一种环境，让消费者在其中找到归属感，使他们感到自己是被理解的；努力把网络社区建设成为一个认同平台价值观并热爱网络购物的这一类人群的交流中心，客户在这里可以畅所欲言，这样就可以收集到更加详细的客户信息，有利于实施客户关系管理，通过网络社区与顾客一起打造品牌。

（3）整合资源。平台要实现对客户的有效管理，必须整合各种资源。首先，将客户关系管理与业务流程进行整合。客户关系管理的实施几乎涉及企业的所有部门，与业务流程的优化整合必然能加快和促进客户关系管理的实施。优化现有业务流程，关键是打破现有的影响快速处理各种交易信息的边界，使信息的传递模式向层次更少、更加扁平的趋向整合。

其次，将客户关系管理与供应链管理集成，使客户关系管理形成一个闭环，客户信息在整个供应链之间实现共享，使得企业能更好地了解客户需求，掌握客户需求的变化，并通过供应链节点企业之间的配合最大程度地满足客户需求。

最后，将平台、网店与物流企业的资源进行整合，加强与各物流企业、邮政系统、货运系统及专业的快递公司合作，将现有资源整合成一个覆盖率广、性价比高的物流网络。在拥有强大辐射力的城市建设大型中转站或构建共享的"虚拟仓库"，利用邮政或其他运输系统送达商品，这样做既可以体现网络购物的零距离优势，提供售后服务，又可有效地减少网络欺诈和客户流失。

在整合资源的基础上，建立完整的客户资料管理中心的过程如图5-2所示。

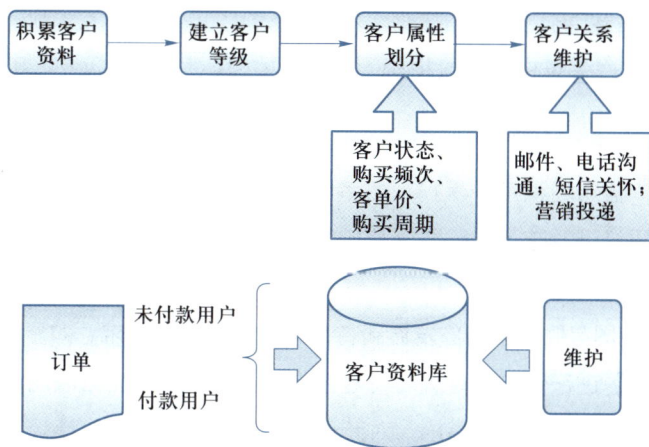

图5-2 建立完整的客户资料管理中心的过程

（4）正确处理客户抱怨。

① 提供多种易于抱怨的渠道，让客户"易于抱怨"。例如，设定"抱怨信箱""特别抱怨电话号码"或"抱怨社交媒体账号"，并以最快的速度回应这些抱怨，以免抱怨升级。从各个渠道收集到的客户抱怨必须一一记录到数据库，为营销和客服提供借鉴。

② 对不同程度的抱怨区别对待。根据客户抱怨的情感投入程度，对抱怨进行分类，确定客户抱怨处理等级，交由相应的处理人员解决。

③ 通过一系列的补偿手段来弥补客户抱怨。在客户抱怨基本解决之后，应对客户做出一定补偿，如寄补偿物品、发抱歉信、产品退换等业务活动，并对有过抱怨的客户做必要的跟踪等后续工作。

（5）打造更规范、更有信用的购物环境。

① 商家管理原则。平台要提高进入门槛，要求产品质量得到保证。平台的商家管理原则是以契约合同约定合法经营和承担企业责任的保证。平台应该严格完善准入程序，只有把不符合要求的商家拒之门外，才能营造一个诚实、安全、健康的经营环境；在现阶段，平台应该严厉打击违规商家，维护遵守规则经营的商家的权利，维护消费者权利，提高商家网上开店的门槛，完善各项规章制度，提高商家的经营管理能力，严厉打击假货和欺诈行为。

② 进行消费者投诉监督。平台应该正确对待网络消费者的投诉，设立专门的投诉部门，优化市场调查程序；还可以设立网上调查平台，收集消费者意见，及时了解客户需求，并了解客户虽不满意但不投诉的原因。

网商须担当
《互联网广告管理办法》出台

为切实维护广告市场秩序，保护消费者合法权益，推动互联网广告业持续健康发展，国家市场监管总局修订发布了《互联网广告管理办法》（以下简称《办法》），于2023年5月1日起施行。

《办法》适应我国互联网广告业发展新特点、新趋势、新要求，对原先施行的《互联网广告管理暂行办法》进行修改完善，创新监管规则，进一步细化互联网广告相关经营主体责任，明确行为规范，强化监管措施，对新形势下维护互联网广告市场秩序，助力数字经济规范健康持续发展具有重要意义。

《办法》进一步明确了广告主、互联网广告经营者和发布者、互联网信息服务提供者的责任；积极回应社会关切，对人民群众反映集中的弹出广告、开屏广告、利用智能设备发布广告等行为作出规范；细化了"软文广告"、含有链接的互联网广告、竞价排名广告、以算法推荐方式发布的广告、利用互联网直播发布的广告、变相发布须经审查的广告等重点领域的广告监管规则；新增了广告代言人的管辖规定，为加强互联网广告监管执法提供了重要制度保障，也为互联网广告业规范有序发展赋予了新动能。

练就"10分"客服

在网店交易过程中，买家仅能通过图文、视频等信息了解商品或服务。看不到实物，给人感觉就比较模糊，为了促成交易，网店客户服务人员就扮演着"将产品在虚幻中为客户描述清楚""将对客户的关心、关爱在虚幻中向客户传达清楚"的重要角色。因此，网店的沟通交流技巧越发显得重要。网店要快速培养客户服务人员的五大技能：促成客户成交、提高客单价、引导客户及时收货及好评、维护店铺权益、激发客户再次购买。

网店客户服务实训软件采用机器人模拟买家，学员通过在线即时聊天工具完成多类目商品售前、售中、售后服务，针对客户服务过程中的规定话术采用软件自动评分，针对服务水平采用人工评分；学员还可以利用实训软件编辑快捷回复话术提高响应速度，多窗口操作，同时服务多个客户。

一、软件模拟买家咨询

软件模拟买家咨询的界面如图5-3所示。

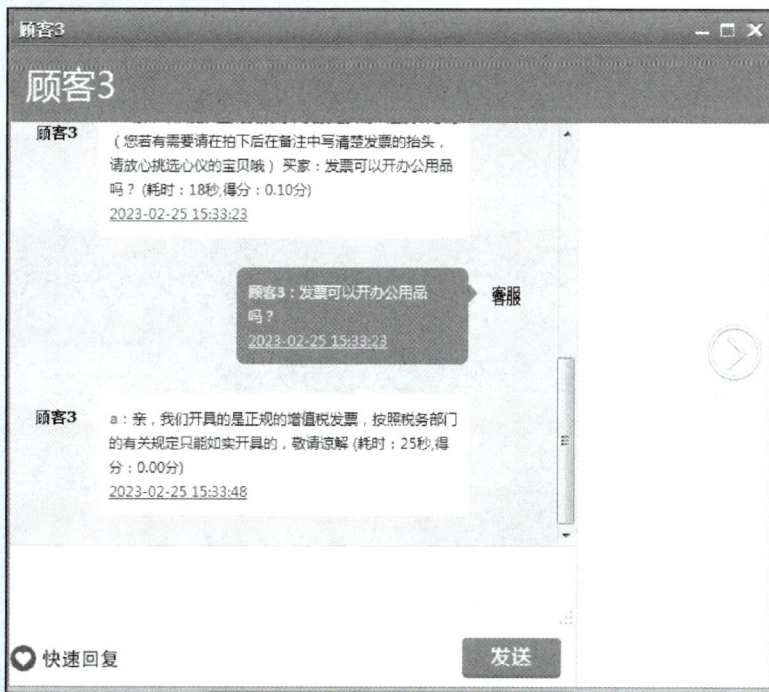

图5-3 软件模拟买家咨询

二、快捷回复设置

（1）买家所问的问题很多都是相同或相似的，学员需要把买家常问的问题的答案形成标准话术，设置到快捷回复中，成倍提升工作效率。

（2）一些常用的话术也需要被设置到快捷回复短语中，比如买家拍下后催买家付款的话术、买家付完款后跟买家确认收货地址的话术。快捷回复设置如图5-4所示。

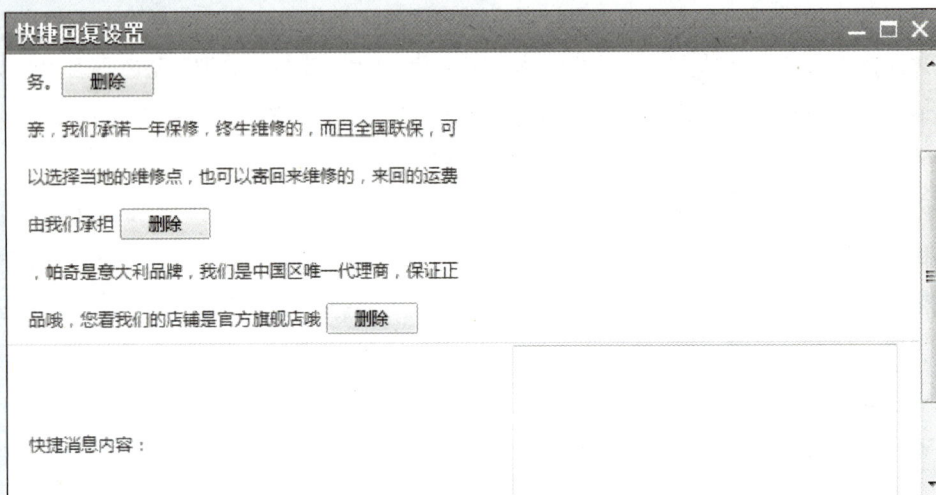

图5-4　快捷回复设置

三、多窗口并行操作

多窗口并行操作的界面如图5-5所示。

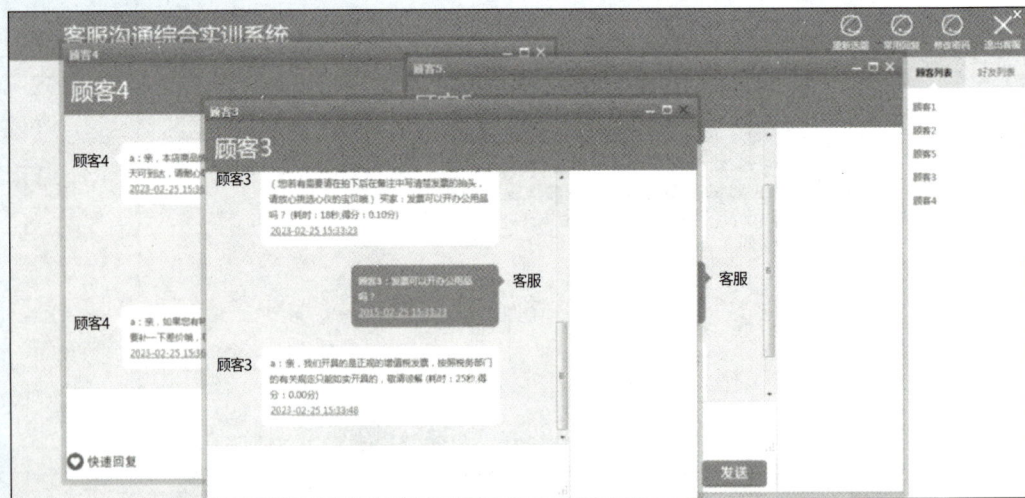

图5-5　多窗口并行操作

四、规定话术软件自动评分

规定话术软件自动评分的界面如图5-6所示。

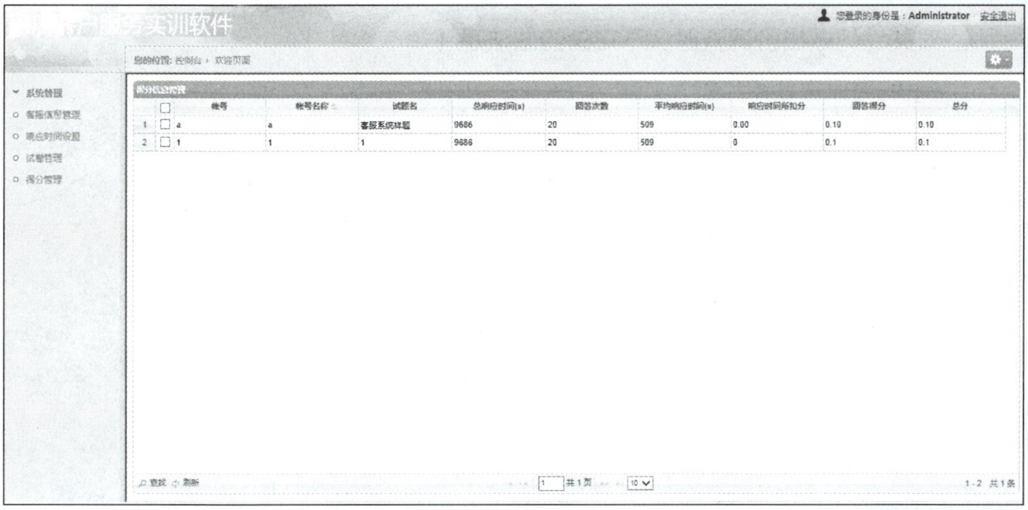

图5-6 规定话术软件自动评分

知识与技能训练

一、单选题

1. 某店铺今天通过搜索获得的访客量为50人，通过直通车获得的访客量为80人，一共成交了13笔，那么店铺今天的转化率为（　　　）。

    A. 10%   B. 2%

    C. 16%   D. 5%

2. 维护顾客评价的时间是交易成功的（　　　）天内。

    A. 7   B. 15

    C. 30   D. 180

3. 在进行网络购物时，经济型消费者更看中的是（　　　）。

A. 便宜的价格 B. 附加价值

C. 商品性价比 D. 品牌实力

4. 对关键词做出价调整时，不正确的做法是（   ）。

A. 根据流量修改出价

B. 根据转化率修改出价

C. 减少无用花费，全面提高转化率

D. 随意提高付费关键词价格

5. 关键词出价直接影响排名，付费关键词的扣费原理是（   ）。

A. 按照展现量 B. 按照展现时长

C. 按照佣金比例 D. 按照点击扣费

二、多选题

1. 网店考量重复购买率，应考虑（   ）。

A. 消费频次 B. 品类丰富度

C. 运营阶段 D. 物流服务

2. 一般来说，网店客服与客户在线沟通的中心内容往往是（   ）。

A. 发货问题 B. 包装方式

C. 砍价 D. 发货时间

3. "大产品" 的概念一般包含以下（   ）方面。

A. 内容 B. 产品

C. 服务 D. 支付

4. 网店客户维护现存的主要问题包括（   ）。

A. 现有客户资源利用率低，客户信息分散

B. 缺乏为消费者专门建立的网络社区，沟通不到位

C. 商品配送环节弱导致客户满意度低

D. 客户虽不满意但不投诉

5. 网店客户关系维护的解决措施主要有以下（   ）方面。

A. 树立全员"以顾客为中心"的管理理念

B. 建立利于沟通的网络社区

C. 整合资源

D. 正确处理客户抱怨，打造更规范、更有信用的购物环境

三、技能训练

以自己经营的网店或其他企业的网店为例，分析网店转化率情况，找出现在存在的问题，并提出后期改进建议，将上述内容填写在表5-1中。

表5-1 网店转化率因素分析

分析对象	具体内容
店铺名称	
转化率（近30天）	
SKU数	
影响转化率的因素分析	
后期改进建议	

模块六
物流管理与售后服务

))仓储与配送

))物流方式与物流管理软件

))售后服务

素养目标

- 树立学生对物流、售后岗位的爱岗敬业精神，培养学生的协作意识
- 培养绿色物流意识，推动绿色电商发展，树立可持续发展理念

知识目标

- 理解仓储管理和配送管理内涵
- 了解常见的第三方物流的形式和特点
- 掌握常见退换货处理方法

技能目标

- 能够运用仓储管理和配送管理的知识对网店仓储配送活动进行管理
- 能够根据物流方式影响因素选择合适的物流
- 能够进行物流模板的设置，并根据不同情况处理物流异常

思维导图

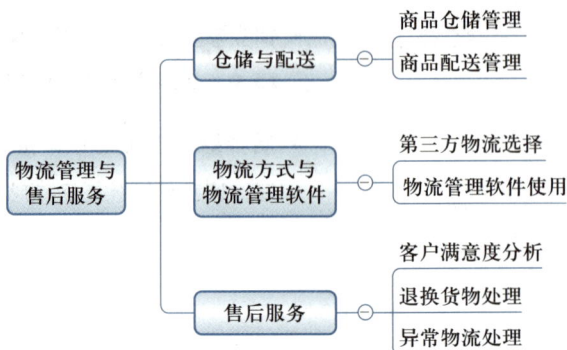

导入案例
中国电商物流行业发展现状趋势分析

一、中国电商物流流程分析：不仅仅局限于简单的运输和配送

电商物流是指根据电子商务的特点对整个物流配送体系实行统一的信息管理和调度，为电子商务企业提供服务，按照用户的订货要求，在物流基地进行理货工作，并将配好的货物交送收货人。电商物流主要包括前端服务与后端服务的集成。前端服务包括咨询服务、网络设计/管理、客户集成方案实施等；后端服务包括订单管理、仓储与分拣、运输与支付、退货管理、客户服务以及数据管理与分析等。

目前，我国电商物流不再仅仅局限于简单的仓储、运输与配送，而是通过构建新型的物流配送中心等模式提供供应链管理整体解决方案。新型物流配送中心使网络对物流配送的实施控制代替了传统的物流配送管理程序，不仅大幅缩短了物流配送的流程，而且极大地简化了物流配送的过程。

二、电商行业发展迅速，电商物流市场规模快速增长

近年来，随着计算机和网络技术的快速普及和发展，中国电子商务迅速崛起。数据显示，2022年中国电子商务网上零售额为13.79万亿元。电商的快速发展带来了巨大的物流运输和配送需求，据国家邮政局统计，2022年中国快递业务量达到1 105.8亿件，业务收入为1.06万亿元。在全国快件总量中，电商快递的占比非常高，达到60%以上。而在主要民营快递公司的业务中，电商订单占比甚至超过八成。电子商务成为推动我国快递业务发展的主要力量。

未来，随着新零售的深入发展，线下零售价值不断凸显，数字经济与实体经济深度融合将成为大势所趋。这将给电商物流提供难得的发展机会，未来我国电商物流的发展空间非常可观。

思考：网店为提升物流配送效率，应采取哪些措施？

6.1 仓储与配送

6.1.1 商品仓储管理

1. 仓储管理的定义

在国家标准《物流术语》（GB/T18354-2021）中，仓储管理的定义是："对仓储及相关作业进行的计划、组织、协调与控制。"其目的是利用仓库资源，整合商品信息，方便企业疏通整个供应链管理。网店的仓储管理包括对自家仓库的盘点、进货、仓库商务流程、仓库作业管理、安全保护管理等工作。而对于应用第三方仓储的网店来说，仓储管理就是要做好与第三方仓储的沟通配合、信息核对、库存盘算等操作。

2. 仓储管理的内容

在网店仓储管理过程中，需要遵循一些普适性的原则。对于网店来说，不论其店铺经验规模多大，都要基于商品的特性来规划商品的位置和出库次序。具体而言，要做好以下工作：

（1）商品定位管理。商品定位管理就是将不同的商品分类、分区安排货架摆放，登记商品信息。仓库要合理设置功能分区，比如：集中存放区，用来整箱整包地囤货；零散摆放区，就是专门为单独少量的商品存放的位置，便于仓管人员及时找到它们；退货商品区，就是商品退换集中摆放的区域，还可以细分为退换货待处理区和已处理区。

（2）配备全区线路图，贴在显眼的位置，以方便工作人员查找商品。仓库货架陈列要配备货品的"三码"：商品码、货架码和区位码。网店仓管要为配货人员配备手持终端等设备，将商品陈列信息自动录入，便于翻找，为以后取货节约时间。

（3）保证一定的仓库室内温度和湿度。要营造防霉防潮、干燥通风、无尘整洁的优良环境。针对不同的季节变化，也要及时调整温度、湿度。

（4）保障基本安全设施。为确保企业资产安全，仓库要符合防水防火的设施，此外，还要做好防盗措施，安装监控及自动报警系统等。

（5）做好商品和人员进出库登记工作。这样做不仅能够及时掌握商品库存动态，也能明确管理责任。

（6）运用电商管理软件来辅助仓库的管理。这些软件能够对仓库进行高效管理，不仅能够编排处理商品信息，方便仓库人员快速找货、配货、发货，还能够对网店库存实时监控更新，一旦仓库库存量减少到设定值时，就会提前报警，提醒仓库人员及时补货。

大赛直通车

库存管理

动画：库存管理

在电子商务技能大赛系统中，点击“辅助工具—库存管理”，可以查看各类商品的库存数量、平均进价和总成本（见图6-1）；点击“库存调拨”，在分仓的情况下可以进行商品调拨；点击“经营分析—未交货订单统计”，可以查看各类商品的未交货情况，结合库存商品数量信息以及店铺经营状态，用以辅助决策下一期的商品采购和运营策略。

库存调拨　配送中心信息　订单统计

	商品	库存城市	库存数量	平均进价	总成本
1	床	石家庄	5	9.20	46.00
2	桌子	石家庄	15	13.44	201.60
3	油烟机	石家庄	15	7.00	104.86
4	项链	石家庄	14	19.68	275.52
5	裤子	石家庄	95	1.89	180.42

图6-1　库存管理

3. 仓储数量决策

仓储管理中的一个基本问题是仓库数量决策，也就是采用集中存储策略还是分散存储策略的问题。影响存储策略的一个重要因素是成本，图6-2显示了仓库数量与成本的关系。

如图6-2所示，运输成本随仓库数量的增加而降低，这是因为尽管集中存储可以提升整车利用率，但是分散存储可以让仓库离用户更近，从而降低运输成本；销售损失成本随仓库数量的增加而降低，这是因为仓库数量多，商品可以就近出库，缩短配送时间，减少退货；仓储成本随仓库数量的增加而增加，主要原因是仓储仓库的保养、办公室等各类机构等的管理成本随仓库数量的增加而增加；库存成本随着仓库数量的增加而增加，这是因为多个仓库中都存有一定量的低流动性商品，并且安全库存成本也会随仓库数量的增加而增加。总体来说，库存总成本与仓库数量之间的关系形成了一条U形曲线。表6-1总结了一些影响仓储数量决策策略的因素，网店运营者应结合库存成本进行综合决策。

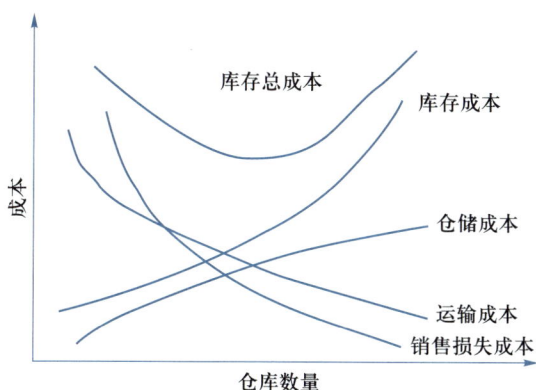

图6-2 仓库数量与成本的关系

表6-1 影响仓库数量决策策略的因素

因素	集中化	分散化
可替代性	低	高
货物价值	高	低
购买规模	大	小
特殊仓储要求	有	无
产品线	多样	有限
客户服务	低	高

6.1.2 商品配送管理

电子商务物流中的商品配送管理是指物流配送企业采用网络化的计算机技术和现代化的硬件设备、软件系统及先进的管理手段，针对社会需求，严格地、守信用地按客户的订货要求，进行一系列分类、编码、整理、配货等理货工作，定时、定点、定量地将商品送达各类客户，满足其对商品的需求。网店配送工作从处理客户的订单开始，一般来说，网店正常订单处理流程如图6-3所示。

1. 配送服务的构成要素

配送服务的构成要素有以下三个：

（1）备货保证。所谓备货保证，就是指配送中心要拥有客户所需的商品，否则会让客户产生失望的情绪。备货保证的考核指标是在库服务率，即商品符合和满足顾客要求的比率。

（2）品质保证。所谓品质保证，就是指配送的商品要达到客户所希望的质量要求，不能将过期的、有质量问题和有瑕疵的货物送给客户,否则会引起客户的不满和投诉。

在配送过程中,货物的物理损伤、仓储损伤、运输损伤、错误配送等问题几乎每天都在发生,配送中心要做好问题预案,把客户需要的商品准备充足,把客户不需要的商品的数量减少到最低限度。

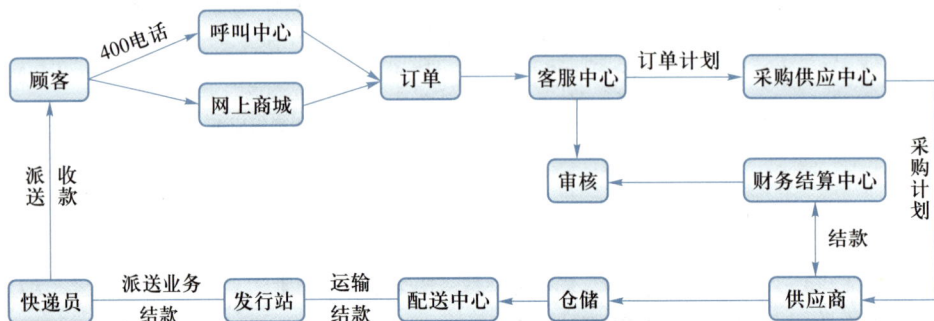

图6-3 网店正常订单处理流程

(3)运输保证。所谓运输保证,就是指物流企业要在客户希望的时间内把货物配送到客户手中。订货截止日期、进货周期、订货单位、订货频率等都是衡量配送中心运输效率的指标。

2. 配送服务质量要求

(1)产品可得性。产品可得性是配送服务最常见的度量指标,其衡量标准是可得产品百分比。

(2)备货时间。备货时间是指客户下单之后,配送中心完成备货需要的时间。

(3)配送系统信息。配送中心要关注配送信息系统对客户需求信息反应的及时性与准确性。

(4)配送系统的纠错能力。当数据出现错误时,配送中心要有应急方案,争取把损失降到最低。该项指标的衡量标准是应答与恢复的时间,这个时间越短,说明系统的纠错能力越强。

(5)配送服务后的支持。配送服务后的支持就是指售后服务,衡量指标是应答时间与应答质量。

3. 配送服务质量常见的问题及对策

(1)配送速度慢。对于配送速度不能达到客户要求的问题,改进方法有:第一,重新拟定送货路线,选择时间较短的路线;第二,调整配送作业流程,对着急的客户可以先配送,对不着急的客户后配送;第三,考虑共同配送,即把几个客户的货物集中在一起配送。

(2)配送不准时。要想提高送货的准时性,有以下几种方法:

第一，制定合理的配送管理规章制度和作业规范并严格执行；第二，测算配送所需要的时间，提前做好准备；第三，加强人员业务培训，提高员工素质，这也是提高客户满意度的一种方法；第四，调整商品品种，适当增加经常缺货的商品的库存量。库存过多会造成浪费，配送中心要减少库存，但也要把握好度，要保证畅销商品有充足的库存。

（3）与客户缺乏有效沟通。配送中心有时缺乏与客户沟通的途径，为了解决这个问题，提高客户的满意度，应做到在店铺中公开多种客服方式及投诉处理程序，加强人员管理。这样就能把客户的意见和建议及时反馈到配送中心，也能把配送中心掌握的情况及时告知客户，减少误会的发生率，提升客户满意度。

（4）出现商品质量问题。在配送物品的过程中，有时会出现商品质量问题，对于这种情况，解决途径主要有以下几种：第一，严格制定配送系统的岗位责任制，保证每个环节的工作质量都能达标；第二，对工作人员进行业务培训，提高其工作能力；第三，对配送物品进行严格检查，以保证其适宜及准确配送。

电商最前线
智慧配送打通快递"最后一公里"

自主识别红绿灯、主动避让行人、保持靠右行驶……一辆外形特别的快递车满载货物从京东快递南宁金桥营业部出发，在行驶1.7公里左右后抵达目的地小区。这辆京东物流智能快递车是2022年南宁市交通强市试点项目之一，目前已圆满完成年度目标任务，为市民提供"最后一公里"基础运力服务。

在京东快递南宁金桥营业部，快递小哥将快递扫码录入信息后放入智能快递车的快递柜，再输入目的地，智能快递车就出发了。一路跟随这辆智能快递车，可以看到车辆始终在非机动车道靠右平稳行驶，遇到行人、车辆准确识别后及时避让，最后在小区大门前缓缓停住。不少市民陆续前来取件，市民丁先生在车身上的屏幕输入取件码后打开快递柜柜门，顺利取走快递。在智能快递车到达目的地前，他就收到了提醒短信。智能快递车送货及时，取件操作简便，无人配送非常安全。

2022年10月底，京东物流在南宁兴宁区金桥营业部投入2台京东物流智能快递车开展试运营，可根据社区需求随时配送，全天候运营。智能快递车每次可搭载约200公斤货物，续航里程达100公里，集成了高精度定位、融合感知、行为预测等十大核心技术，实现了L4级别的自动驾驶。

据介绍，京东物流还将探索短途接驳模式，对于一些路途较远的送货片区，先由智能快递车将货物短驳到快递小哥身边，再由快递小哥送货上门。这种人车结合的模式提高了快递小哥的配送效率，也减轻了他们的工作强度，让快递小哥可以把更多时间投入到上门揽派、服务用户上，获得更多经济收益。

　　该试点项目得到了政府相关部门的大力支持和帮助。2个月的试运营让试点区域内的市民体验到了提前预约投递、准点配送上门、自主扫码取件等的便利性，智能快递车还能进一步减少人与人面对面接触，向市民提供更安全的服务。党的二十大报告提出："加快发展物联网，建设高效顺畅的物流体系，降低物流成本。"目前，物流配送已经进入以自动化、数字化和智能化为主要特点的阶段。今后，京东物流将根据情况扩展配送区域，继续加大投放力度，让更多社区居民享受到智慧配送带来的便捷服务。

　　（资料来源：南宁日报，有改写）

6.2　物流方式与物流管理软件

6.2.1　物流方式选择

　　物流方式选择主要是指电子商务企业选择自建物流还是第三方物流。对于大部分网店而言，后者更为适宜。

　　1. 第三方物流的定义

　　国家标准《物流术语》（GB/T18354-2021）将第三方物流定义为"由独立于物流服务供需双方以外且以物流服务为主营业务的组织提供物流服务的模式"。这是一个广义的行业定义，其业务功能包括运输、储存、装卸、搬运、包装、流通加工、配送、信息处理等方面。狭义的现代第三方物流企业，是指从事这一物流行业的经营实体。现代第三方物流业不是传统运输业的延续，而是一个新型的跨行业、跨部门、跨区域、渗透性强的复合性产业，是传统自营物流之外新的物流形式。

　　2. 第三方物流的特征

　　（1）关系契约化。物流经营者与物流消费者之间业务关系的规范，物流联盟参加者之间责权利的划分，都是通过契约的形式来实现的。

　　（2）服务差异化。对于第三方物流企业而言，一方面要根据不同物流消费者的消费需求提供不同的物流服务和增值服务；另一方面也要根据市场竞争的需要形成自身服务特色。

　　（3）信息网络化。信息化是第三方物流的基础，信息技术的应用程度直接影响着物流的效率和效益。

　　（4）功能专业化。从物流设计、物流操作过程、物流技术工具、物流设施到物流管理，必须体现专门化和专业水平，这既是消费者的需要，也是第三方物流自身发展的基本要求。

（5）管理系统化。第三方物流需要建立现代物流管理系统才能满足运行和发展的基本要求。

3. 第三方物流的优势

对于电子商务企业来说，可以根据表6-2显示的因素来考虑到底是采用自建物流还是采用第三方物流。

表6-2　自建物流与第三方物流对比

战略关键	类型	自建物流	第三方物流
企业规模或实力	大	√	
	小		√
物流对企业成功的影响度	强		√
	弱	√	
企业对物流的控制力	强	√	
	弱		√
企业对物流的管理能力	强	√	
	弱		
产品自身特点	食品类产品		√
	市场或地域跨度大的产品		√
	技术性强的物流服务		√
	产品规格统一的产品		√
物流系统总成本	高		√
	低	√	

与自建物流相比，第三方物流具有以下明显的优越性：

（1）能够让企业将精力集中于核心业务，提高核心竞争力。由于任何企业的资源都是有限的，很难成为业务上面面俱到的专家，而要想在激烈竞争的市场中占据一席之地，企业必须学会整合资源，借助第三方物流的专业化优势增强企业核心竞争力。

（2）提高企业物流效率。对于大部分企业来说，物流并不是自己最擅长的业务，在管理经验、专业技术、人力资源方面十分缺乏，而且物流的作用也只能通过规模表现出来，单独一个企业的物流量非常有限，物流效率难以提高。而第三方物流企业可以利用自己庞大的配送网络、专业化的物流技术和业务管理，达到提高物流效率的目的。

（3）减少企业固定资产投资。对于自建物流，企业需要投入巨额资金用于改造或新建仓库、购买物流基础设备、建设信息系统等，这对于中小企业来说是个沉重的负担。而使用第三方物流企业，不仅可以减少设施设备的投资，还减少了仓库和车辆方面的资金占用，加速了资本周转，为企业创造更多的机会。

（4）提升企业形象。第三方物流供应商与电商企业之间的关系，不是竞争对手，而是战略伙伴。第三方物流企业通过"量体裁衣"式的设计，以及灵活多样的增值服务，能为电商企业创造更多价值，协助企业树立良好的品牌形象，使企业在同行业竞争中脱颖而出。

4. 第三方物流的选择

对于一般的网店来说，在物流方面通常会采用以快递公司为主的第三方物流。那么，在众多的第三方物流企业中，网店运营者应该如何选择？一般来说，网店在选择合作的第三方企业时，可以从以下几个因素考虑：

（1）物流费用。对于一个店铺来说，如果物流费用较低，将给网店省下一笔不小的开支，特别是新开店的卖家。但是不要一味追求价格低廉，也要综合考虑诚信、安全等因素。另外，由于不同的物流方式在送达时间上存在差异，因此会影响到货物的签收时间，进而影响店铺的资金回笼和用户满意度，网店要在选择物流方式时，在物流成本、现金流、用户满意度之间做出平衡。

（2）公司规模和配送速度。在选择快递公司的时候，还要注意考虑规模问题，有些快递公司规模小，配送速度慢，如果同这样的快递公司合作，很容易造成快件被延误，直接影响网店效益。网店需要了解快递公司的规模、业务、所覆盖的服务范围，了解得越仔细，对以后的工作越有好处。

（3）人员素质和服务态度。第一，诚信。网店一定要了解该快递公司的信誉，也可从快递公司现有的客户处了解它们的服务质量。如果选择一家信誉不好的公司合作，很容易在送快件过程中出现纰漏，到时公司和业务就会双重受损。如果快递费是按月结算的话，信誉就更重要了，信誉好的快递公司可以保证按劳索酬，不会出现虚报的情况。如果可能，应优先选用月结的方式，这样既可享受快递公司优质的服务，也有利于店铺现金的周转。

第二，人员素质。在考虑了快递公司的各种硬件设施之后，也要注意快递员的个人素质，因为快件是需要快递员直接经手的，如果快递员的个人素质不高，或者有道德问题，那很可能导致贵重物品、钱财的丢失等问题。

第三，服务能力。快递公司提供的服务要有时效性，很多快件要求在非常短的时间里送到客户方，此时非常考验快递公司的服务能力。在选择一家快递公司长期合作之前，要多考察几家快递公司的服务能力。

（4）投递范围。要特别注意快递公司的投递范围，在发货之前网店方务必确认清楚，特别是对于偏僻的地方，以防止快递公司的覆盖范围达不到。如果客户的收货地址不在快递公司的覆盖范围之内，就会造成物流费用增加、快递时间过长、商品损坏，甚至用户不满意而退货等问题。

（5）投递准确率。送货过程中难免会出现差错，关键是看投递的准确率有多高，以及事故出现后是如何处理的。快递重在短时高效，如果快件被耽搁，业务受影响，或快件被损坏、丢失、送错，网店就不好向客户交代，特别是现在物流速度已成为影响客户体验的重要因素，而且投递准确率也影响着销售数量，因此快递的准时到达就显得尤为重要。

6.2.2 物流管理软件使用

在网店平台中，卖家需要进行物流设置后才可为买家发货，所涉及的内容包括服务商设置、运费模板设置、编辑地址库等，下面分别进行介绍。

1. 服务商设置

以淘宝为例，该平台提供了很多服务商，卖家可以选择自己常用的快递服务商并进行开通，其方法为登录淘宝卖家中心，在"物流管理"栏中单击"物流工具"超链接，进入物流工具管理中心，在该页面中可以查看和设置现在主流的物流服务商，如图6-4所示。

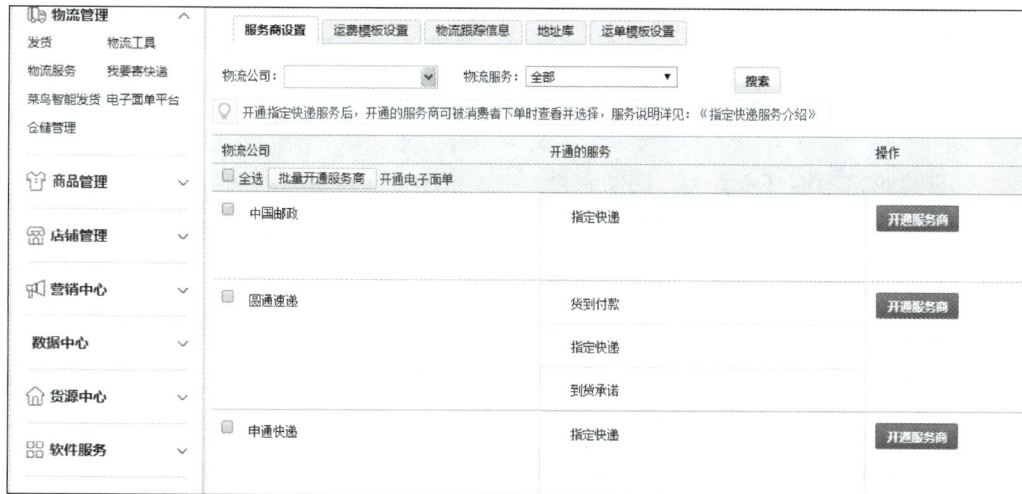

图6-4　服务商设置

2. 运费模板设置

单击"运费模板设置"选项卡，新增运费模板（见图6-5），即可根据需要设置运费模板，通常有自定义运费和卖家承担运费两种方式。

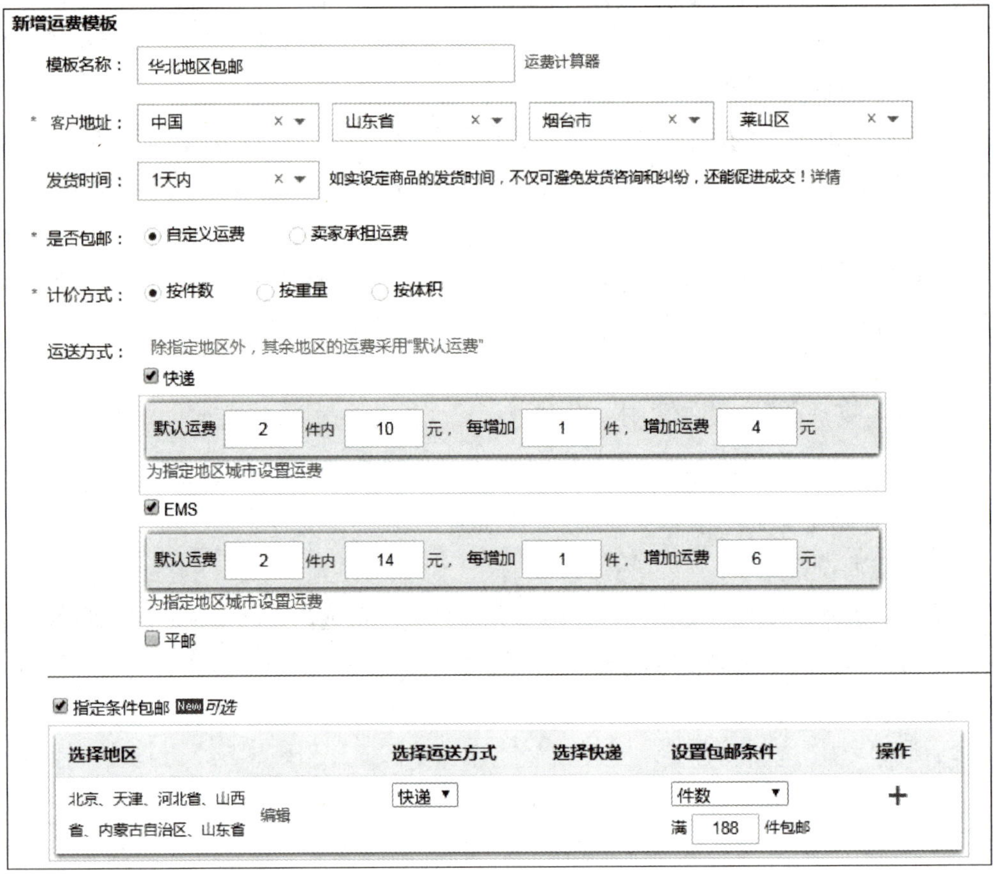

图6-5 运费模板设置

运费模板可根据计价方式、运送方式、运送范围进行设置，并利用运费计算器（见图6-6）计算不同快递公司的费用。例如，可设置华北地区满188元包邮。

3. 编辑地址库

地址库即卖家的地址，当需要发货或买家申请退货时，则需要卖家的地址。编辑地址库的方法为：登录淘宝卖家中心，在"物流管理"栏中单击"物流工具"超链接，进入物流工具管理中心，在右侧页面中单击"地址库"选项卡，在打开的页面中填写相关信息，如图6-7所示。

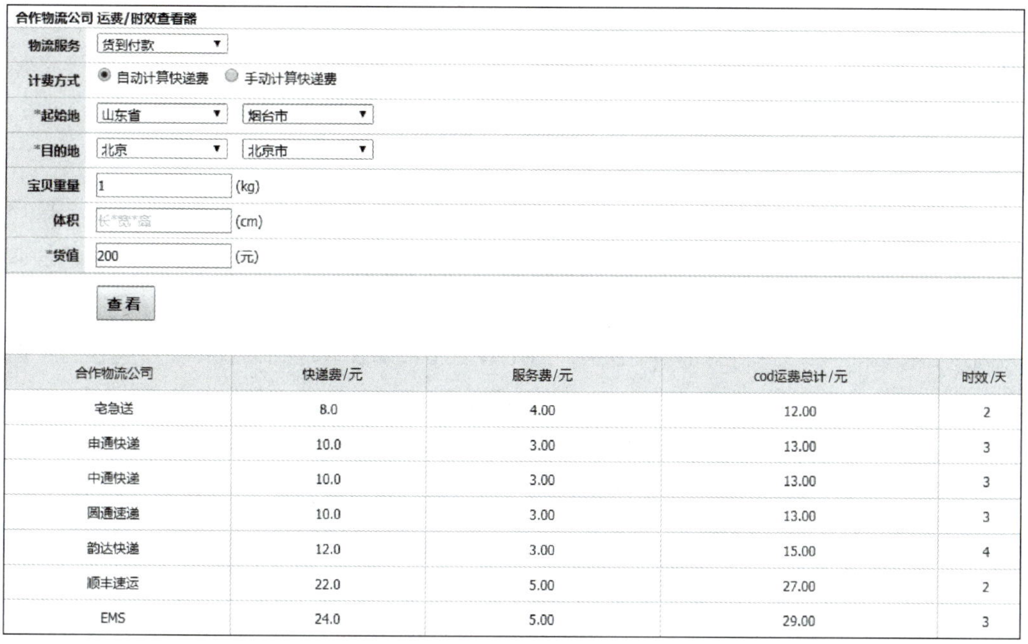

合作物流公司	快递费/元	服务费/元	cod运费总计/元	时效/天
宅急送	8.0	4.00	12.00	2
申通快递	10.0	3.00	13.00	3
中通快递	10.0	3.00	13.00	3
圆通速递	10.0	3.00	13.00	3
韵达快递	12.0	3.00	15.00	4
顺丰速运	22.0	5.00	27.00	2
EMS	24.0	5.00	29.00	3

图6-6　运费计算器

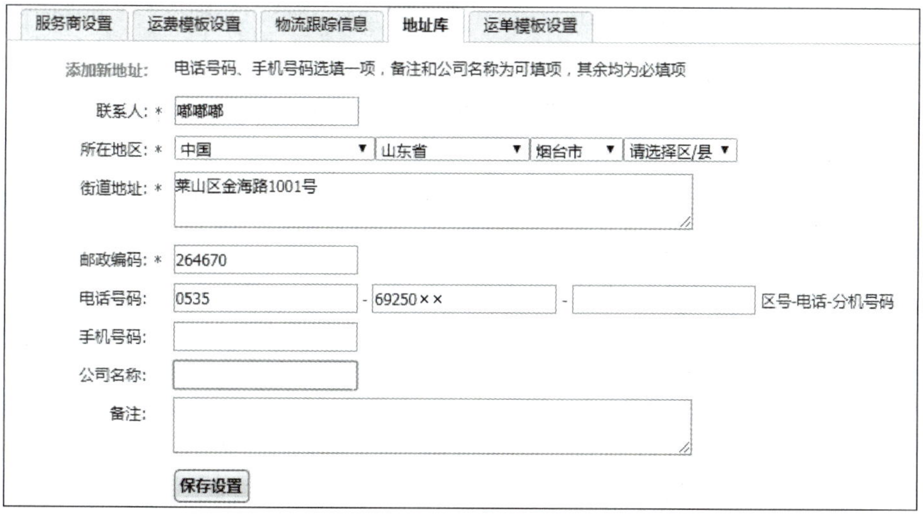

图6-7　编辑地址库

党的二十大报告明确提出："推动经济社会绿色化、低碳化是实现高质量发展的关键环节。"为了进一步推进行业绿色发展，引导快递企业、电商企业和广大消费者践行绿色快递理念，进一步促进快递包装减量化、绿色化、可循环化建设，逐步推动快递绿色发展，培树高效、和谐、持续、绿色的物流形象，四川省眉山市邮政管理局倡议——绿色快递，你我同行。

推进绿色消费方式。寄递快递时坚持适度包装，坚决抵制"里三层，外三层"带来的浪费和污染。避免暴力拆箱，将没有明显破损的纸箱交还快递员或放进快递包装回收装置中，以便快递员进行二次使用。主动使用二次利用的包装，提高回收利用率。

推动绿色电商发展。电商企业要树立减少快递垃圾的社会责任意识，切实履行自身职责。尽量使用可降解、可回收、易分解的环保材料进行包装、填充；避免使用多种廉价材料进行过度包装、避免因过度保护而进行"小物件大包装"，电商企业应在源头做好适度包装，并建立长效机制。

应用绿色环保包装。邮政快递企业要严格按照自2021年3月起施行的《邮件快件包装管理办法》的要求，按照《绿色产品评价快递封装用品》（GB/T 39084-2020）等相关国家标准实施绿色采购和包装。此外，要大力推广使用电子运单、"瘦身胶带"；减少重金属和特定物质超标封装胶带、塑料袋的使用量，力争所有电商快件不再二次包装；采用可循环、易回收包装物，推广使用循环中转袋、循环快递盒；在邮政快递网点设置包装废弃物回收装置。

6.3 售后服务

6.3.1 退换货物处理

在网络交易中，当买家购买商品后觉得商品不合适、商品质量有问题或者因其他原因提出退换货请求时，卖家需要根据具体原因与买家进行协调，目前，网店大都提供包退或包换服务。退换货的过程是卖家与买家协商交流的过程，是否能够得到好的解决在很大程度上取决于双方交流的态度。至于是退货还是更换，则需要根据实际情况来确定。例如，天猫适用退换货与否的商品情形分类如表6-3所示。对于退换货的买家，卖家应该以诚恳的态度面对，对于能够以换货解决的问题，应说服买家更换商品，尽量避免退款。因为更换商品，卖家依旧可以赚取利润，而如果退款，就没有任何利润了，有时卖家还要承担一定的快递费用。

表6-3　天猫适用退换货与否的商品情形分类

情形	类型
不适用七天无理由退换货的商品	一、定制类商品
	二、鲜活易腐类商品
	三、在线下载或者买家拆封的音像制品、计算机软件等数字化商品
	四、交付的报纸、期刊
	五、服务类商品
	六、拆封后影响人身安全或者生命健康的商品，或者拆封后易导致品质发生改变的商品
	七、一经激活或者试用后价值贬损较大的商品、商用商品，或者短期内价值频繁波动的商品
支持七天无理由退换货的商品	除上述类型外的其他商品

　　网店订单处理是一项细致且重要的工作，其关键是根据订单的不同状态在合适的时间完成正确的动作。除了要清楚正常的订单处理流程，更要重视退款、退货、换货等异常订单处理流程。对于日单量较少的网店，可以利用平台自带的订单处理功能完成日常订单处理；而对于日单量过百的网店，则通常需要借助更专业的网店管理软件完成订单处理。

1. 退换货的常见类型

　　买家退换货常见类型主要有以下三种：① 未确认收货前的退换货；② 买家已经确认收货并进行评价后的退换货；③ 由于物流原因造成的退换货。

　　对于买家购买后卖家还没有发货，买家申请退款的情况，因为只涉及退款，处理流程相对简单（见图6-8），这里不再赘述。

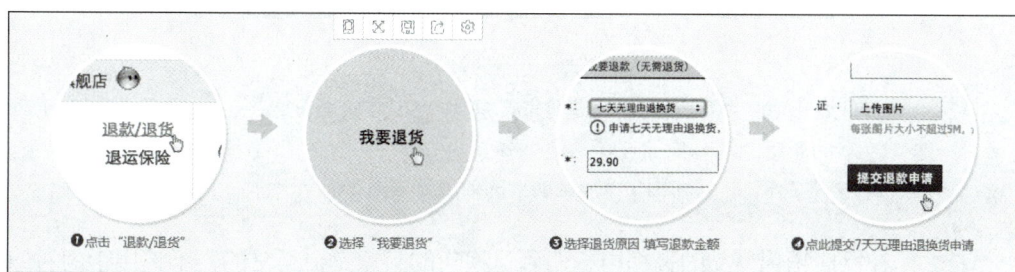

图6-8　天猫用户退货流程

2. 常见退换货处理方法

针对上述买家退换货的类型，处理退换货的常用方法有以下三种：

（1）未确认收货前的退换货。未确认收货前的退换货有两种情况：一是买家未收到货物、未确认收货，即卖家已经发货，买家还未收到货物时提出了退换货请求；二是买家已经收到货物但未确认收货，即已经收到快递公司送达的商品，但在网上还未确认收货时提出退换货请求。无论哪种情况，当买家提出请求后，客服都要认真询问买家申请退换货的具体原因，然后有针对性地消除买家的疑虑。如果买家态度坚决，则指导买家提出退换货申请，正确选择退换货原因，完成操作申请。若买家还未收到货物，则告诉买家在收快递环节选择拒绝签收或由卖家联系快递公司追回商品。若买家已收到货物，则告知买家寄回信息，让买家联系快递公司将商品寄回。卖家一定要在平台规定的时间内进入后台处理买家的退换货申请，尽可能给买家一个满意的回复。

（2）买家已经确认收货并进行评价后的退换货。这种情况是买家已经确认收货并评价，但商品在使用过程中（指定时间范围内）出现质量问题。对于这类情况，卖家需要具体分析并以良好的态度与买家协商解决。如果是商品自身原因，那么应当积极为买家退换货；如果是买家原因，那么可以向买家详细说明原因并进行协商，切不可因为已经收到货款而强硬拒绝买家的任何退换货请求。

（3）由于物流原因造成的退换货。物流公司在运输过程中造成商品的损坏或者污损是买家退换货的常见原因之一。如果责任属于物流公司，那么当买家提出退换货要求后，卖家应当积极联系物流公司并协商处理或者索赔，期间最好能够给买家一个较好的答复与解决方法，千万不能因为物流公司的原因，最终将责任转嫁到买家身上。一般情况下，退换货的处理流程如图6-9所示。

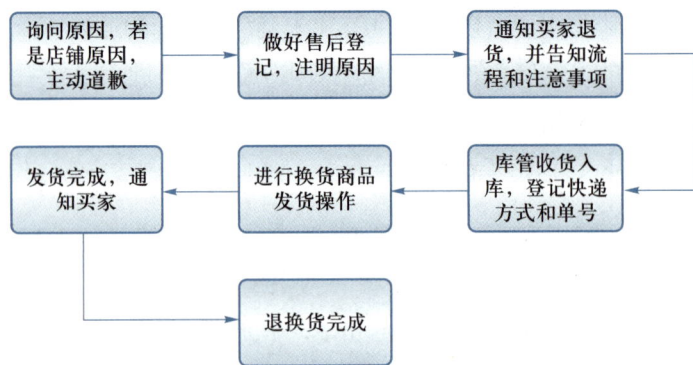

图6-9 退换货的处理流程图

总之，在网店销售商品的过程中，遇到退换货的买家是很正常的，不论出于何种原因，卖家都要以理性的态度来对待退换货，当买家提出退换货请求后，需要认真分析退换货的原因并给出良好的解决方案。卖家最好在网店相关页面中展示详细的退换货说明，以免带来不必要的麻烦，影响店铺信誉。

3. 退换货中运费的处理

在退换货的过程中有个很重要的问题：退换货过程中产生的运费应该由谁来承担？退换货中运费的处理情况如表6-4所示。

表6-4　退换货中运费的处理情况

退货原因	具体表现	运费承担方式
卖家原因	包括卖家在发货时候发错商品，如尺寸、型号、规格等	一般由卖家承担运费
物流原因	在物流运输过程中出现商品破损或丢失	卖家先承担，再由卖家向物流公司协商索赔
买家原因	买家在选购商品时失误，如衣服尺码选择错误，收到商品后由于使用破坏了商品的完整性等	一般由买家承担运费，另有约定的除外

为了将买家的损失降到最低，改善买家的购物体验，很多平台与保险公司合作，推出了针对网络交易的运费险。买卖双方均可投保，当买方购买运费险，发生退货时，保险公司会在规定的时间内按约定对买方的退货运费进行赔付；卖家购买运费险，如果发生退换货，则可以少付部分或者全部的邮费。

4. 退换货处理的技巧

（1）热情接待，真诚服务。当客户提出退换货请求时，意味着交易可能失败，售后客服在接待客户的过程中，更要做到有礼、有节、有度。热情接待会让客户感觉到并未因为要退换货而受到冷落，反而受到了重视。当网店用心为客户服务，用心关心客户时，客户不仅会感谢网店，还可能做出更大的回馈，以后在此网店进行重复购买。

（2）积极沟通，获取原因。客户提出退换货要求一定是有原因的，可能是产品的原因，也可能是客户个人原因。但有时客户不愿意说出真实的原因。客服只有通过与客户进行真诚的沟通，才能了解客户真实的退换货原因，进而有针对性地为客户服务。在沟通的过程中，客服的态度一定要真诚，要表明自己乐于帮助客户解决此类问题，询问客户出于什么原因要求退货。只有通过积极、热情的沟通，才能得到客户的信任，达到事半功倍的效果。

（3）熟知规则，专业处理。不同的平台和网店有不同的退换货规则，客服要熟知相关规则。客服在遇到客户要求退换货的时候，要正确地利用退换货规则去处理。按规则办事会让客户感受到网店的专业性，得到客户的信任，但一定要注意沟通方式，用语不能过于生硬。如果客户说质量有问题，按网店规则是需要客户拍照的，客服可以这样说："亲，能麻烦您拍几张照片发过来吗？"如果确实是质量问题，要马上向客户道歉，并且承诺退换货，来回的邮费由卖家自己承担，尽最大的诚意让客户感受到网店对客户是负责任的。如果看不出质量问题，可继续与客户进行沟通，帮助客户解决问题。

（4）总结经验，吸取教训。客服在处理客户退换货时，要善于从退换货原因中吸取经验教训，总结退换货原因，然后制定相应的解决问题的措施。例如，如果是因为商品色差导致客户退货，那么在以后销售这类商品时，就要向客户解释由于拍摄原因可能存在一定的色差，从而尽量避免因此而导致的退货问题。客服在处理客户退货时，也要总结客户退货的原因。只有总结经验，吸取教训，才能有效减少退换货问题的发生，使店铺的发展越来越好。

总之，网店遇到退换货问题是不可避免的，网店客服要在熟练了解和掌握退换货规则的基础上完善服务，从根本上提高客户的购物体验和满意度。

6.3.2 异常物流处理

1. 疑难件处理

（1）客户信息错误。如果客户信息错误，通常情况下当地快递公司会留件3天，如果网店在3天内没有提供客户正确的联系方式，商品将会被原件退回。这种情况下的处理方法一般只能是给客户留言，告知客户未收到商品的缘由，接下来重要的就是在订单里做备注，也就是做好售前客服与售后客服的交接工作，这样客户在收到留言之后会主动与客服联系。不管是哪个售前客服，都能通过订单备注清楚了解到客户的实际情况，并及时处理。当客户提供了正确的信息之后，售前客服除了将这些信息及时反馈给售后客服处理，仍需要做订单备注以便交接，售后客服与快递公司联系后，再向客户确定送货的时间。

（2）超出派送范围或无法及时发出。此时，客服要及时与客户联系，如果客户表示愿意等待，可以先延长收货时间，再告诉客户在没有收到商品之前不会自动确认交易，让客户安心，在订单转到其他可以配送的快递公司后，及时将信息反馈给客户。

（3）商品破损。如果快递公司在运送途中产生商品破损，客服应当先联系客户并对其进行安抚，通常网购商品是可以先验货后签收的，事先沟通的时候需要和快递公司达成一致，告知客户收到商品之后先验货后签收，打开包裹之后如果有任何问题可以将商品直接拒收，退回后网店会为其进行更换（网店要向快递公司沟通好索赔事宜），并告知客户联系方式，让客户有问题随时联系网店，不要让客户感觉网店是在推卸责任。

2. 留仓件

这种情况一般发生在客户留的地址是公司地址，周六日快递公司不派送公司地址的包裹，但会在工作时间安排正常派送，登记此类订单后到工作日再看下订单是否显示派送即可。

3. 草签、代签、本人签收但客户表示未收到商品

（1）对于草签和代签的情况，需要卖家联系快递公司，要求快递公司提供签收底单并证实派送前联系过买家，并且买家同意第三方签收的凭证。通常这种情况下，可以先看下客户留的地址是不是学校或者公司地址，一般这类地址比较容易出现传达室签收代收的情况，可以让客户自行先核实一下；如果是家庭住址，可以建议客户看下是否会有物业保安签收代收或将商品放入快递柜的情况。如果快递公司无法提供第三方签收凭证，并且客户未收到商品的，就可以直接联系快递公司进行理赔。

（2）显示客户本人签收但客户未收到商品的，由买家联系快递公司提供签收底单。

如果物流显示签收但客户未收到商品，对这类问题件就需要登记并且追踪，由网店联系快递公司进行查询，如果是快递公司操作失误，则可要求其进行赔偿。

4. 物流更新不及时

如果物流更新不及时，网店应联系快递公司催件，一般苏浙沪的派送时间是1~2天，其他省市为3~4天，个别偏远地区为5~7天，一般超过7天无物流信息更新就属于非正常物流。一般在这种情况下，网店可以给快递公司3天时间来核实情况，3天内无有效回复或者无物流更新就可以上报理赔。

5. 物流错派

物流错派是指快递公司中转错误，通常碰到此类情况，快递公司会将商品从错派的地址转出后重新按照正确地址派送，此时网店客服应安抚客户，延长收货时间，做好售后追踪。

综合实训

物流分发处理

电子商务技能大赛系统中的物流处理分为四个步骤：订单分发、物流选择、货物出库、货物签收。物流处理页面如图6-10所示。

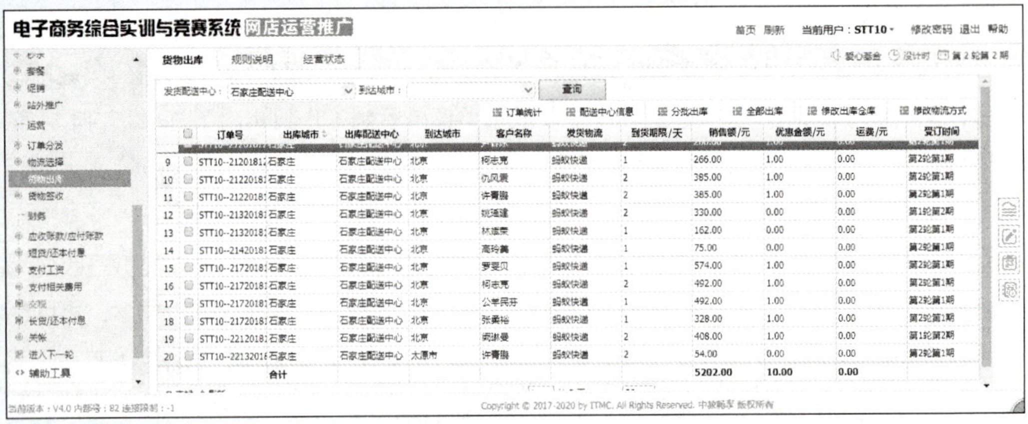

图6-10　物流处理

一、订单分发

订单分发分为手动分发和自动分发两种。手动分发需要卖家为每张订单选择货物出库的配送中心；自动分发则按照订单的顺序，根据配送中心已设定好的配送范围内的城市，自动选择货物出库的配送中心，自动分发可以选择全部自动分发或者分批自动分发。

二、物流选择

物流运输方式若选择"快递"，则运输周期为2期，即本期发货，下期到达；若选择"EMS"，则运输周期为3期，即本期发货，隔1期到达；若选择"平邮"，则运输周期为4期，即本期发货，隔2期到达。

三、货物出库

卖家会按照物流路线信息自动支付物流公司实际运费。如果当前配送中心库存不足，可以进行库存调拨。

四、货物签收

以上述三种物流方式配送的订单，货款均在签收后直接到账。如果未在订单要求到货期限之前到货，买家将拒绝签收，客户将退货，物流运费由卖方承担，并影响卖家的信誉度和商品评价；如果在买家要求的到货期限满后仍未发货，对卖家的信誉度和商品评价造成的影响更大。

在网店运营初期，由于资金较少，在物流选择上可以考虑优先选择快递方式发货，加速资金回笼，保证现金流良好。在发货安排上，对到货期限较短的订单采用分批分发、出库的方式优先处理，余下的采取自动分发的方式处理。在网店运营后期，如果资金充裕，就可以适当选择EMS等物流方式，降低物流成本。

一、单选题

1. 在选择第三方物流时，需要考虑的因素不包括（　　　）。

   A. 物流费用　　　　　　　　　B. 公司规模和配送速度

   C. 人员素质和服务态度　　　　D. 运输方式

2. 在淘宝网店中，物流设置不包括（　　　）。

   A. 服务商设置　　　　　　　　B. 运费模板设置

   C. 编辑地址库　　　　　　　　D. 协商快递价格

3. 在天猫上，适用七天无理由退换货的商品包括（　　　）。

   A. 定制类商品　　　　　　　　B. 鲜活易腐类商品

   C. 服务类商品　　　　　　　　D. 家电

4. （　　　）保证，是指配送中心要拥有客户所需的商品，否则会让客户产生失望的情绪。

   A. 备货　　　　　　　　　　　B. 品质

   C. 运输　　　　　　　　　　　D. 时间

5. 与自建物流相比，以下选项中不属于第三方物流的特点的是（　　　）。

   A. 企业对物流的控制力弱　　　B. 物流系统总成本低

   C. 物流对企业成功的影响度强　D. 适合的企业规模或实力小

二、多选题

1. 配送服务的构成要素包括（　　　　　）。

   A. 备货保证　　　　　　　　　B. 品质保证

   C. 运输保证　　　　　　　　　D. 价格保证

2. 配送服务质量常见的问题（　　　　　）。

   A. 配送速度慢　　　　　　　　B. 配送不准时

C. 与客户缺乏有效沟通　　　　　D. 出现商品质量问题

3. 买家退换货常见类型主要有（　　　　　）。
   A. 未确认收货前的退换货　　　　B. 买家已经确认收货并进行评价后的退换货
   C. 由于物流原因造成的退换货　　D. 由于平台原因造成的退货

4. 在电子商务技能大赛系统中，物流处理环节的步骤包括（　　　　　）。
   A. 订单分发　　　　　　　　　　B. 物流选择
   C. 货物出库　　　　　　　　　　D. 货物签收

5. 异常物流处理主要包括以下（　　　　　）情况。
   A. 疑难件处理　　　　　　　　　B. 留仓件
   C. 物流更新不及时　　　　　　　D. 物流错派

三、技能训练

根据表6-5，通过"事件—描述—应对方法—评价"的形式，对遇到的退换货要求进行处理，在下表中填写退换货的应对方法。

表6-5　退换货处理

事件	描述	应对方法	教师评价
超出60天之后的退换货处理	客户买了衣服，穿几次后发现起球了，现已超过60天保障期，还可以退换吗？	非常不好意思，您的订单时间已经超过60天了，因为时间太长，所以没有办法帮您办理退换手续，希望您谅解！您放心，我们这边可以给您分享一些我们处理起球的心得	不管出现问题还是没出现问题，超过60天是不能退换货的。如果碰到无理的客户，客服不要急，和他说明原则，不要出现激烈言论
不适用7天无理由退换货的商品	客户买了定制款的钻戒，但是过几天又说定制图案不喜欢了，还可以退货吗？		
由于物流原因造成的退换货	客户买了一件衣服，但是后台查不到物流更新信息，客户要求退款，是否可以？		

模块七
财务分析与管理

»)资金分析

»)成本分析

»)财务报表分析

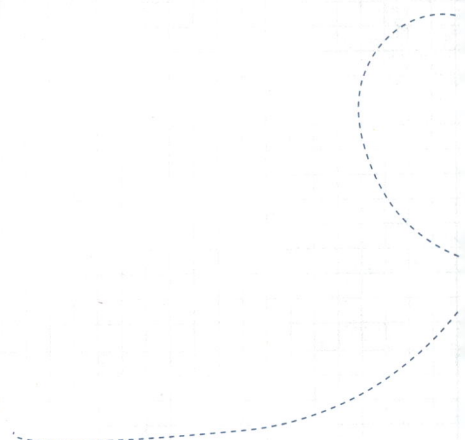

素养目标
- 树立合法经营、依法纳税的网店运营观
- 养成运筹帷幄、综合统筹的职业素养

知识目标
- 理解融资的概念；熟悉融资的方式
- 了解电商企业成本的构成
- 理解财务报表的内容

技能目标
- 能够根据融资方式合理进行融资规划
- 能够计算电商企业的各项成本
- 能够分析财务报表

思维导图

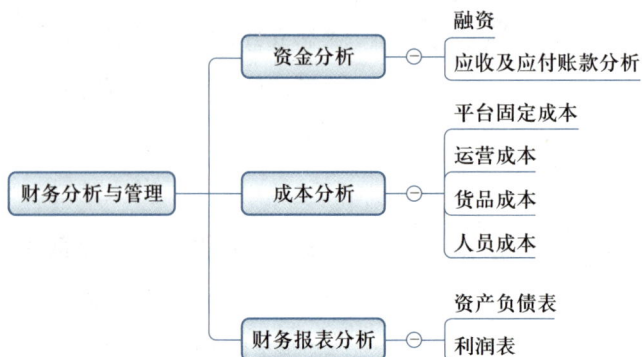

导入案例
数智化财务核算助力电商企业发展

订单和销量往往会引起电商企业过多的关注。但是，电商企业往往对财务分析与管理缺少足够的重视，而这些问题在国家监管力度日益增大的前提下，如果处理不善，就很难满足企业财务合规的要求。

这些问题主要表现在：业务不标准带来的销量导向、监管缺失；对账工作复杂耗时带来的低效、低准确率；数据分析管理技术缺乏带来的数据分析与应用无法实现等。这些问题进而影响到整体企业的财务分析以及对精准利润的管控。

相比传统行业，电商企业出于企业收入确认模式的特殊性，其财务数据反映着顾客满意度、品类及产品受欢迎度、成本控制能力等复杂的业务内容，对于业务方向及企业战略的影响较大，这就决定了电商企业财务分析不仅要分析财务数据，更要分析业务数据，为业务增长与内部策略提供决策支持。

如今，传统财务模式中"人工介入各笔交易的审核与追溯"早已不具备可行性，电商行业的财务核算向数智化发展已是主流趋势。因此，以数字化手段实时生成财务数据及报表，深入分析业务与财务结合数据，得出市场方向及业务增长方向推测结论，是电商企业实现可持续发展的前提。

电商行业已进入成熟周期，中腰部企业寻求的不再是如何高速发展，而是如何通过精细化管理稳步前行，在趋于饱和的市场里保持标杆地位。实现精细化管理首先就要通过财务分析，充分挖掘数据背后的意义,以前瞻视角给予业务端合理建议。

电商行业市场法则瞬息万变,需要快速做出业务应对与调整的策略。除了常规的财务指标分析外,还需分析网店的盈利能力、成本控制能力等。同时,企业需要了解以哪些市场活动来引导市场风向变化,哪些产品可以成为当季主流爆款,如何投入市场活动才能使规模效应更大,哪些节点优化能实现全链路效用最大化等问题。这些问题也都需要通过财务分析提供依据。

数智化财务核算助力电商行业全方面提升财务管理、核算效率。通过财务数据与业务数据的结合,一方面可以保障企业所花费的每一笔费用都有据可循;另一方面,实时准确的财务数据可以辅助企业进行管理决策,更加前瞻地应对市场风向的变化,及时响应并做出判断。

思考: 财务分析在网店运营中有什么重要作用,主要包括哪些内容?

7.1 资金分析

7.1.1 融资

1. 融资的概念

融资是指货币的借贷与资金的有偿筹集活动,也就是公司根据自身的生产经营状况、资金拥有的状况,以及公司未来经营发展的需要,通过科学的预测和决策,采用一定的方式,从一定的渠道向公司的投资者和债权人筹集资金,组织资金的供应,以保证企业正常生产需要,经营管理活动需要的金融行为。

2. 融资方式

融资方式是指企业融通资金的具体形式。融资方式越多,意味着可供企业选择的融资机会就越多。如果一个企业既能够获得商业信用和银行信用,又能够同时通过发行股票和债券直接进行融资,还能够利用贴现、租赁、补偿贸易等方式进行融资,那么就意味着该企业拥有更多的机会筹集到生产经营所需资金。常见的企业融资方式有以下六种:

(1)银行贷款。银行贷款是企业最主要的融资渠道。按资金性质,分为流动资金贷款、固定资产贷款和专项贷款三类。专项贷款通常有特定的用途,其贷款利率一般比较优惠。

(2)股票筹资。股票具有永久性、无到期日、无须归还、没有还本付息压力等特点,因此筹资风险较小。股票市场可促进企业转换经营机制,使企业真正成为自主经营、自负盈亏、自我发展、自我约束的法人实体和市场竞争主体。同时,股票市场还为资产重组提供了广阔的舞台,能够优化企业组织结构,提高企业的整合能力。

（3）债券融资。企业债券也称公司债券，是企业依照法定程序发行，约定在一定期限内还本付息的债券。它表示发债企业和投资人之间是一种债权债务关系。债券持有人不参与企业的经营管理，但有权按期收回约定的本息。在企业破产清算时，债权人优先于股东享有对企业剩余财产的索取权。企业债券与股票一样，也是有价证券，可以自由转让。

（4）融资租赁。融资租赁是指出租方根据承租方对供货商、租赁物的选择，向供货商购买租赁物，提供给承租方使用，承租方在契约或者合同规定的期限内支付租金的融资方式。

融资租赁将融资与融物结合起来，兼具金融与贸易的双重职能，对提高企业的融资效益，推动与促进企业的技术进步有着十分明显的作用。融资租赁主要有直接购买租赁、售出后回租以及杠杆租赁三种主要形式。此外，还有租赁与补偿贸易相结合、租赁与加工装配相结合、租赁与包销相结合等多种其他类型的租赁形式。融资租赁业务为企业技术改造开辟了一条新的融资渠道，通过融资与融物相结合的新形式，不仅提高了生产设备和技术的引进速度，还可以节约资金使用，提高资金利用率。

（5）典当融资。典当融资是以实物为抵押，以实物所有权转移的形式取得临时性贷款的一种融资方式。与银行贷款相比，典当融资成本高、金额小；但典当也有银行贷款所无法相比的优势。首先，与银行对借款人资信条件的严格要求相比，典当行对客户的信用要求较低，典当行只注重典当物品是否货真价实，而且一般商业银行只做不动产抵押，而典当行也可以接受动产质押。其次，到典当行典当物品的起点低，与银行相反，典当行更注重对个人客户和中小企业的服务。再次，与银行贷款手续繁杂、审批周期长相比，典当贷款手续十分简便，大多立等可取，即使是不动产抵押，也要比银行便捷许多。最后，客户向银行借款时，贷款的用途不能超越银行指定的范围；而典当行则不问贷款的用途，资金使用起来十分自由，提高了资金的使用率。

（6）银行承兑汇票融资。融资企业为了达成交易，可向银行申请签发银行承兑汇票，银行经审核同意后，正式受理银行承兑契约，承兑银行要在承兑汇票上签上表明"承兑"的字样或签章。这样，经银行承兑的汇票就称为银行承兑汇票，银行承兑汇票是银行替买方担保的凭证，卖方不必担心收不到货款，因为到期后买方的担保银行一定会支付货款。

银行承兑汇票融资的好处在于企业可以实现"短、频、快"的融资，可以减少企业的财务费用。

在电子商务技能大赛网店运营系统中，企业融资的途径有短期贷款、民间融资和长期贷款三种。三种融资途径均以100为最低基本贷款单位。

短期贷款及民间融资的贷款期限为一轮，到期时同时还本付息；长期贷款的贷款期限为三轮，每轮需要付息，到期还本并支付一轮的利息。

短期贷款和民间融资在每期内可以随时进行贷款，但是每期期初如果有到期需要归还的贷款，必须还款后才能再贷；长期贷款只在每一轮的第2期开放；同样地，期初如果有需要支付的利息或者需要归还的贷款，必须先支付利息或还款后才能再贷。

短期贷款和长期贷款共用贷款额度。短期贷款申请的最高额度＝上一轮所有者权益×2−已有短期贷款额−已有长期贷款。长期贷款申请的最高额度和短期贷款相同。

民间融资贷款额度独立，民间融资申请的最高额度＝上一轮所有者权益×2−已有民间融资额。

按轮计算，短期贷款利率为5%，民间融资利率为15%，长期贷款利率为10%。

将以上信息归纳整理，可以得到表7-1。

表7-1　企业融资规则表

融资方式	规定贷款时间	贷款额度	还贷规定	利率
短期贷款	每期任何时间	上一轮所有者权益的两倍−已贷短期贷款−已有长期贷款	到期一次还本付息	5%
民间融资	每期任何时间	上一轮所有者权益的两倍−已贷民间融资款	到期一次还本付息	15%
长期贷款	第2期任何时间	上一轮所有者权益的两倍−已贷短期贷款−已有长期贷款	前两轮每轮付息，最后一轮还本付息	10%

7.1.2　应收账款及应付账款分析

1. 应收账款

应收账款是指企业在正常的经营过程中因销售商品或提供劳务等经营活动而应向客户收取的款项，包括应由客户负担的税金、代购买方垫付的各种运杂费等。

应收账款是伴随企业的销售行为发生而形成的一项债权。因此，应收账款的确认与收入的确认密切相关。企业通常在确认收入的同时确认应收账款，按不同的购货或接受劳务的单位设置明细账户进行明细核算。

应收账款表示企业在销售过程中被客户所占用的资金。企业应及时收回应收账款，以弥补企业在生产经营过程中的各种耗费，保证企业持续经营，对于被拖欠的应收账款应采取措施，组织催收；对于确实无法收回的应收账款，凡符合坏账条件的，应在取得有关证明并按规定程序报批后，作坏账损失处理。

应收账款是有特定的范围的。首先，应收账款是指因销售商品或提供劳务而形成的债权，不包括应收职工欠款、应收债务人的利息等其他应收款。其次，应收账款是指流动资产性质债权，不包括长期的债权，如购买长期债券等。最后，应收账款是指本企业应收客户的款项，不包括本企业付出的各类存出保证金，如投标保证金和租入包装物保证金等。

2. 应付账款

应付账款与应收账款相对，是指企业因购买材料、商品和接受劳务供应等而发生的债务，这是企业在购销活动中由于买卖双方取得物资与支付货款在时间上不一致而产生的负债。企业的其他应付款项，如应付赔偿款、应付租金、缴纳保证金等，不属于应付账款的核算内容。

电子商务企业在销售货物后，资金会存留在第三方平台账户内，这些未结算入卖家银行账户的资金就会形成应收货款，例如，京东商城的交易货款在买家确认收货后都会先存放在平台账户中，在定期结算后再打款到卖家的银行账户。在之前版本的电子商务技能大赛网店运营系统中，货物签收后资金不能直接结算入账，各小组可以选择贴现的方式提前使用应收账款；各小组采购时能够享受账期优惠，减少流动资金压力，这样就会形成应付账款。而在现有版本中，对应收账款和应付账款只需点击一下就能进行贴现或支付处理。

7.2　成本分析

7.2.1　平台固定成本

平台固定成本指的是电子商务企业入驻第三方平台开设网店进行商品销售时，与第三方平台签订相关服务协议而向平台缴纳的协议约定费用。

平台固定成本形式多样，不同平台之间存在较大差异。以天猫平台为例，它收取的费用主要有三部分：保证金、技术服务费、平台佣金。

1. 保证金

商家在天猫平台运营网店时必须缴存保证金。保证金主要用于保证商家按照"天猫服务协议"的规则经营，且在商家有违规行为时根据"天猫服务协议"及相关规则规定向天猫及消费者支付违约金。新签商家在申请入驻审核通过后一次性缴存当年的保证金，续约商家则必须在当年续签要求的时间内一次性缴存次年保证金。通常情况下，旗舰店和专卖店带有TM商标的店铺保证金为10万元，全部为R商品的店铺保证金为5万元；专营店带有TM商标的店铺保证金为15万元，全部为R商品的店铺保证金为10万元，医药、话费通信及QQ充值等特殊类目除外。特殊类目的商品，根据其特点提出更加具体的保证金要求，例如，卖场型旗舰店店铺保证金为15万元，"电子票务凭证"及"话费通信"大类的保证金为1万元，"医疗及健康服务"下的"医疗服务"二级类目店铺保证金为30万元等。

2. 技术服务费

技术服务费又称年费、软件服务年费，各平台名称不一。商家在天猫经营必须缴纳年费，年费缴纳及结算详见"天猫20××年度软件服务年费缴纳、折扣优惠及结算标准"，该标准文件每年度修订。根据该标准，每年第四季度续签时，商家缴纳下一年度的软件服务年费；每年1月份，商家结算上一年度的软件服务年费。若商家上一年度达到一定销售额，天猫将会返还50%或100%比例的软件服务年费。各个类目的软件服务年费及软件服务年费返还标准不一，如表7-2所示。

表7-2　标准中服饰、鞋类箱包两个大类的年费及返还标准

天猫经营大类	一级类目	软件服务年费/元	享受50%年费折扣优惠对应年销售额/元	享受100%年费折扣优惠对应年销售额/元
服饰	服饰配件/皮带/帽子/围巾	30 000	180 000	600 000
	女装/女士精品	60 000	360 000	1 200 000
	男装	60 000	360 000	1 200 000
	女士内衣/男士内衣/家居服	60 000	180 000	600 000
鞋类箱包	箱包皮具/热销女包/男包	60 000	180 000	600 000
	女鞋	60 000	180 000	600 000
	流行男鞋	60 000	180 000	600 000

3. 平台佣金

平台佣金又称软件服务费，佣金比率对应软件服务费费率，是指平台对商家在平台

上完成的每一笔交易收取一定比例的佣金。商家在天猫经营需要按照其销售额一定百分比（简称"费率"）交纳软件服务费。天猫各类目软件服务费费率标准详见"20××年天猫各类目年费软件服务费一览表"。不同类目的费率不同，最低0.3%，最高30%，如表7-3所示。

表7-3 天猫部分类目的软件服务费费率

天猫经营大类	一级类目	软件服务费费率	二级类目	软件服务费费率
图书音像	书籍/杂志/报纸	2%	知识服务	0.50%
			其他二级类目	2%
	音乐/影视/明星/音像	2%	—	—
	数字阅读	10%	—	—
乐器	乐器/吉他/钢琴/配件	2%	乐器服务	0.50%
			其他二级类目	2%
服务大类	餐饮美食卡券	0.50%	—	—
	电影/演出/体育赛事	0.50%	—	—
	本地化生活服务	0.50%	—	—
	医疗及健康服务	3%	—	—
	教育培训	0.50%	—	—
	购物提货券	0.50%	—	—
	消费卡	0.50%	—	—
	生活娱乐充值	0.50%	游戏账号	1.75%
			充值卡	1%
			直充	1%
			其他二级类目	0.50%
	个性定制/设计服务/DIY	2%	—	—
	网店/网络服务/软件	2%	—	—
	装修设计/施工/监理	2%	—	—
	室内设计师	2%	—	—

在这三种平台固定成本中，平台佣金是平台直接按销售额进行扣除的，计算比较简单，但是它会随销售额的变化而变化；只要合法合规经营网店，保证金都是能够收回的，主要考虑资金的时间成本，按每年5%的利息计算，10万元保证金每年的成本是0.5万元；软件服务费则具有不确定性，若此部分费用不能获得返还，则全部软件服务费就都是固定成本，若能获得费用返还，则所返还年费14～16个月的时间成本就是固定成本。

相比于天猫平台，京东平台保证金和软件服务费较低，但是后者不返还，费率相对较高。

大赛直通车
电子商务技能大赛网店运营系统的平台固定成本

电子商务技能大赛网店运营系统中，各小组在开设店铺销售商品时并不需要缴纳保证金、软件服务费和佣金。

各小组只需要在B店开设的研发过程中投入4期（每期60元），一共240元的固定成本。

7.2.2　运营成本

运营成本也称经营成本、营业成本，是指企业所销售的商品或者提供劳务的成本。运营成本应当与所销售商品或者所提供劳务而取得的收入进行配比。运营成本与营业收入直接相关，是已经确定了归属期和归属对象的各种直接费用。

广义的运营成本几乎包括了企业运营过程中的全部成本。狭义的运营成本主要指公司在运营过程中围绕销售展开的各项成本。对于不涉及生产制造的电子商务企业，其运营成本主要指场地、计算机设备等硬件成本，推广、管理、ERP系统等软件成本，以及税收等资金成本。

大赛直通车
企业运营成本

在电子商务技能大赛网店运营系统中，各小组的企业运营成本基本可分为推广和财务两部分结算。另外，还有订单出库时产生的快递费用。

在推广部分，企业运营成本由SEM推广和站外推广产生。当对SEM推广账户进行充值时，SEM推广的成本并未产生，只有当系统模拟的买家点击SEM推广，形成点击量和点击花费时，SEM推广花费掉的费用才被计算为运营成本。站外推广也是同理。当站外投标扣除保证金时，运营成本并未产生，只有当投标成功，获得相应的影响力和关系值时，这些花费掉的资金才被计算为运营成本，而没中标被退回的保证金不算运营成本。

在财务部分，运营成本主要在短贷/还本付息、支付相关费用、交税，以及长贷/还本付息四个操作步骤结算。

当对贷款进行还本付息操作时，利息会被计算为财务费用，形成企业运营成本。

在支付相关费用步骤，需要支付场地的租赁费、维修费，支付商品销售的售后服务费，支付库存商品的库存管理费，支付行政管理费，如图7-1所示。

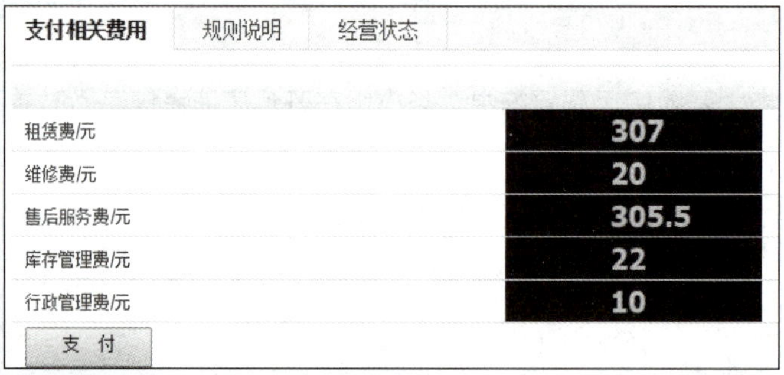

支付相关费用	规则说明	经营状态	
租赁费/元			**307**
维修费/元			**20**
售后服务费/元			**305.5**
库存管理费/元			**22**
行政管理费/元			**10**
支 付			

图7-1　支付相关费用

在系统中，租赁费、维修费和搬迁费包含办公室和配送中心两部分。不同大小的办公室，其租赁费、维修费和搬迁费不同。办公室租赁费用、维修费及搬迁费如表7-4所示，办公室所在城市还会带来额外的租金差。

不同大小的配送中心的租赁费、维修费及搬迁费也不同。配送中心租赁费、维修费及搬迁费如表7-5所示，配送中心所在城市也会带来额外的租金差。

表7-4　办公室租赁费、维修费及搬迁费　　　　　　　　单位/元

办公室类型	普通办公室	豪华办公室
租赁费	96	160
维修费	4	8
搬迁费	5	26

配送中心 类型	小型配送 中心	中型配送 中心	大型配送 中心	超级小型配 送中心	超级中型配 送中心	超级大型配 送中心
租赁费	32	36	40	96	192	384
维修费	3	4	8	12	25	51
搬迁费	2	2	10	18	36	72

表7-5　配送中心租赁费、维修费及搬迁费　　　　　　　　单位/元

售后维修费由保修商品产生。勾选保修的商品在销售之后产生售后维修费，每件商品0.5元，交3期。不勾选保修的商品销售不会产生售后维修费。

库存管理费按照库存数量收取，与库存商品体积无关，每件商品0.2元，若库存不足10件，按10件2元费用收取。计算库存管理费的库存数量以当前库存数量为准，与当期经营过程中的库存数量无关。也就是说，在支付相关费用时，配送中心有多少库存，就付多少库存管理费。假设网店采购了300件商品，出库了280件，剩20件商品在配送中心，网店只需要支付4元的库存管理费。

行政管理费固定为10元。

除第一轮外，每一轮的第1期需要缴税，也就是缴纳上一轮次的税费。税费由所得税、增值税、城建税、教育附加费四部分组成，如图7-2所示。

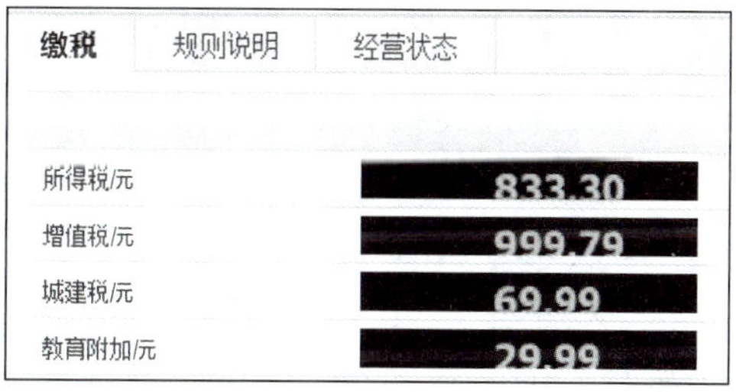

企业所得税的税率为25%。在计算企业所得税前，需要用税前利润弥补前5轮的亏损，然后根据税前利润乘以25%缴纳。

图7-2　交税界面

其中，增值税的税率为17%，应纳税额=（销项-进项）×17%；城建税为增值税乘以7%取整；教育附加税为增值税乘以3%取整。

7.2.3　货品成本

货品成本与货品采购时的价格有关。受原材料、运输、市场等因素影响，每一批次货品进价可能存在差异，因此，会计账目上计算所销售货品的货品成本存在多种方法。中国《企业会计准则——基本准则》规定："各种存货发出时，企业可以根据实际情况，选择使用先进先出法、加权平均法、移动加权平均法、个别计价法等方法确定其实际成本。"《企业会计准则第1号——存货》第十四条明确规定："企业应当采用先进先出法、加权平均法或者个别计价法确定发出存货的实际成本。"

1. 先进先出法

先进先出法是指以先购入的存货应先发出（销售或耗用）这样一种存货实物流动假设为前提，对发出存货进行计价的一种方法。采用这种方法，先购入的存货成本单位在后购入存货成本之前转出，据此确定发出存货和期末存货的成本。具体方法是：收入存货时，逐笔登记收入存货的数量、单价和金额；发出存货时，按照先进先出的原则逐笔登记存货的发出成本和结存金额。

先进先出法可以随时结转存货发出成本，但比较烦琐。如果存货收发业务较多、且存货单价不稳定时，其工作量较大。在物价持续上升时，期末存货成本接近于市价，而发出成本偏低，会高估企业当期利润和库存存货价值；反之，会低估企业存货价值和当期利润。

2. 加权平均法

加权平均法是根据期初存货结余和本期收入存货的数量及进价成本，期末一次计算存货的本月加权平均单价，作为计算本期发出存货成本和期末结存价值的单价，以求得本期发出存货成本和结存存货价值的一种方法。

移动加权平均法是指每次收货后，立即根据库存存货数量和总成本计算出新的平均单价或成本的一种方法。采用移动平均法能够使企业管理者及时了解存货的结存情况，能比较客观地计算平均单位成本和（发出和结存的）存货成本。但由于每次收货都要计算一次平均单价，采用这种方法的计算工作量较大，对收发货较频繁的企业不适用。

3. 个别计价法

个别计价法是以每次（批）收入存货的实际成本作为计算该次（批）发出存货成本的依据。采用这一方法是假设存货具体项目的实物流转与成本流转相一致，按照各种存货逐一辨认各批发出存货和期末存货所属的购进批别或生产批别，分别按其购入或生产时所确定的单位成本计算各批发出存货和期末存货成本的方法。这种方法把每一种存货的实际成本作为计算发出存货成本和期末存货成本的基础。

个别计价法的成本计算准确，符合实际情况，但在存货收发频繁情况下，其发出成本分辨的工作量较大。因此，这种方法适用于一般不能替代使用的存货、为特定项目专门购入或制造的存货以及提供的劳务。

电子商务技能大赛网店运营系统采用移动加权平均法来计算货品成本，每期采购入库后，在库存管理中会生成新的货品成本。

7.2.4 人员成本

人员成本是指企业在一定的时期内，在生产、经营和提供劳务活动中，因使用劳动者而支付的所有直接费用与间接费用的总和。

人员成本一般包括人员招聘成本、人员培训成本、人员离职成本等。

大赛直通车
人员成本

在电子商务技能大赛网店运营系统中，人员成本的计算比实践中简单得多。系统中的员工分为办公室员工和配送中心员工。

每个配送中心必定配置一个仓库管理员和一个配送员，每个仓库管理员基本工资为6个单位，每个配送员基本工资为7个单位。

每名高级经理基本工资为22个单位，每名中级经理基本工资为15个单位，每名初级经理基本工资为7个单位。初级经理工资增长率为10%。每个办公室至少雇佣一名经理。

员工工资每期支付一次。员工工资＝基本工资×（1＋工资差）×（1＋工资增长率）。办公室员工工资差取决于办公室所在城市，配送中心员工工资差取决于配送中心所在城市。

7.3 财务报表分析

7.3.1 资产负债表

资产负债表又称财务状况表，是指反映企业在某一特定日期的财务状况（即资产、负债和业主权益的状况）的会计报表，资产负债表利用会计平衡原则，将合乎会计原则的"资产""负债""所有者权益（或股东权益）"交易科目分列为"资产"和"负债和所有者权益"，在经过分录、转账、分类账、试算、调整等会计程序后，以特定日期的静态企业情况为基准，浓缩成一张报表。其功能除了企业内部除错、经营方向、防止弊端，也可让所有阅读者在短时间内了解企业经营状况。

1. 资产

资产负债表中的资产反映由过去的交易、事项形成并由企业在某一特定日期所拥有或控制的、预期会给企业带来经济利益的资源。资产应当按照流动资产和非流动资产两大类别在资产负债表中列示，在流动资产和非流动资产类别下进一步按性质分项列示。

（1）流动资产。流动资产是预计在一个正常营业周期中变现、出售或耗用，或者主要为交易目的而持有，或者预计在资产负债表日起一年内（含一年）变现的资产，或者自资产负债表日起一年内交换其他资产或清偿负债的能力不受限制的现金或现金等价物。

资产负债表中列示的流动资产项目通常包括：货币资金、交易性金融资产、应收票据、应收账款、预付款项、应收利息、应收股利、其他应收款、存货和一年内到期的非流动资产等。

（2）非流动资产。非流动资产是流动资产以外的资产。资产负债表中列示的非流动资产项目通常包括：长期股权投资、固定资产、在建工程、工程物资、固定资产清理、无形资产、开发支出、长期待摊费用以及其他非流动资产等。

2. 负债

资产负债表中的负债反映在某一特定日期企业所承担的、预期会导致经济利益流出企业的现时义务。负债应当按照流动负债和非流动负债在资产负债表中进行列示，在流动负债和非流动负债类别下再进一步按性质分项列示。

（1）流动负债。流动负债是预计在一个正常营业周期中清偿，或者主要为交易目的而持有，或者自资产负债表日起一年内（含一年）到期应予以清偿，或者企业无权自主地将清偿推迟至资产负债表日后一年以上的负债。资产负债表中列示的流动负债项目通常包括：短期借款、应付票据、应付账款、预收款项、应付职工薪酬、应交税费、应付利息、应付股利、其他应付款、一年内到期的非流动负债等。

（2）非流动负债。非流动负债是流动负债以外的负债。非流动负债项目通常包括：长期借款、应付债券和其他非流动负债等。

3. 所有者权益

资产负债表中的所有者权益是企业资产扣除负债后的剩余权益，反映企业在某一特定日期股东（投资者）拥有的净资产的总额，它一般按照实收资本、资本公积、盈余公积和未分配利润等项目分项列示。

🚄 大赛直通车
资产负债表

在电子商务技能大赛网店运营系统中，可以在每轮第2期关账时查看资产负债表，也可以在"经营分析—财务报表"中随时查看资产负债表。在系统生成的资产负债表中，会呈现上轮值与当轮值。

根据目前系统数值变动情况，流动资产主要包括货币资金、其他应收款、库存商品、发出商品四个方面。而应收账款、原材料、在途物资均为0，不会变动，因此无须关注。货币资金就是各小组在经营状态中看到的现金。其他应收款来自SEM推广账户的余额。库存商品是仓库中存留的商品成本。发出商品指的是已出库未签收的在途商品成本。

非流动资产在系统中数值为0，不变动，无须关注。

流动负债主要包括短期借款、应交税费两个方面。而应付账款、预收账款均为0，不会变动，无须关注。短期借款的来源是短期贷款和民间融资。应交税费包括所得税、增值税、城建税、教育附加费。

非流动负债由长期借款产生，来源于长期贷款。

所有者权益包括实收资本和未分配利润。实收资本就是每个小组开始经营时的500个单位的资金。未分配利润是每一轮利润值的总和。

7.3.2 利润表

利润表是反映企业在一定会计期间的经营成果的财务报表。当前国际上常用的利润表格式有单步式和多步式两种。单步式利润表是将当期收入总额相加，然后将所有费用总额相加，一次计算出当期收益，其特点是所提供的信息都是原始数据，便于理解；多步式利润表是将各种利润分多步计算求得净利润，便于使用人对企业经营情况和盈利能力进行比较和分析。

我国企业会计制度规定企业的利润表采用多步式，每个项目通常又分为"本期金额"和"上期金额"两栏分别用列。"本期金额"栏反映各利润表项目的本期实际发生额。"上期金额"栏在编报中期财务会计报告时，填列上年同期累计实际发生数；在编报年度财务会计报告时，填列上年全年累计实际发生数。如果上年度利润表与本年度利润表的项目名称和内容不相一致，则按编报当年的口径对上年度利润表项目的名称和数字进行调整。

多步式利润表主要分四步计算企业的利润（或亏损）。第一步，以主营业务收入为基础，减去主营业务成本和主营业务税金及附加，计算主营业务利润；第二步，以主营业务利润为基础，加上其他业务利润，减去销售费用、管理费用、财务费用，计算出营业利润；第三步，以营业利润为基础，加上投资净收益、补贴收入、营业外收入，减去营业外支出，计算出利润总额；第四步，以利润总额为基础，减去所得税，计算净利润（或净亏损）。

网商须担当
网络直播行业不是"税收盲区"

依法纳税是每个公民应尽的义务，无论是网店，还是网络主播，都应该依法诚信纳税。《电子商务法》第十一条第一款明确规定："电子商务经营者应当依法履行纳税义务，并依法享受税收优惠。"可见，从电子商务平台到商家再到主播，都有明确的纳税义务。但很长一段时间，网络直播这一蓬勃生长的业态却是偷税漏税的"重灾区"。很多网络主播，一边享受着流量红利，一边却利用监管漏洞瞒报巨额税款，于理不通、于法难容。

随着直播带货成为电商平台的重要增长点，网络主播的收入也水涨船高，虽然部分头部主播的单场带货交易额达到千万元甚至上亿元，但利用各种方式偷逃税款。税务部门做出的处理处罚决定体现了税法权威和公平公正，再次警示网络直播从业人员，网络直播并非法外之地，要自觉依法纳税，承担与其收入和地位相匹配的社会责任。

网络直播行业不是"税收盲区"，对其涉税违法行为保持零容忍将成为常态，加强监管对于整体平台经济和消费者而言都将释放利好。税收的重要功能之一就是调节收入分配，不同收入群体对应的个人所得税纳税比例不同，高收入者纳税多，低收入者纳税少，这有助于在二次分配环节缩小收入分配差距，促进社会公平。

大赛直通车
利润表

在电子商务技能大赛网店运营系统中，可以在每轮第2期关账时查看利润表，也可以在经营分析—财务报表中随时查看利润表。在系统生成的利润表中，会呈现上轮值与当轮值。

营业收入指的是商品销售的收入，以订单签收为准。利润表中的营业收入值已经剔除增值税，因此比订单中看到销售额小一些。

营业成本指的是商品销售的商品成本，以订单签收时的商品成本为准，未签收的订单计入资产负债表中的在途商品成本，不计入营业成本。利润表中的营业成本值已经剔除增值税，因此单个成本比采购价小一些。

税金及附加指城建税、教育附加费等。

销售费用指的是推广费用、售后服务费、快递费用，这些费用以轮次为计算单位，与订单是否签收无关。

管理费用指的是行政管理费、租赁费、维修费、员工工资、库存管理费等，以轮次为计算单位。

财务费用指的是贷款产生的利息。

以上内容形成营业利润，系统中不存在营业外收入和营业外支出，利润总额等于营业利润。

根据该利润总额计算所得税，得到最终的净利润。

在每轮经营结束后，系统都要进行轮末关账，自动提供利润表和资产负债表。系统会根据得分规则自动计算当轮每组卖家的得分。系统内的所有计算均遵循四舍五入的原则，并保留小数点后两位。

一、得分规则

得分 =（1+总分/100）× 所有者权益合计 × 追加股东投资比例

二、总分构成

总分由为以下各项之和：

（1）未借民间融资，总分加20分；

（2）开设B店，总分加100分；

（3）营业成本分摊得分 =（1-营业成本/营业收入）×100；

（4）综合费用分摊得分 =[1-（销售费用＋管理费用）/营业收入]×100；

（5）资金周转率得分 = 营业收入/资产总计×100；

（6）净利润率得分 = 净利润/营业收入×100；

（7）资产报酬率（ROA）得分 = 利润总额/资产总计×100；

（8）权益报酬率（ROE）得分 = 净利润/所有者权益合计×100；

三、资金流动性得分

（1）速动比（QR）=（货币资金＋应收账款）/（短期借款＋应付账款＋应交税费）；

（2）流动比（CR）= 流动资产合计/（短期借款＋应付账款＋应交税费）。

当CR<1且QR<0.5时，资金流动性差，资金流动性得分减10分；

当1.5<CR<2且0.75<QR<1时，资金流动性一般，资金流动性得分加50分；

当CR≥2且QR≥1时，资金流动性好，资金流动性得分加100分；

其他情况下，资金流动性得分均是0分。

四、资产负债率得分

资产负债率得分 =（1-负债合计/资产总计）×100

1. 请计算关账时总分中的每一项得分，然后求和算出总分，最终得分 =（1+总分/100）× 所有者权益合计 × 追加股东投资比例，核对系统生成的最终得分。

2. 请根据总分中的每一项得分，分析自己小组能够提高最终得分的方法。

一、单选题

1. 通常情况下，旗舰店带有TM商标的店铺保证金为（　　）万元。

   A. 5　　　　　　　　　　　　　B. 6

   C. 10　　　　　　　　　　　　D. 15

2. （　　）不应归为流动负债。

   A. 短期贷款　　　　　　　　　B. 应付票据

   C. 应付利息　　　　　　　　　D. 应交税费

3. （　　）是反映企业在一定会计期间的经营成果的财务报表。

   A. 资产负债表　　　　　　　　B. 利润表

   C. 现金流量表　　　　　　　　D. 所有者权益变动表

4. 在平台固定成本中，（　　）是平台直接按销售额进行扣除的，计算比较简单，但是它会随销售额的变化而变化。

   A. 保证金　　　　　　　　　　B. 技术服务费

   C. 平台佣金　　　　　　　　　D. 办公租赁费

5. （　　）是企业资产扣除负债后的剩余权益，反映企业在某一特定日期股东（投资者）拥有的净资产的总额。

   A. 资产　　　　　　　　　　　B. 利润

   C. 负债　　　　　　　　　　　D. 所有者权益

二、多选题

1. 计算货品成本时，可以采用（　　　　）。

   A. 先进先出法　　　　　　　　B. 先进后出法

   C. 加权平均法　　　　　　　　D. 个别计价法

2. 以下属于流动资产的有（　　　　）。

A. 生产设备　　　　　　　　B. 银行存款

C. 一年内到期的国债　　　　D. 发出商品

3. 在天猫平台中，以下（　　　　　）类目的软件服务费是6万元。

A. 女装　　　　　　　　　　B. 男装

C. 女鞋　　　　　　　　　　D. 服饰配件

4. 常见的企业融资方式有（　　　　　）典当融资和银行承兑汇票融资。

A. 银行贷款　　　　　　　　B. 股票筹资

C. 融资租赁　　　　　　　　D. 债券融资

5. 天猫平台的平台固定成本通常包括（　　　　　）。

A. 保证金　　　　　　　　　B. 平台入驻费

C. 软件服务年费　　　　　　D. 软件服务费

三、技能训练题

请在自己家乡特色企业或校企合作企业中，选定某一品牌的特定产品开展调研，分析以下三类店铺的天猫平台固定成本具体有哪些，并填写表7-6。

表7-6　三类店铺的天猫平台固定成本

基本信息	品牌名称： 商标类型：□R标　□TM标 所属类目：		
店铺类型	**保证金（单位/万元）**	**软件服务年费（单位/万元）**	**软件服务费费率**
品牌旗舰店			
品牌授权专卖店			
授权专营店			

模块八
网店运营策略

- ⠺ 核心数据指标——精细管理
- ⠺ 战略化运营——动态竞争

素养目标
- 培养学生精细化、数据化运营的工匠精神
- 树立注重提升流量转化效率、降低推广成本的职业素养

知识目标
- 理解市场占有率的战略意义
- 了解流量的来源和路径
- 掌握转化率与流量之间的关系

技能目标
- 能够运用生意参谋进行网店数据分析
- 能够根据店铺整体流量构成确定流量调整方向
- 能够根据进店关键词的转化情况对标题和直通车进行调整

思维导图

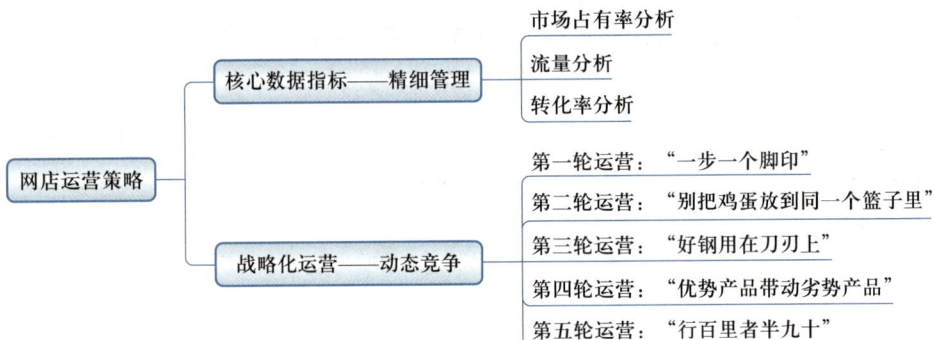

导入案例

百草味：精细化运营驱动"超级用户"服务转型

2003年，百草味在杭州下沙高教园区开了第一家零食门店，百草味品牌正式诞生；2010年入驻淘宝商城，"百草味旗舰店"挂牌营业，开启电子商务的新征程；截至2015年年底，百草味已经发展成互联网休闲零食领先品牌。2022年，百草味休闲零食的销量位居行业第三名。数据显示，百草味休闲零食全年的总销量超过499万件，总销售额超过1.7亿元。百草味除了能及时认准形势跟紧风向、实时把握机会，是如何修炼内功、淬炼服务，一直稳居零食类目前列的呢？

一、用户至上，精准识别客户

RFM模型是在客户关系管理中最为常用的一个模型，也是衡量客户价值和客户创利能力的重要工具与手段。RFM模型包含客户消费数据中的三个指标，分别是最近购买时间（Recency）、购买频次（Frequency）和购买金额（Monetary）。百草味通过细化RFM数值指标、细分客户，通过长期的反馈评估、优化完善，将不同价值的客户进行定位。

零食没有固定的消耗周期，但从品牌消费人群的购物习惯分析，存在相对稳定的购买周期。百草味通过大数据平台监测，不断挖掘不同人群的回购周期，结合品牌活动节奏、特有的客户培养目标，将R值（时间）划分为6个指标，用以指导品牌与不同人群建立连接的最佳时机选择。

在电商行业中，提升客户的重复购买率，特别是新客户的二次购买转化率，是商家最为关注的数据指标之一。百草味通过对客户的留存、转化分析，将F值（购买频次）分为

3个等级。F值的设定相当于设置了一个"忠诚度的阶梯"，通过引导客户的重复购买，顺着阶梯不断往上走，提升客户对品牌的忠诚度。

如果说购买时间（R）、购买频次（F）从不同程度刻画消费者的消费满意度与忠诚度，结合购买金额（M）则能够更好地识别不同贡献能力、不同价值的客户。百草味综合研究消费人群的客单价、客件数以及品牌产品的价格，最终将M值（购买金额）划分为3个层级。

根据对客户群体的综合分析，百草味刻画出消费者特征轮廓，通过RFM模型、结合个性化的客户属性进一步将客户分为试用型、一般型、发展型以及高价值型，匹配不同的运营策略与管理方式，经过测试、分析、评估、优化，提升客户划分的有效性和科学性，更精准地定位不同价值客户。

信息的多样性与丰富性，为立体化客户画像提供支撑（见图8-1）。百草味通过会员等级、地区及其他属性等了解消费者的基本情况，结合消费者的交易信息，分析消费者商品偏好、购物习惯等。此外，百草味根据零食的品类特性，开启近百个客户自定义属性，对消费者的零食偏好、口味、购买偏好、习惯等进行全面调查和信息收集，了解消费者的个性化特征，进一步丰富客户画像。

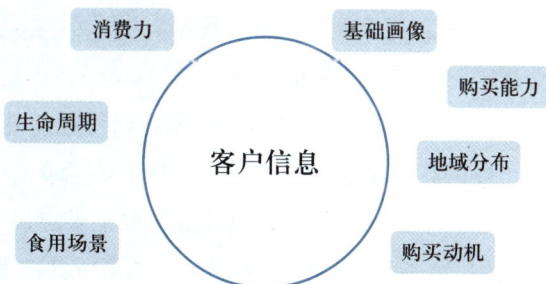

图8-1　百草味收集的客户信息

二、用户至上，让用户"回家"

百草味通过客户洞察，整合多样性客户信息；通过多个客户细分维度，将客户画像立体化。通过客户画像的搭建，了解客户所想、满足客户所需。

百草味老客户占比和新客二次转化率分别高出行业均值10%和5%，而这些得益于百草味为不同消费人群制订的个性化客户维护计划。

会员体系是客户运营的另一只抓手，通过打造客户专属基地，以系统化的运营驱动客户成长、提升客户黏性、培养客户忠诚度。拥有千万级别粉丝的百草味一直致力于会员体系深耕、升级品牌粉丝运营，在会员等级门槛设置、会员权益赋予上不断摸索、优化，根据客户的成长及培养目标，逐渐提升会员门槛、丰富会员福利，突显会员体系价值。

会员日是会员体系的重要形式，为此，百草味制订了"会员日运营计划"，在营造好活动氛围的同时，多方面引导客户参加品牌会员日，客户在享受福利的同时感受品牌服务深度的提升。

零食品类的客户群体整体偏年轻化、活力充沛。百草味的互动体系结合会员体系可更有效地提高客户的活跃度。它通过多样性的互动玩法和互动营销活动，集聚粉丝、彰显品牌活力。

思考： 为提升网店运营效果，应该从哪些方面着手分析？

8.1 核心数据指标——精细管理

8.1.1 市场占有率分析

1. 市场占有率分析概述

市场占有率是指在一定的时期内，企业所生产的产品在其市场的销售量或销售额占同类产品销售量或销售额的比重。

市场占有率分析是指根据各方面的资料分析计算本企业某种产品的市场销售量占该市场同种商品总销售量的份额，以了解市场需求及本企业所处的市场地位。市场占有率分析是企业战略环境分析中一个非常重要的因素。

不同市场占有率的意义如下：从市场结构上来说，当行业前几位的占有率很高时，这几家企业垄断了整个市场，其他企业就很难进入；从市场竞争上来说，市场占有率越高，竞争对手就越少，市场竞争压力就越小；从企业战略上来说，当市场占有率达到一定的程度，企业可以减少生产，缩小规模，专注于对市场份额的控制，以降低成本、提高效率。所以，市场占有率是企业竞争中非常重要的一个指标，它能够帮助企业在竞争中取得优势地位，提高盈利水平。

2. 市场占有率分析的内容

市场占有率分析的主要内容有以下两个方面：

（1）企业产品销售市场的地域分布情况，从销售市场的地域分布情况能大致衡量一个企业的经营能力和实力。

（2）企业产品在同类产品市场上的占有率，企业的市场占有率是利润之源。

3. 市场占有率分析的指标

（1）全部市场占有率：以企业的销售额占全行业销售额的百分比来表示。使用这种测量方法必须做两项决策：一是要以单位销售量或以销售额来表示市场占有率；二是正确认定行业的范围，即明确本行业所应包括的产品、市场等。

（2）可达市场占有率：以其销售额占企业所服务市场的百分比来表示。所谓可达市场，就是企业产品最适合的市场或企业市场营销努力所及的市场，也就是企业的目标市场。企业可能有近100%的可达市场占有率，却只有相对较小的全部市场占有率。

（3）相对市场占有率（相对于三个最大竞争者）：以企业销售额对最大的三个竞争者的销售额总和的百分比来表示。如某企业有30%的市场占有率，其最大的三个竞争者的市场占有率分别为20%、10%、10%，则该企业的相对市场占有率是30%÷（20%＋10%＋10%）＝75%。一般情况下，相对市场占有率高于33%即被认为是强势的。

（4）相对市场占有率：相对市场占有率是企业销售额与主要竞争对手销售业绩的对比，用以说明本企业的分销渠道是否比竞争对手更有效率。企业常用两个指标来计算相对市场占有率，即企业销售额与相对最大的三个竞争者的销售额总和的百分比，以及企业销售额相对市场领导型竞争者销售额的百分比。

4. 市场占有率分析的目的

通常，企业的销售绩效并不能完全反映出它相对于其竞争企业的经营状况如何。如果企业销售额增加了，可能是由于企业所处的整个经济环境的发展，也可能是因为与竞争者相比，其市场营销工作有相对改善。市场占有率正是剔除了一般的环境影响来考察企业本身的经营工作状况。如果企业的市场占有率提高，表明它比竞争者的情况更好；如果企业的市场占有率下降，则说明相较于竞争者，其绩效较差。

市场占有率分析目的在于：

（1）通过对市场占有率的严格定义，可使决策者了解本企业在市场中的位置。

（2）通过对市场占有率的构成因素分析，找到市场占有率上升或下降的具体原因，并为企业改进其营销工作提出明确建议。

5. 市场占有率分析方法

在了解企业市场占有率之后，企业还需要正确解释市场占有率变动的原因。

企业可从产品大类、顾客类型、地区以及其他方面来考察市场占有率的变动情况。一种有效的分析方法，是从顾客渗透率、顾客忠诚度、顾客选择性、价格选择性四个因素分析。

顾客渗透率，是指从本企业购买某产品的顾客占该产品所有顾客的百分比。

顾客忠诚度，是指顾客从本企业所购产品与其所购同种产品总量的百分比。

顾客选择性，是指本企业一般顾客的购买量相对于其他企业一般顾客的购买量的百分比。

价格选择性，是指本企业平均价格同所有其他企业平均价格的百分比。

全部市场占有率就可表述为：市场占有率＝顾客渗透率×顾客忠诚度×顾客选择性×价格选择性。假设某企业在一段时期内市场占有率有所下降，则上述公式为企业提供了四个可能的原因：① 企业失去了某些顾客（较低的顾客渗透率）；② 现有顾客从本企业所购产品数量在其全部购买中所占比重下降（较低的顾客忠诚度）；③ 企业现有顾客规模较小（较低的顾客选择性）；④ 相较于竞争者，企业的产品价格显得没有竞争力（较低的价格选择性）。经过调查，企业可以确定市场占有率改变的主要原因。

假设在期初，顾客渗透率是60%，顾客忠诚度是50%，顾客选择性是80%，价格选择性是125%。根据市场占有率计算公式，企业的市场占有率是30%。假设在期末，企业的市场占有率降为27%，企业在检查市场占有率要素时，发现顾客渗透率降为55%，顾客忠诚度仍为50%，顾客选择性降为75%，价格选择性升为130%。很明显，市场占有率下降的主要原因是失去了一些顾客（顾客渗透率下降），而这些顾客一般都有高于平均的购买量（顾客选择性下降）。这样，企业决策者就可集中力量对症下药了。

6. 网店市场数据分析

进行市场占有率分析，需要借一些专业的行业数据分析工具。以淘宝平台为例，可以使用生意参谋工具进行网店数据分析。

（1）使用生意参谋分析市场，主要包括以下几点。

① 应用订购。运用生意参谋中的市场分析应用，可以对竞争对手的网店营业状况、产品销售布局、流量推广来源、产品服务评价等几个方面进行详细了解。登录淘宝账号，找到右上方卖家中心，然后在"我订购的应用"中找到"生意参谋"。如果没有，搜索服务后可自行订购。订购标准版是免费的，如果想了解整个市场的数据，则需要付费订购市场分析专业版，它根据类目不同价格略有差异。生意参谋首页如图8-2所示。

图8-2 生意参谋首页

② 整体看板。打开生意参谋后，界面如图8-2所示，看到首页的部分，可以清楚看到网店实时的访客数、支付买家数、浏览量、支付子订单数以及网店所在行业里面的排名等。淘宝根据近30天的销售额，把卖家分为7个层级（见图8-3），随着层级的增加，销售额也增加，在生意参谋后台可以查看到自己网店在所在类目里的层级。

1、2层级	• 网店数量：70% • 流量入口：10%~20%
3、4、5层级	• 网店数量：20%~25% • 流量入口：约50%
6、7层级	• 网店数量：5%~10% • 流量入口：30%~40%

图8-3　网店层级

③ 竞争分析。在生意参谋里找到"竞争"，这里可以显示昨日流失金额、流失人数、引起本店流失网店数，如图8-4所示。

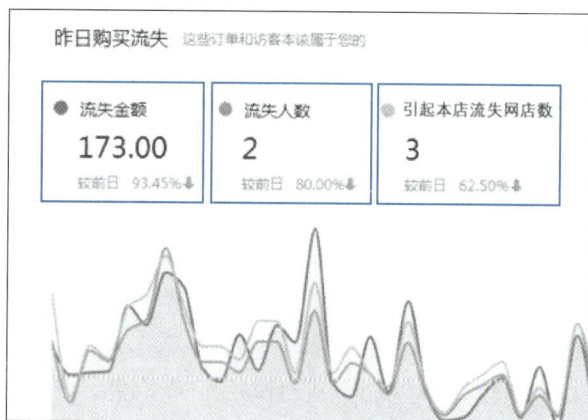

图8-4　昨日购买流失数据

如果网店有一定数量的品牌，并且购买了市场分析专业版界面，单击"品牌分析"，就可以看到当前类目下各个品牌按销售热度的排名，如图8-5所示。

图8-5　品牌详情

一般来说，每个品牌的产品都会有多个卖家销售，在"品牌详情"里面会有重点卖家数量，利用公式营业额＝访客数×转化率×客单价，可以计算出品牌的日/周/月营业额。再用营业额除以重点卖家数，就可以推测竞争对手的营业状况，在此基础上可以利用营业数据进行市场占有率分析，市场分析表如表8-1所示。

表8-1　市场分析表

品牌交易状况				
日期	访客数	转化率	客单价	交易指数

（2）网店市场占有率分析。在进行网店市场占有率分析时，要注意区分行业竞争对手和直接竞争对手。网店在进行市场分析时，要注意关注行业竞争对手，重点关注直接竞争对手。

区分行业竞争对手和直接竞争对手这两种不同的对手，也是为了更好地认识网店的优劣势。网店可以先定一个小目标，再定一个大目标，两个目标的参考标准不同。小目标就是目前现阶段短期要完成的目标，可参考直接竞争对手的。而大目标就是从长远来考虑要达到的目标，可参考行业领先的店铺或者单品。

在需求分层化、小众化的市场环境下，进行市场占有率分析，要对消费者人群有所取舍，精准聚焦目标消费者，从网店所在层级、产品细分市场占有率和相对市场占有率分析入手。

8.1.2　流量分析

流量分析是指在获得网站访问量基本数据的情况下，对有关数据进行统计、分析，从中发现用户访问网店的规律，并将这些规律与网店营销策略相结合，从而发现目前网店运营管理中存在的问题，并为进一步修正问题或重新制定运营策略提供依据。生意参谋平台中的流量分析就可以帮助网店弄清楚流量的来源和去向。

1. 流量分析概述

流量分析提供了全店流量的概况，包括流量的来源和去向、来访访客时段、地域等特征、网店装修的趋势和页面点击分布等信息，可以帮助网店快速看清流量的来龙去脉，在识别访客特征的同时，了解访客在网店页面上的点击行为，从而评估网店的引流、装修等健康度，帮助网店更好地进行流量管理和转化。流量分析导航功能如图8-6所示。

微课：数据指标解读

（1）流量概况。从流量总体规模可以知道网店的浏览量、访客数多少及其变化；从跳失率、人均浏览量、人均停留时长，可以了解入店访客的质量高低；从流量的付费免费结构、新老访客结构、PC端及移动端结构，可以知

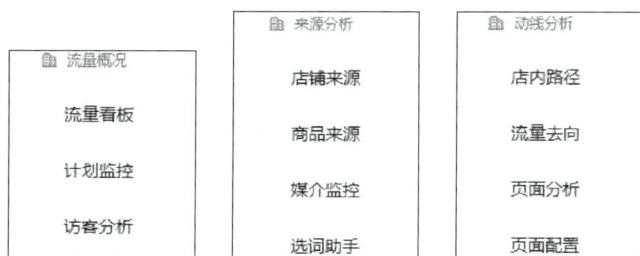

图8-6 流量分析导航功能

晓网店流量的整体布局；还可以通过选择日期、终端来有针对性地查看历史数据和不同终端的情况。

（2）来源分析。来源分析可用来验证引流策略是否奏效、各渠道引入流量的转化优劣情况、发现潜在的高转化流量渠道，从而指导网店进一步调整引流策略；通过对同行来源的查看，可以帮助网店发现行业中的高流量渠道、高转化渠道和未覆盖的空白渠道，协助网店进一步拓展渠道。

（3）路径分析。路径分析的作用包括：找到不同店铺页面之间的流转关系，验证是否按照既定路线和比例流转，发现问题类页面；看清店内各类页面的单页面流量，明确活动页面的冷热度，确定活动力度的调整；知晓访客离开网店的主要页面是哪些，从出口页面的优化上解决无转化、跳失率过高的问题；通过了解访客去向，进一步识别访客离开的原因，扬长避短。

流量分析页面如图8-7所示。

图8-7 流量分析页面

2. 网店整体流量分析

（1）确认网店整体流量所处的阶段和是否存在异常情况。在生意参谋首页就可以直观地看到这个店铺的大概情况，包括流量曲线图（见图8-8），了解到店铺的流量是处在上升、平稳，还是下降的状态。对比同行同层的流量曲线，网店就可以知道目前自己的流量增长情况是否和同行一致。如果一致，那么可初步判断流量整体没有异常情况；如果不一致，就需要找出波动的原因。

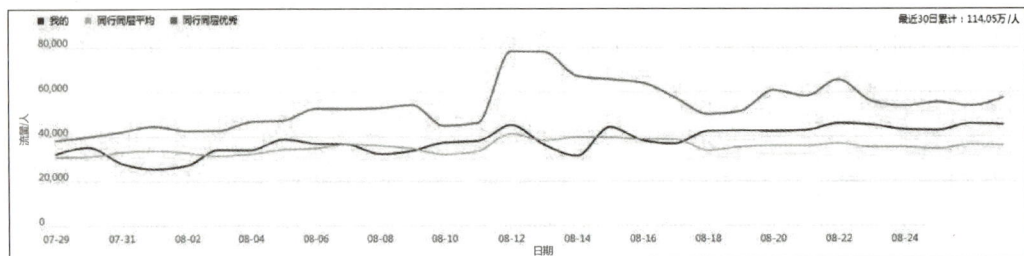

图8-8 流量曲线图

（2）从流量来源找出目前主要支撑网店流量的渠道。生意参谋中有具体的流量渠道数据，为了更方便地查看，网店可以将数据导出整理成透视图。在图中可以看到主要支撑网店的流量渠道有哪些，分别支撑的成交比例有多少，然后进一步分析这些渠道目前的状况，如图8-9所示。

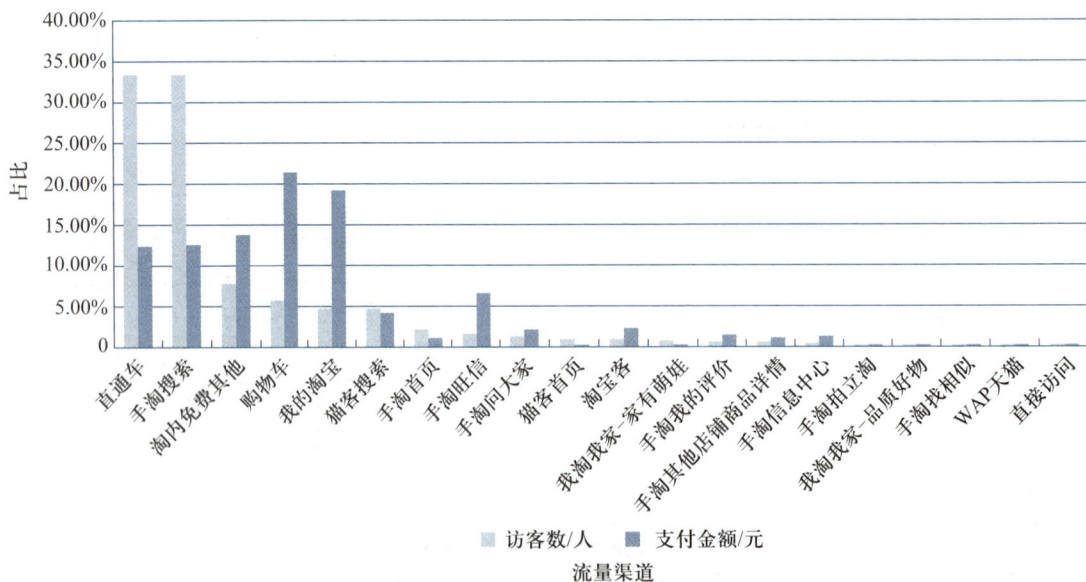

图8-9 流量构成

3. 主要流量的数据表现

（1）分析具体流量来源的波动是否和同行情况相同。分析某流量入口下的网店和同行的流量曲线图，可以知道目前网店流量增长情况是否和同行一致。如果一致，那么初步判断流量整体没有异常情况；如果不一致，就需要进一步找出波动的原因。

（2）具体分析流量来源有波动的商品/链接。一般有基础的网店都会存在消费偏向，也就是流量和销量集中于某几种商品，因此这种情况也会影响到流量入口的偏向性。对比这个入口的变化趋势，如果处于持续下降的阶段，那就要进一步分析这个商品的流量质量。

（3）分析主要流量的质量。

第一，总价值的体现：UV[①]价值。

$$UV价值 = 销售额 / 访客数$$
$$销售额 = 访客数 \times 转化率 \times 客单价$$

因此

$$UV价值 = 转化率 \times 客单价。$$

UV价值就是每个访客能带来多少销售额，它既代表某种商品的潜力，也代表某个流量渠道的潜力。如果某个流量渠道带来了较大的流量，而没有很好的UV价值，那么这个流量渠道就是需要重点关注并调整的。如果UV价值持续下降，那么这个流量渠道就需要优化。

第二，流量精准度的参考：跳失率、转化率。

流量精准度可以从成交的转化率和跳失率分析。跳失率是指访客只访问了 个页面就离开的访问次数占该页面总访问次数的比例。从这两个数据可以分析出某个流量入口是否需要调整，而重点观察对象是搜索流量和付费推广流量的数据。

（4）对比同行，找出流量缺口和提升点。通过流量来源的"同行"标签，可以看到同行优秀、平均的流量和成交情况；在首页的整体流量曲线图上，网店就可以看出店铺是处于优秀或平均之上、之间，还是之下。导出同行优秀/平均的数据，并将其与店铺的流量数据做出对比，参考同行流量较高和成交情况较好的流量，然后确定需要补充的流量渠道，以及网店所在店铺层级内流量的预估上限。

4. 流量的调整方向

（1）访客的时间段、地域的表现。访客分析可以分析时间段流量波动情况，一般与成交波动是一致的。如果波动不一致，就需要调整这个时间段的引流力度或者促销力度。同时，这也可以作为直通车投放时间段和投放地域参考，以此调整来提升店铺流量的精准度。

---

① UV：英文全称为 Unique Visitor，一般指独立访客。一定时间单位内，如果某访客从同一个 IP 地址访问某网站 n 次的话，访问次数计为 n 次，独立访客数则计为 1 次。

（2）访客人群画像的对比。流量人群的匹配度也是流量调整的一个重要参考，通过分析未支付访客与支付新买家、支付老买家之间的差距，从内容呈现、人群定向等方面来调整流量的精准度。

（3）引流词的调整方向。选词助手可以看到关键词带来的成交量和全网热度，因此，可以根据流量差距和搜索热度，通过直通车来加大投放，获取更多的流量。

总之，流量是成交的第一步，也是决定网店销售额的重要影响因素。通过对自己的网店一步步进行分析和诊断，可以得出流量调整的方向和目标。

8.1.3 转化率分析

不管是哪种流量渠道，转化率高的网店通常比转化率低的网店更容易得到更多的流量，前者的流量成本也比后者低，某网店整体转化情况如图8-10所示。

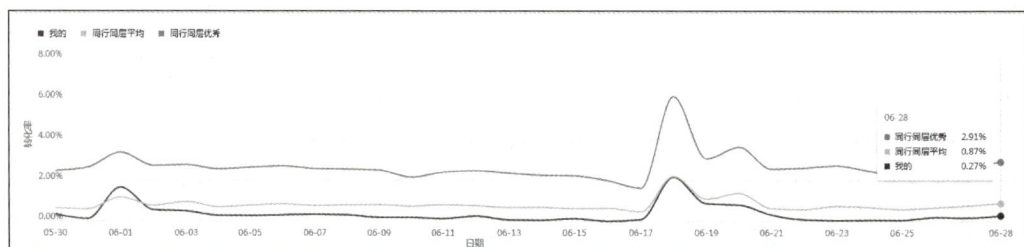

图8-10　某网店整体转化情况

网店可以通过数据查看转化率，与同层级的水平进行对比，如果转化率低，可以从以下四个方面进行分析：

1. 分析流量的渠道入口

来自不同渠道的流量，转化率是不相同的，有时候区别甚至会很大。在生意参谋的"流量"功能模块里面可以查看最近30天的数据和流量结构。如果支付转化率比较低或者最近下滑得比较明显，可以从以下五点查找原因：

（1）手淘首页的流量转化率会比较低。在流量结构中，如果出现了大量来自手淘首页的流量，一般情况下，整体转化率都会下滑。手淘首页的流量主要是通过"猜你喜欢"板块进行分配的，搜索引擎通过算法，根据网店标签和产品标签将推荐产品匹配给相应的访客。搜索流量和直通车流量通常代表着消费者的实际需求，手淘首页流量与其相比与精度较低。在这种情况下，店铺标签和产品标签越明确，这部分流量就会越多、越精准，转化率也会有相应的提升。

（2）活动流量的转化率会比较低。例如，天天特价等活动，这部分流量的整体转化率要低于搜索流量和直通车流量，如果网店最近做了活动，那么也可能导致其整体的支付转化率下滑。

（3）淘宝客流量的转化率会比较低。部分淘宝客通过群发方式进行推广，这种流量的转化率一般较低。

（4）其他流量。例如，大量的淘金币流量、其他的免费流量、来自站外的流量、异常流量等，都会导致转化率下滑。

（5）一些特殊情况。一些特殊情况也会导致网店的转化率低，例如，一般在大促前，整体大盘的支付转化率都会下降。再如，可能会有不良的竞争对手进行恶意竞争，给网店导入大量的垃圾流量，如直接访问、全标题搜索等，此时网店应及时跟平台反馈。

2. 分析进店关键词

进店关键词是需要网店重点关注的因素之一，其转化率对搜索的影响较大。在选词助手里面，查看“引流关键词”，可以看到最近一段时间（如7天）的数据，分析最近7天的进店关键词，如果排名靠前的关键词的引导下单转化率是0或者过低，就说明进店关键词非常不精准。

（1）零转化率。在标题优化或直通车优化过程中，要删除或替换不精准的进店关键词。不管是产品问题还是其他问题，不精准的进店关键词只会破坏网店标签和产品标签，导致搜索流量越来越少，进一步降低转化率。

（2）低转化率。如果进店关键词的转化率较低，不要急着下结论，可能是因为全网的转化率都低。网店可对比查看行业相关搜索词，如果本店的转化率比全网均值高，那么这个关键词还是有价值的；如果比全网均值低，就需要进一步优化。

大赛直通车

在电子商务技能大赛系统中查看进店关键词

电子商务技能大赛系统提供了进店关键词分析功能（见图8-11），通过经营分析—进店关键词分析，可以看到不同推广组/计划、不同商品、不同时间、不同进店关键词的数据，从而根据进店关键词的数据调整SEO优化和SEM推广。

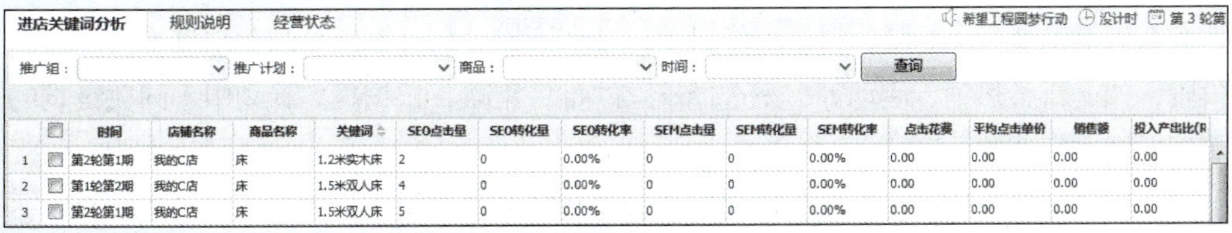

	时间	店铺名称	商品名称	关键词	SEO点击量	SEO转化量	SEO转化率	SEM点击量	SEM转化量	SEM转化率	点击花费	平均点击单价	销售额	投入产出比(R
1	第2轮第1期	我的C店	床	1.2米实木床	2	0	0.00%	0	0	0.00%	0.00	0.00	0.00	0.00
2	第1轮第2期	我的C店	床	1.5米双人床	4	0	0.00%	0	0	0.00%	0.00	0.00	0.00	0.00
3	第2轮第1期	我的C店	床	1.5米双人床	5	0	0.00%	0	0	0.00%	0.00	0.00	0.00	0.00

图8-11 电子商务技能大赛系统进店关键词

3. 分析标题转化率

商品标题关系着自然流量，推广标题也会对点击造成影响，优化得好既有利于对关键词的培养，也会间接影响转化率。一般对于服饰类等季节差异性明显的商品，标题则要根据季节优化调整；如果是一些冷门的小类目，标题则可以适当用一些搜索量较高的关键词；如果是竞争激励的类目，还是以精准长尾词作为标题核心关键词。

在标题优化时应注意，关键词不能重复堆砌，标题中的每一个字符都不能浪费，要充分利用每一个位置；尽量少用空格，在本身有空格的关键词中可以插入其他关键词；对于没有空格的长尾词，要保持紧密性原则，这样搜索权重才会提高；在推广不同阶段，要对标题进行相应的调整和优化，推广前期以精准长尾词为主导，推广后期则要加入流量热词，加大引流能力。

4. 分析直通车转化率

直通车核心精准流量获取的最终目标就是要把流量转化为订单，争取让每一次点击都能产生价值。

（1）利用匹配方式把控精准流量。如果关键词的匹配方式使用不当，可能会造成巨大的浪费。很多人会认为，要保证精准流量，就要把关键词匹配方式调为精确匹配，选择广泛匹配就意味着不相关和浪费推广资金。其实不然，广泛匹配不等于浪费推广资金，精确匹配也不等于精准流量。例如，网店选的关键词和业务相关度不高，用精确匹配也不一定比广泛匹配的效果更好。事实上，匹配方式跟流量是否精准没有直接关系，真正的精准流量应该通过关键词来判断，分析关键词的商业意图是否跟推广业务相符合；还应该通过访客购买意向来判断，访客愿意购买就会带来精准流量。关键词匹配方式还需要结合出价来一同设定。相对而言，一般关键词匹配方式越窄，出价越高；反之，出价越低。

（2）选择合适的关键词。在竞价中，每个关键词都代表着一个访客需求，用户搜索什么词，就意味着他有什么样的需求。因此，选择关键词非常重要，常见的关键词类型有：品牌词、产品词、通用词、行业词、活动词和人群词。这六类关键词中，品牌词和行业词相对比较容易转化，因此，在制定账户策略时，优先选用高点击率、高转化率、高投资回报率的品牌词和行业词，少用通用词和行业词。

（3）推广计划分类选词。推广计划最好分开，可以将主要计划与次要计划分开，为精准长尾词单开一个计划，保持条理清晰，合理安排计划。推广计划要根据不同的运营阶段，如上新、热销、活动等，来选择不同的推广策略，根据推广计划中不同关键词的数据反馈进行调整。

（4）关键词出价调整。在关键词出价调整时要兼顾质量分、点击率、转化率和投资回报率，不同时期有不同侧重点，前期重点在引流，后期重点在成交。对于数据反馈好的关键词要提高出价，对转化率和点击率都不理想的关键词则要降价。网店可以根据自身类目设定不同的执行标准，如设置展现排名>10，点击率<2%，转化率<1%，进行降价5%处理，调整之后要继续观察关键词的数据变化，保持最优排名。

5. 转化率低与流量去向

如果转化率降低伴随着网店的流失金额呈现持续上升的趋势，那么就要看一下这些金额都流失到哪里去了，找到竞争网店。分析竞争网店的商品跟本店商品的差异，找到引导消费者转而购买竞争对手商品的原因，从价格、服务、卖点、评价等各方面因素等分析。找到差距后，考虑本店能不能弥补差距，如果能弥补，就做出有针对性的调整；如果不能弥补，就要考虑是否放弃该商品。例如，如果竞争对手的优势完全体现在价格上，那么就要分析本店是否也能降价。

网商须担当
加强反垄断和反不正当竞争

党的二十大报告提出："加强反垄断和反不正当竞争，破除地方保护和行政性垄断，依法规范和引导资本健康发展。"2022年6月24日，第十三届全国人民代表大会常务委员会第三十五次会议通过修改《中华人民共和国反垄断法》(简称为《反垄断法》)的决定，自2022年8月1日起施行。《反垄断法》对电商平台等平台经济样态以直接监管与间接治理两种方式予以调整。

直接监管相关内容可参见《反垄断法》第九条和第二十二条第二款。其中第九条规定："经营者不得利用数据和算法、技术、资本优势以及平台规则等从事本法禁止的垄断行为。"第二十二条第二款再次规定："具有市场支配地位的经营者不得利用数据和算法、技术以及平台规则等从事前款规定的滥用市场支配地位的行为。"这两条规定直接针对经营者利用数据价值、算法挖掘、技术能力、平台规则、资本优势等限制竞争的不正当竞争行为及垄断行为。

间接监管相关内容可参见第十九条："经营者不得组织其他经营者达成垄断协议或者为其他经营者达成垄断协议提供实质性帮助。"这间接禁止电商平台形成垄断，要求电商平台在与商家沟通时应当警惕轴辐协议①出现的风险。

---

① 轴辐协议是指处于产业链上下游的经营者之间达成的一种排除、限制竞争的协议。

8.2 战略化运营——动态竞争

本书以电子商务技能大赛系统为例，分以下五个轮次来讲解网店战略化运营的内容。

8.2.1 第一轮运营："一步一个脚印"

在开始运营之前，首先要对电子商务技能大赛系统有个总体认识，并确定总体运营思路。

1. 了解系统总体构成

电子商务技能大赛系统构成如图8-12所示。

图8-12 电子商务技能大赛系统构成

电子商务技能大赛系统由开店、采购、推广、运营、财务5个模块构成，每个模块下又分成不同的子任务。这些模块和子任务放在一起，构成了一个由供应商、卖家、买家、物流、平台构成的电商生态系统，并建立起一个闭环绩效考核系统。运营人员需要通过分析数据魔方，做好区域、商品、人群定位；租赁办公场所，建立配送中心，装修网店，采购商品；根据数据魔方进行搜索引擎优化（SEO）操作，获取尽可能多的自然流量；进行关键词竞价（SEM）推广、获取尽可能多的付费流量；进行站外推广（电视广告、网盟、百度竞价排名）获取尽可能多的站外流量，引导买家进店消费；针对不同消费人群采取不同策略，制定商品价格，促成交易，提升转化率；处理订单，配送商品，结算资金；规划资金需求，控制成本，分析财务指标，调整策略，创造最大利润。对于运营者来说，首要任务就是在了解系统构成的基础上，熟悉各模块及其子任务的规则，并深入理解其中要点。

（1）流量产生。如前所述，电子商务技能大赛系统中有四种人群和三种引流方式。四种人群分别为品牌人群、低价人群、综合人群和犹豫不定人群；三种引流方式为SEO、SEM和站外推广。

① SEO：使用免费自然流量，优化标题关键词，尽可能匹配买方的搜索习惯，在买方搜索某个关键词时，展示与该关键词相关的商品，并取得靠前的自然排名。

② SEM：付费购买流量，通过对自己所销售商品相关的关键词出具一定的点击价格，在买方搜索其中某个关键词时，展示与该关键词相关的商品，并取得靠前的搜索排名。

③ 站外推广：根据网店的经营需求，卖家可以对已经筹建完成的B店发布的商品，在系统中选择央视、网络广告联盟、百度三种媒体中的一种或多种进行推广，用来吸引品牌人群的购买需求，增加网店人气及商品人气。

（2）订单转化。品牌人群通过站外推广进入店铺，根据成交规则计算品牌人群成交指数，以及品牌人群成交百分比进行转化，各类人群成交规则在软件中可以看到，在此不再赘述。

由系统模拟其他人群买家，根据买家搜索习惯进行一次关键词搜索，与卖家设置的SEO、SEM关键词进行匹配。以10人小组为例，如果匹配成功，则分别展现SEO结果和SEM结果的前6名；如果不匹配，返回重新搜索。接下来再展现结果中的SEO前4名和SEM前3名，如果被点击，则被点击者进入成交转化环节。进入转化环节后，如果产生转化，则根据不同人群的成交规则进行转化，展现结果中的SEO前4名和SEM前3名。运营者一方面要做好SEO和SEM引流，争取高的流量和靠前的排名位置，另一方面也要根据人群特点、自身经营状况和竞争对手的竞争策略，确定人群定位、产品的定价等运营策略。在订单产生转化过程中，各环节产生的数据都将会返回数据魔方，并对后续运营产生影响，如图8-13所示。

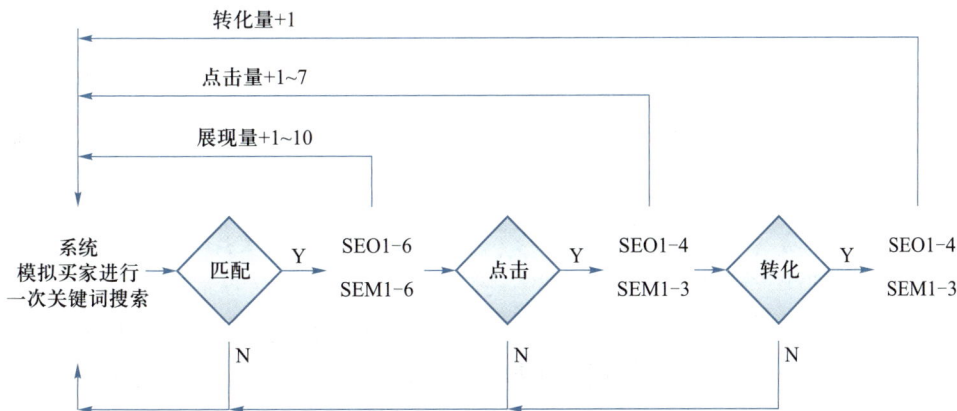

图8-13 订单转化过程

（3）财务控制。在运营过程中产生的主要费用和成本有应付款、工资、租赁费、维修费、售后服务费、库存管理费、行政管理费、物流费、SEM推广费、站外媒体费、慈善捐款、贷款利息以及应交税款等。运营者要清楚这些费用是如何产生的，以及它们对运营产生的影响，管控好现金流，进行合理融资，决策贷什么，贷多少，什么时候贷。要树立成本意识，合理使用资金，一方面为提升运营成绩，要敢于加大投入资金进行推广引流，塑造品牌形象，提升员工业务能力；另一方面要注意控制成本，将各项花费限制在合理范围内，提升SEM推广、站外媒体推广等资金投入的效率效果，得到较高的回报。另外，要关注财务报表中的所有者权益、营业收入、利润以及现金流等关键数据，时刻牢记贷款是有利息的，以需定贷，要高效利用每一分资金。

2. 确定总体运营理念

在电子商务技能大赛系统中，网店运营推广的基本工作流程为"数据分析—市场定位—营销推广—店铺运营—效果分析与反馈"的闭环循环。其中，数据魔方是运营的出发点，它包含了产品、需求、价格、人群、关键词五方面的信息，是每一期运营都要参考的基础数据。一个完整的数据分析过程为"收集业务间数据—转化数据模型—分析业务数据—得出分析结果—调整经营策略组成"的闭环循环。在运营推广中，运营者不能根据主观臆断和历史经验进行决策，要掌握数据分析能力，根据运营数据做出决策，调整运营策略，也就是要树立"无数据，不电商"的数据化运营的理念。一方面，所有的决策都基于数据；另一方面，要通过数据找到业务增长点和调整方向。

3. 开始运营

在第一轮运营中，先在数据分析的基础上初步确定好第一轮第一期消费人群的市场定位。人群成交顺序是：品牌人群＞低价人群＞综合人群＞犹豫不定人群，但品牌人群要在B店筹建完成之后才会出现，因此第一轮无法获得品牌人群订单。另外，由于犹豫不定人群最后成交，并且在商品需求数量上并不占优，因此一般不适合直接定位于犹豫不定人群。开局常用的定位策略是定位在低价人群和综合人群上。

（1）低价人群定位策略。如果将客户定位为低价人群，就要在满足物流售后等基本条件的基础上制定较低的商品价格，以保证具备成交资格并获取订单，这里需要注意以下两点：

第一，制定低价格前需要做好成本核算和财务预算，避免因定价过低而不能弥补成本，无法获取利润，导致贷款不能按期偿还，出现资金流断裂、网店提前破产的现象。

第二，如果竞争环境中大多数网店都采取低价人群定位策略，竞争过于激烈，可能会因为价格比其他网店制定得高而无法获得大量订单，造成商品积压，最终入不敷出，使网店因无法偿还贷款而最终破产。

采用这种策略的企业如果能够提前做好成本核算和财务预算，制定出比竞争对手更低的价格，就可获得大量订单，按期偿还贷款，积攒较多的人气，在后期可以逐步提高价格，争取获得更高的利润，同时利用团购、秒杀、套餐等促销策略吸引犹豫不定人群，获得更多的订单。

（2）综合人群定位策略。如果将客户定位为综合人群，就要先在满足物流售后等基本条件的基础上，为商品制定较为合适的价格，根据成交规则和数据魔方中的商品均价，综合人群的定价不能超出浮动上线，当店铺一口价+物流运费>当地市场价×（1+综合人群价格浮动）时，定价为违规价格，不具备成交条件。

此外，还要设法提高综合人群成交百分比，例如，将办公地点选在品牌影响力较高的地区、在综合人群分布的主要城市进行慈善捐款、雇佣较多业务能力较强的工作人员等措施，都可提高综合人群成交百分比。在第一轮第一期各网店都没有订单和人气的环境中，采用强有力的促销方式，如高价秒杀，可以争取更多的订单并吸引更多的人气，既能为本期带来较多的利润，又能为后期积累销售额和人气，从而提高后期的综合人群成交百分比，带来更多的人气。采用本定位策略需要注意以下三点：

一是定位综合人群并采用低价秒杀是一种危险策略，制定的价格不可过低，因为综合人群需要投入的成本较多；并且由于竞争对手的存在，对成交指数的影响存在不确定性，稍有不慎就可能造成大麻烦。

二是如果竞争环境中数家店铺都采取综合人群定位策略，竞争过于激烈，但此时订单并不多，就需要适时改变策略。

三是在运营流程中，各类人群都要先处理物流需求迫切的客户，再做好订单统计，看到有的订单缺货时还要在下一期及时补货并处理订单，按客户要求的时间调整物流方式，保证客户收货的时间，这样才能提高网店的信誉分。对综合人群要格外注意这一点，如果运营不当，不能满足客户的要求，网店就会持续失去信誉分直至信誉分变为负数。因此，采用这一定位策略的网店，一定要做好运营。

采用这种策略的网店如果能够提前做好预估、合理定价，获得大量综合人群的订单，结合使用吸引客户的促销方式，争取犹豫不定人群，积累较高的人气，适度提升慈善捐款额度和媒体影响力，就能获得更多的订单，进而占有综合人群和品牌人群的大量市场。

（3）分级采购策略。在操作时间允许的情况下，建议采用分级采购、分级定价的采购方式，在运营初期更应如此。

第一，采用分级采购可以分散风险，调整采购成本。尽管同种商品一次性采购数量和信誉度都达到卖家的促销方式要求，可以享受价格和账期上的优惠，但是第一轮运营风格未知，可能存在巨大风险。采用分级采购方式可以规避风险，测试市场价格，进而调整采购成本。

第二，采用分级采购可以分析对手，保持企业信誉分。在运营中后期，仍可视情况采用分级采购策略。竞争对手通过分析上一轮次的各小组的运营状况，可分析判断本小组需要大量交付的某种产品，如果竞争对手进行加价采购，可能会出现断货，导致本小组无法交货，就会产生大量违约订单，影响企业信誉度和运营绩效。为此，在非绝对优势情况下，建议分级采购。

（4）融资贷款策略。融资贷款有利于网店迅速扩大规模，抢占市场，但同时也会导致运营成本上升，一旦现金流断裂无法归还贷款，将导致网店破产。贷款数量的多少取决于所有者权益，在运营的前2轮，网店处于起始阶段，尚未完成原始积累，资金有限，盈利能力有限，但为取得竞争优势，需要大量投入资金抢占市场占有率，因此会导致运营成本上升，利润下降，所有者权益降低，从而可能导致网店融资困难。在前2轮运营中，需要格外关注所有者权益。市场占有率高，处于相对优势，所有者权益高，可以大量融资，加快网店发展；市场占有率低，处于相对劣势情，要保证所有者权益，提升贷款额度，为后期调整策略、反败为胜提供机会。

在贷款策略上，账期延后会导致初期资金匮乏，因此一般需要贷款，从系统规则中可以知道，首先要选择长贷和短贷，其次才是民间融资。

在贷款方式上，长贷利息较高，但是可以缓解短期还款压力，在使用部分短贷额度后，可在轮末根据运营情况，选择是否将长短贷的共用额度贷满。

在贷款数额上，根据要实现的运营目标，以需定贷，不浪费每一分贷款。

在贷款用途上，主要用于解决实现运营目标的短期现金缺口，在初期竞争形势不明、缺少分析数据的情况下，将贷款资金大量用于慈善、SEM推广等收益与风险不确定的支出项目是非常危险的。

总之，在第一轮运营中，建议遵照一般创业企业的发展规律，控制成本，提升运营效率，避免在根基不稳、市场竞争形势不明的情况下盲目冒进。在人群定位、商品定价、引流推广和财务控制上都要稳扎稳打，一步一个脚印。

8.2.2 第二轮运营："别把鸡蛋放到同一个篮子里"

进入第二轮运营后，受第一轮运营的影响，各组的财务状况、市场占有率、商品绩效等各方面均产生了一些差距，同时也有了竞争数据可供运营者分析并调整策略。

1. 人群策略多种组合

在第二轮运营中需要确定主要人群策略，在四种人群中，根据不同阶段的运营需要和竞争需要，选择合适的人群。竞争对手的行为会对本小组运营产生深刻影响，因此，在运营中要避免人群策略单一化。通过上一轮运营，分析对手的产品策略、定价策略、人群策略，对本组的运营策略进行调整。在确定主要人群定位的基础上，通过运用多种人群组合策略提升运营绩效，分散风险，如表8-2所示。

表8-2　四种人群成交规则

人群	品牌人群	低价人群	综合人群	犹豫不定人群
成交规则	品牌人群成交指数规则	一口价最低品规则	综合人群成交指数规则	优惠额度最大促销规则
特点	高价高成本，数量少	低价低成本，数量多	高价高成本，数量多	低价低成本，数量少
策略	可通过提升媒体影响力来弥补商品评价的不足	在搜索引流成功的基础上大量采购和销售，获取规模效益	从卖家企业信誉度、卖家店铺总人气、媒体影响力、员工能力等方面提升成交指数	采取各种促销方式，通过调整定价和折扣，提升优惠力度

2. C店B店双轮驱动

在2-2（2-2是指第二轮第二期，以下同理）运营开始后，B店筹建成功，后期竞争的焦点很有可能在品牌人群和综合人群上，为此需要C店和B店同时发展，不可过于偏颇。如果仅仅把希望寄托在C店，将失去B店的品牌人群，既不利于差异化竞争，提升销售额，也等于放任竞争对手发展，将自身置于危险之中。C店和B店共同发展，在运营中要注意以下几点：

（1）在C店有优势情况下，可扶持B店发展。

（2）C店和B店要实施差异化竞争，不要采用同一策略，导致内部竞争，在人群组合、产品定价上要互相配合。

（3）C店和B店在引流方式上也要有所差异，即根据运营绩效和竞争态势在SEM和SEO上各有侧重，在淘词选词上互相配合。

8.2.3　第三轮运营："好钢用在刀刃上"

在第三轮运营中，C店已完成初期运营，进入快速发展、确立优势阶段；B店也经过了一期运营培育；后期运营竞争的重点——品牌人群也开始出现。因此，做好本轮运营在决定最终成绩上往往起到关键作用。

1. 清仓末期产品

作为运营人员，通过分析产品的市场需求分布状态，顺应市场需求发展趋势，就更容易获得成功。顺应市场需求规律，就能起到事半功倍的效果；否则，可能会事倍功半，甚至起到反预期的效果。分析产品需求分布状态要从两方面入手：一是了解产品的生命周期，二是了解产品生命周期内的市场需求的价格、数量、价值、地点、人群特征等信息，如表8-3所示。这些信息可以从电子商务技能大赛系统中提供的市场预测中大

表8-3 产品生命周期——关键词出价表

价格/元

类别	商品	1-1	1-2	2-1	2-2	3-1	3-2	4-1	4-2	5-1	5-2
服装	裤子	8	7.68/999	7.36	7.04	6.8	6.56	6.24			
	西装				16	15.36	14.72	14.08	13.6	13.12	12.84
	连衣裙								12	11.52	11.04
首饰	项链	80	79.2	78.4	77.6	76.8	76	75.2	74.4	73.6	
	手链					72	68.4	64.8	61.92	58.32	55.44
	戒指									52	49.4
家具	桌子	56	54.88	53.76	52.64	51.52					
	床		40	36.8	34	31.2	28.8	26.4	24.4	22.4	
	柜子						60	55.2	51	46.8	43.2
电器	油烟机	32	29.44	27.2	24.96	23.04					
	平板电视			24	21.6	19.44	17.52	15.84	14.16	12.72	
	热水器							20	18	16.2	14.6
	空调										36

体了解到，尽管这里看到的只是产品的大致走势，最终真实市场需求还是要从数据魔方中得出，但是提前研究产品预测信息，只有将产品价格、数量、生命周期等信息了然于心，才能提前做好运营规划，制定产品组合，在产品生命周期结束时，提前准备清仓，将有限的资金等资源用在优势产品和新商品上。

在表8-3中，第三轮运营时桌子和油烟机这两个产品在3-1将退出市场，如果在3-1期中无法销售出去，将会导致资金和库存空间占用，产生大量库存管理费，因此，在3-1甚至2-2运营中就要提前做好规划，避免将有限的宝贵资金浪费掉，例如：

（1）从2-2开始可以结合资金状况制定两种商品的销售策略，并保证3-1采购商品完成订单，再将剩余产品全部清仓。

（2）3-1采购策略制定，一是统计两种商品未交货订单状况，适度提高采购价格，以保证交货，避免违约退单；二是决策本期是否继续销售，如果继续销售，要控制好采购数量，配合定价、人群策略，保证全部出货。

（3）如果3-1存在大量这两种商品尚未销售，要提升引流、增强销售力度，对上架数量停止加预售，制定有吸引力的价格，甚至亏损清仓，保证产品全部出库。

同样，后期对裤子在4-1的运营中也要提前做好规划。

2. 打造优势产品

在第二轮运营中，各小组的人群、产品优势初步显现，网店可利用已取得的人群、产品优势，扩大优势，减少劣势，提升业绩。运营者除了要关注人群策略，还要注重产品市场分析，通过分析产品定位、产品销售业绩等，判断产品未来销售趋势，结合竞争态势、引流策略、定价策略，及时灵活调整运营。不可不做产品市场分析，不顾竞争态势，按固定思维操作，该放弃的劣势产品不放弃，该提升的优势产品不提升，该抓住的新产品不抓住，务必要将有限的资源用在能扩大竞争优势的人群和产品上，常用的市场分析方法有SWOT分析法和波士顿矩阵法等。

（1）SWOT分析法。SWOT分析，即态势分析法，S（Strengths）是优势，W（Weaknesses）是劣势，O（Opportunities）是机会，T（Threats）是威胁。这种方法将对企业/产品内外部条件各方面内容进行综合和概括，进而将组织的优劣势、面临的机会与威胁通过调查列举出来，并依照矩阵形式排列，然后用系统分析的思想，把各种因素相互匹配起来加以分析，从中得出一系列相应的结论，而结论通常带有一定的决策性，较为宏观和主观。

基于SWOT分析主要有两个方面：第一，优势与劣势：相对于竞争对手来说的优势与劣势主要包括组织能力、资源和技能等，比如研发能力、用户基础、市场份额、人力资源、政府公关等；第二，机会与风险：是指超出了企业可控范围内力量、问题、趋势、事件，比如技术变化、新市场出现、法律法规变化、趋势变化等。

在电子商务技能大赛系统中，SWOT分析主要用于分析竞争对手，可以重点从市场占有率、排行榜、企业信息、产品定价和促销信息、SEO和SEM信息、财务信息、库存信息方面进行分析。

（2）波士顿矩阵法。本法将所有产品从销售增长率和市场占有率角度进行再组合，在坐标图上，以纵轴表示企业销售增长率，横轴表示市场占有率，通常各以一定比例作为区分销售增长率和市场占有率高、低的中点，将坐标图划分为四个象限，依次为"问号（？）""明星（★）""金牛（¥）"和"瘦狗（×）"。在使用中，可将产品按各自的销售增长率和市场占有率归入不同象限，使现有产品组合一目了然，同时便于对处于不同象限的产品做出不同的发展决策。其目的在于通过产品所处不同象限的划分，使店铺采取不同决策，以保证其不断地淘汰无发展前景的产品，保持"问号""明星""现金牛"产品的合理组合，实现产品及资源分配结构的良性循环，如图8-14所示。

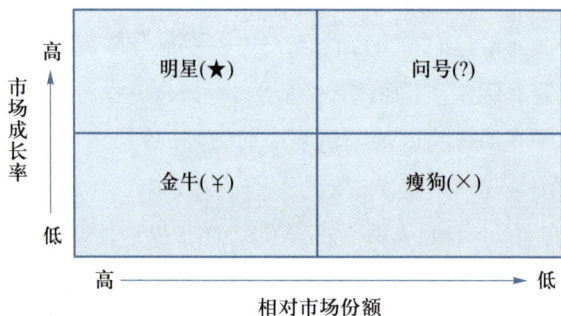

图8-14　波士顿矩阵

在电子商务技能大赛系统中，波士顿矩阵用于产品组合分析，在运营中，可根据不同竞争态势确定销售增长率和市场成长率的合适分界比例，用来分析店铺产品组合。

3. 提升推广效率

运营者要明白：流量不一定带来转化，网店要根据资金、绩效、引流效果等情况量力而为，及时调整，例如：控制SEM资金、剔除ROI低的关键词、针对C店和B店采用有差异的引流方式等，切不可白白浪费资金，要将有限的资金用在有效的引流方式上。

（1）SEO推广调整。从SEO推广规则中可以推出以下结论：

① SEO推广中关键词使用核心词时，商品绩效越高带来流量越多。

② SEO推广中关键词使用核心词时，商品绩效低时推广效果差。

③ SEO推广中产品绩效低时，使用长尾词的推广效果要好于使用核心词的推广效果。

在第一轮运营中，大部分店铺都会采用从数据魔方中提炼出来的核心词，这些词虽然彼此间有差异，但一般来说相差不大，如表8-4所示。

表8-4　SEO关键词示例

商品	关键词
裤子	女裤、连体、打底、大码、短裤、休闲
西装	西装、修身、休闲、外套、春装、雪纺
连衣裙	连衣裙、2023年、长裙、女装、裙子、雪纺、夏装
项链	项链、纯银、毛衣、情侣、水晶、饰品
床	皮床、双层、实木、双人、儿童、折叠床
戒指	戒指、玻璃种、老凤祥、缅甸玉、黄翡、戒面、路路通
桌子	餐桌、计算机、梳妆、书桌、实木、折叠、简约
手链	手链、碧玺、水晶、手串
柜子	衣柜、书柜、鞋柜、实木、电视柜、玄关柜、简易柜
油烟机	油烟、樱花、吸油、抽油、方太、广州、老板
平板电视	电视、液晶、LED、三星、TCL、创维、长虹
热水器	热水、电热、厨宝、即热、太阳能、海尔、美的

第二轮末和进入第三轮运营后，B店要制定SEO关键词，C店也要根据商品绩效和运营计划做出是否调整SEO的决策。

（2）SEM推广调整。从SEM推广规则中可以推出以下结论：

① SEM推广中使用核心词在低质量分时低出价，引流效果不佳。

② SEM推广中使用核心词在高质量分时低出价，引流效果不佳。

③ SEM推广中使用核心词在高质量分时高出价，引流效果较好。

④ SEM推广中使用核心词在低质量分时高出价，引流效果尚可。

总之，无论质量分高低，价格过低引流效果都不好，此外，在关键词出价一定的情况下要注意：SEM推广中使用长尾词在低质量分时高出价，引流效果可能会好于使用核心词；SEM推广中使用长尾词在高质量分时高出价，引流效果少于使用核心词，但是可在一定程度上降低无效点击数量。

例如，在3-2运营中，部分队伍在SEM上会只保留质量分较高的词，这样做的优点是：通过对SEM关键词的筛选，竞价相对更有优势，保证SEM转化率的提高，可提升质量，减少成本。缺点是覆盖范围较小。

（3）SEO和SEM配合。

① 低商品绩效时，SEO长尾词、SEM核心词以SEM为主要引流方式，SEO为差异引流方式。

② 高商品绩效时，SEO核心词、SEM长尾词以SEO为主要引流方式，SEM为差异引流方式。

③ 无论商品绩效高低，SEO核心词+SEM核心词，几乎等于放弃SEO引流。

推广方式—商品绩效—关键词组合矩阵。如图8-15所示。

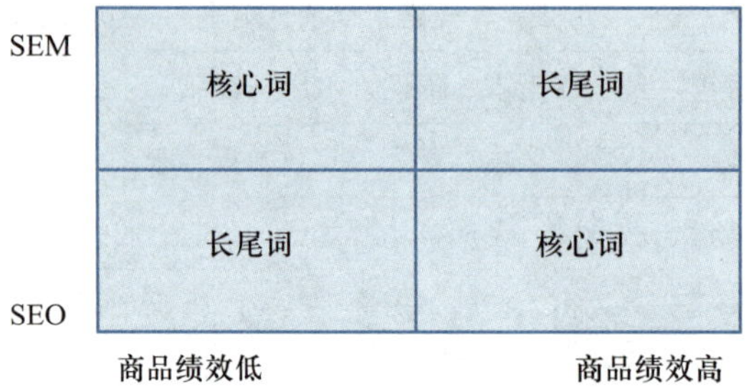

图8-15　推广方式—商品绩效—关键词组合矩阵

（4）站外推广。在3-2运营中出现品牌人群，根据店铺运营策略，如果要主打品牌人群，要做好财务分析，结合B店运营状态和竞争态势，按规则投放站外媒体，注意分析站外媒体的影响力度，有选择性地投标。

8.2.4　第四轮运营："优势产品带动劣势产品"

进入第四轮运营后，C店人群优势和前期产品优势已经完全确立，因此竞争主要围绕运营时间相对较短的B店的品牌人群，以及经营新产品的C店和B店运营组合策略上。在本期运营中，要注意巩固已取得优势地位的产品的市场占有率，用优势产品带动劣势产品，C店已经取得优势的，要带动B店运营绩效。

下面以某次比赛中前三名运营数据为例，具体分析各自的运营策略。yCgs开局很好，占据非常大的优势，gChs跟随其后，yCun开局不利，现金一度非常紧张，从第四轮开始，yCgs未能保持优势，gChs和yCun采取不同策略追赶。第三轮现金流量数据如表8-5所示。

表8-5　第三轮现金流量数据　　　　　　　　　　　　　　　　　　单位：元

小组	SEM投入	站外推广	采购费用	长期贷款	短期贷款	民间融资	物流费	签收账款
yCun	−205	−162	−4 189	0	500	1 200	−471	7 955
yCgs	−301	−1 360	−9 592	0	4 200	4 300	−1 077	17 220
gChs	−313	−61	−6 819	3 300	3 300	3 300	−459	11 907

第四轮现金流量数据如表8-7所示，由表8-6可知：

yCun由于前期欠货太过严重，本轮库存严重不足，卖出商品较少；

yCgs争取到大量品牌人群，运营很有起色；

gChs放弃了品牌人群，本轮收益还算可以。

yCun本轮投入大量媒体推广，争取到大量品牌人群，翻盘之势已起；

yCgs媒体投放力度不及对手，本轮收益急剧下降，物流费用也较高；

gChs意在垄断新商品连衣裙，没有达预期的效果。

表8-6　第四轮现金流量数据　　　　　　　　　　　　单位/元

小组	SEM投入	站外推广	采购费用	长期贷款	短期贷款	民间融资	物流费	签收账款
yCun	−694	−4 356	−11 012	0	4 300	4 400	−1 148	16 513
yCgs	−390	−902	−10 854	0	0	11 500	−1 964	14 819
gChs	−300	−1 008	−19 693	0	8 900	7 800	−856	15 589

　　从现金流数据中可以看出，本组竞争的转折点在第四轮，本轮市场占有率情况如图8-16所示。

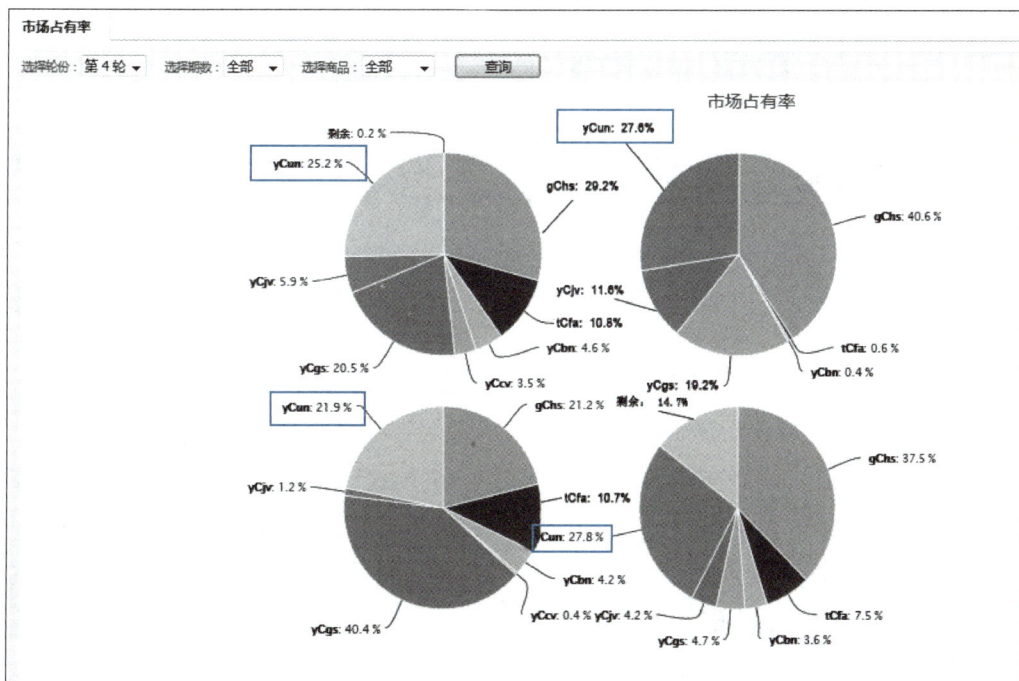

图8-16　第四轮市场占有率

通过资金和市场占有率对比可以看出，yCun本轮销售额大获成功，主要是因为投中了站外推广，带动了综合人群和品牌人群的销售额，C店也成功利用较低的价格占领了低价市场。从饼状图上看，yCgs也争取到了大量低价人群，争取到的综合人群和品牌人群的比例也不低，yCun的市场占有率并不占优势，在综合人群和品牌人群上与gChs相比还要差点。所以，除了人群组合，产品组合是yCun反转的另一因素。第四轮yCun的产品组合如图8-17所示。

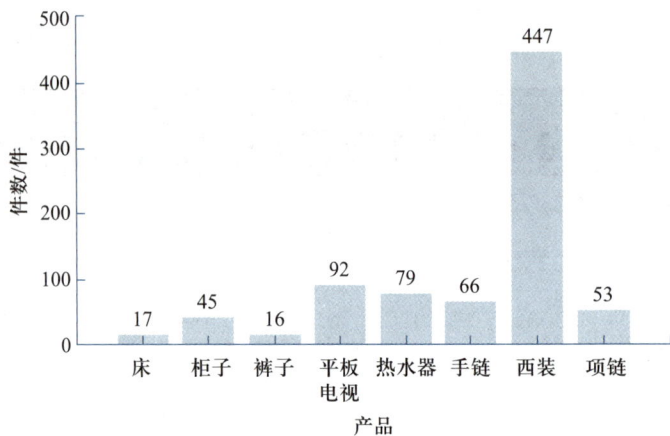

图8-17　yCun产品组合

yCun的市场占有率如表8-7所示。

表8-7　yCun市场占有率

	品牌人群	低价人群	综合人群	犹豫人群
项链	63.6%	44.3%	25.0%	48.8%
手链	63.2%	77.9 %	39.1 %	26.9%

从图8-21及表8-8可知，高价值产品中手链和项链yCun在前期的绩效不错，第四轮拿到了大部分市场份额，其他诸如3-2出现的柜子，4-1出现的热水器都有不错的销量。另外，西装在前期绩效一直不错，本期继续大卖，作为现金牛产品，也为本期其他产品的运营提供了资金支持，优势产品带动劣势产品，C店B店协同发展，取得了不错的效果。yCgs在前期形势大好的情况下，未能利用平板电视、床等产品带来的优势，带动新产品的销售，也未能带动高价值产品项链和手链的销售，只能继续依靠原有产品提升业绩，在媒体投入上误判形势，失去了巩固优势、扩大销售、提升利润的机会。

8.2.5 第五轮运营:"行百里者半九十"

在最后一轮运营中仍然要关注对手,延续正确做法,特别是在竞争比较焦灼的情况下,是否能将优势转化为胜利,在此一举,要注意防范竞争对手,控制不必要的运营成本,切不可疏忽大意,在赛场中最后时刻翻车的案例并不鲜见。继续看上一案例,第五轮现金流量数据如表8-8所示。

表8-8 第五轮现金流量数据   单位/元

小组	SEM投入	站外推广	采购费用	长期贷款	短期贷款	民间融资	物流费用	签收账款
C11	−57	−1 292	−5 570	0	6 600	0	−581	21 473
C8	−150	−1 035	−2 461	0	0	0	−988	6 941
C1	−199	−132	−14 378	0	11 300	4 400	−530	13 697

yCun本轮乘势占据大量市场,完成翻盘;yCgs崩盘;gChs仍垄断新品连衣裙,效果一般。继续看一下市场占有率,第五轮市场占有率如图8-18所示。

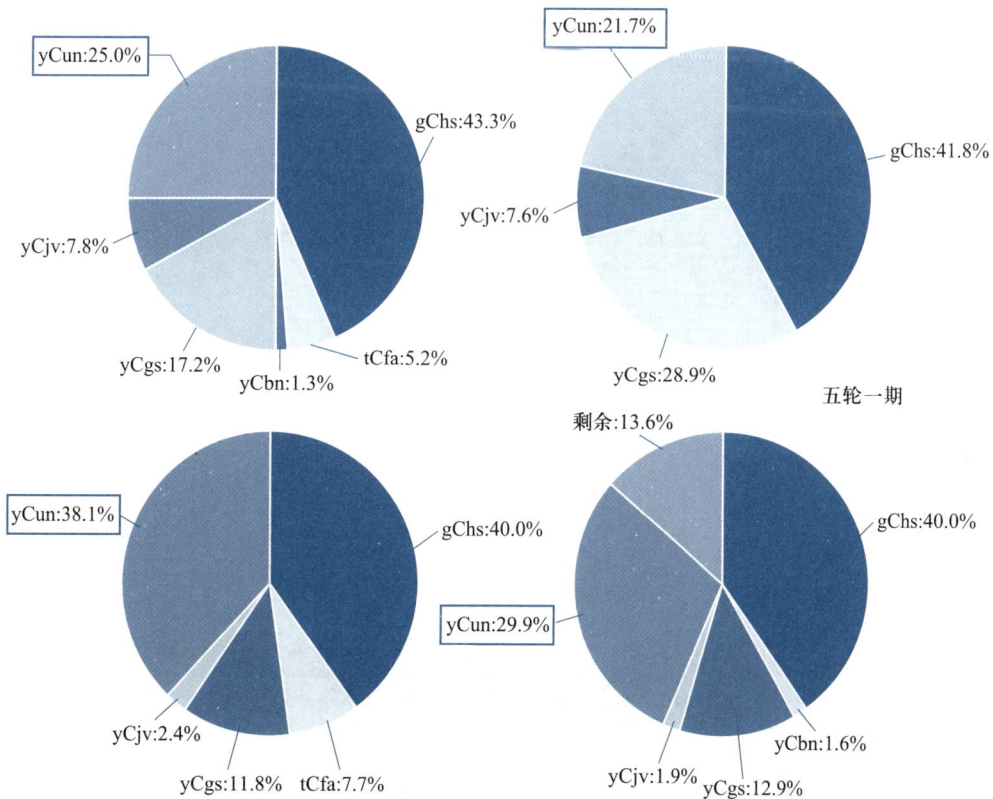

图8-18 第五轮市场占有率

yCun在本轮稳定住市场，从饼状图上看在四种人群上都取得了不错的成绩，品牌人群比上一期略有下降，低价和犹豫人群比上期有所提升。yCgs本轮提升站外媒体投放资金，在品牌人群上取得效果，但在低价人群上严重下滑，犹豫人群带来有限的增长，难挡yCun翻盘的节奏。从饼状图上看，gChs似乎占据全面优势，但如同上一期一样，在产品组合上以大量低价产品为主，因此绩效不如gChs。第五轮各组的产品组合如图8-19所示。

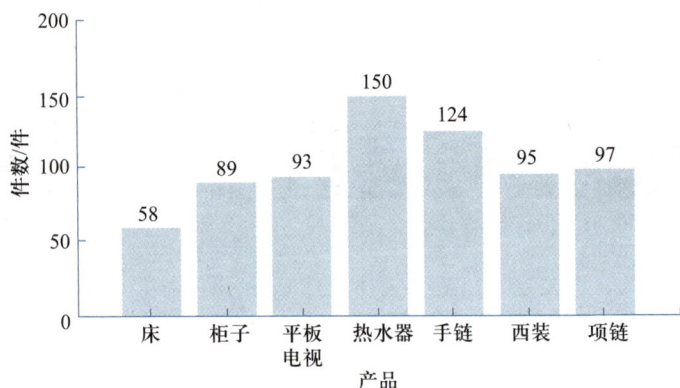

(a) yCun第五轮

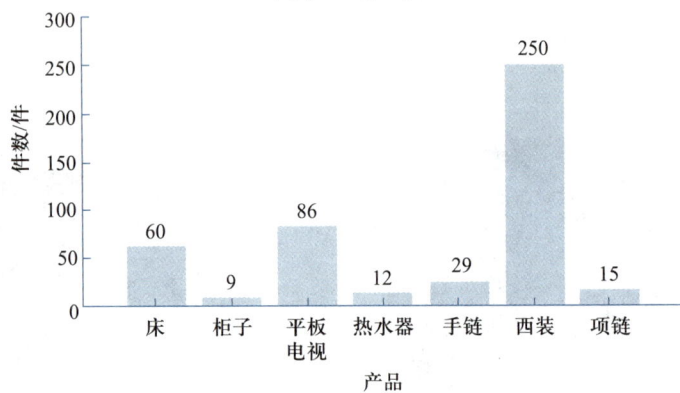

(b) yCgs第五轮

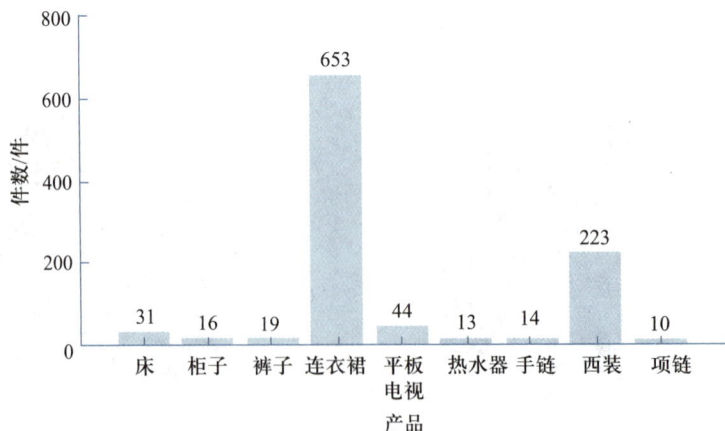

(c) gChs第五轮

图8-19　第五轮各组产品组合

yCun在大幅提升手链、项链销售的基础上，3-2新品柜子和第四轮新品热水器的绩效显现出来，同时在低价市场抢占了yCgs赖以生存的床和平板电视市场。尽管yCgs和gChs同时针对yCun曾经的现金牛产品西装进行了断货处理，导致yCun西装占有率大幅下降，但为时已晚，yCun将"多产品组合策略+多样化人群策略"延续到底，业绩全面开花，西装占有率的下滑已无关大局。yCgs延续颓势，gChs产品单一，独木难支，虽然连续两轮垄断连衣裙，但产品利润低，对业绩提升有限。

本组运营是一场经典的翻盘案例，总结下来，各组运营都有可圈可点之处。yCun在开局不利的情况下，中期及时调整，适时放弃旧产品，及时抓到了新产品，并通过数据分析敏锐地抓住了关键节点的机会，后期将正确策略贯彻执行到底，最终实现逆转。yCgs开局大胆采用冒险策略，谨慎运营，取得了巨大优势，但中期未能进一步扩大优势，后期对市场分析不够仔细，给对手留下机会，最终溃败。gChs在开局不错的情况下，紧紧跟随yCgs，中期避开与yCgs的正面竞争，在后期通过垄断新品试图赶超，但折扣力度大、费用高、利润低，最终未能实现意图。

本场对战，yCun能实现翻盘，是三方面因素共同作用的结果，第一是yCun将运营策略贯彻执行并敏锐抓住市场机会，第二是yCgs未能及时转化优势，市场分析不足，给对手留下机会，最后也未能及时调整，第三是gChs的存在对yCgs构成一定威胁，后期垄断新品，也断绝了yCgs最后的调整机会。因此，在电子商务技能大赛系统运营中，要对市场透彻分析，采用正确的运营策略，适时灵活调整，时刻盯紧竞争对手，以系统的视角进行数据化运营，以免功亏一篑。

综合实训

五轮运营数据分析

在进行3-2运营时，A7小组与其他小组的一口价相比，对空平板电视、项链、床和西装这四类商品定价如表8-9所示。

表8-9 商品定价表   单位：元

商品	床		平板电视		项链		西装		手链	
组店	C店	B店	C店	B店	C店	B店	C店	B店	C店	B店
A2	25.93	13.33	17.65	9.36	68.45	22.92	9.45	5.74	65.60	21.97
A3	25.94	23	17.55	15.60	68.46	62.24	11.36	11.80	65.61	59.65
A4	9.86	23	17.66	15.60	68.46	62.40	3.87	14.10	60.7	59.80
A7	10.98	28.3	7.40	19.27	24.12	74.88	5.65	16.09	23.12	71.76
A8	25.94	23.94	17.66	16.36	68.46	66.06	16.09	14.21	65.61	63.31
A10	9.99	25	16.33	17.55	50.54	68.40	11.39	15.98	48.44	65.55

请对其策略进行分析，为何如此定价。结合产品预测数据，通过该数据分析A7的运营状态，并给出推广策略。对3-2的新产品柜子，给出定价策略和推广策略。

【解读】在运营中要根据店铺运营状态，制定C店B店的差异化定价竞争策略，并根据商品绩效采取不同的推广组合策略。

知识与技能训练

一、单选题

1. 以企业的销售额占全行业销售额的百分比来表示的市场占有率是（　　　）。

    A. 全部市场占有率　　　　　　　　B. 可达市场占有率

    C. 相对市场占有率　　　　　　　　D. 绝对市场占有率

2.（　　　）是指从本企业购买某产品的顾客占该产品所有顾客的百分比。

    A. 顾客渗透率　　　　　　　　　　B. 顾客忠诚度

    C. 顾客选择性　　　　　　　　　　D. 价格选择性

3. UV 价值的计算公式是（　　　）。

    A. UV 价值＝销售额 /UV

    B. UV 价值＝UV/PV

    C. UV 价值＝CPC×UV

    D. UV 价值＝转化率 × 客单价

4. 来源分析不可以帮助网店发现行业中的（　　　）。

    A. 高流量渠道

    B. 竞争对手私域流量渠道

    C. 高转化渠道

    D. 未覆盖的空白渠道

5. 在直通车推广中，行业词与（　　　）相对比较容易转化。

    A. 产品词

    B. 通用词

    C. 品牌词

    D. 人群词

二、多选题

1. 某企业在一段时期内市场占有率有所下降，可能的原因（　　　　）。

    A. 较低的顾客渗透率

    B. 较低的顾客忠诚度

    C. 较低的顾客选择性

    D. 较低的价格选择性

2. 流量的调整方向可以从（　　　　）方面着手。

    A. 访客的时间段、地域的表现

    B. 访客人群画像的对比

    C. 引流词的调整方向

    D. 商品价格的调整

3. 流量转化比较低的渠道包括（　　　　）。

    A. 手淘首页

    B. 活动流量

    C. 淘宝客流量

    D. 搜索流量

4. 企业可以从以下（　　　　）因素分析市场占有率的变动情况。

    A. 顾客渗透率

    B. 顾客忠诚度

    C. 顾客选择性

    D. 价格选择性

5. 流量分析提供了全店流量的概况，包括流量的（　　　　）。

    A. 去向

    B. 来访访客时段

    C. 地域特征

    D. 页面点击分布

三、技能训练

参考表8-10至表8-16，完成电子商务技能大赛系统中开店阶段，采购阶段、推广阶段、运营阶段及财务阶段的各项实训任务。

开店阶段：

表8-10　各 期 规 划

运营现状	分析	目标	规划
人群组合			
产品组合			
……			

采购阶段：

表8-11　采 购 分 析

商品	未交量	库存量	缺货量	供需状况	竞争态势	分级价格	采购量	采购仓库	结果跟踪
商品1					到货期	价格1			
					绩效	价格2			
					对手	价格3			
					……	……			
商品2									

推广阶段：

表8-12　竞 争 记 录

	小组	定价	数量	SEO	SEM	促销
主要对手	A1					
	An					
	……					

表8-13 支 付 分 析

支出项目	支出预算	实际支出	分析依据
SEM投入			
站外媒体			
……			

运营阶段：

表8-14 物 流 分 析

订单状况	发货分析
到货期	
资金状况	
……	

表8-15 市场占有率分析

目标市场		主要对手市场占有率		
		A1	An	……
品牌人群	产品1			
	产品2			
	……			
低价人群				
综合人群				
犹豫人群				

财务阶段：

表8-16 资金预算分析

资金需求阶段	资金需求分析	资金预算
开店阶段	装修、筹建	
	改建、搬迁	
	……	

资金需求阶段	资金需求分析	资金预算
采购阶段	欠货	
	绩效	
	……	
推广阶段	SEM支出预算	
	站外媒体支出预算	
	慈善支出预算	
运营阶段	物流费	
	货物签收	
财务阶段	借贷还款	
	各项税费	

参考文献

［1］赵莉,林海.电子商务法律法规 [M].北京：高等教育出版社，2021.

［2］许应楠.电子商务基础与实务 [M].2 版.北京：高等教育出版社，2021.

［3］北京鸿科经纬科技有限公司.网店推广 [M]. 2 版.北京：高等教育出版社，2022.

［4］北京鸿科经纬科技有限公司.网店运营实训 [M].北京：高等教育出版社，2020.

［5］冯英健.网络营销 [M].北京：高等教育出版社，2021.

［6］范珍.电子商务物流 [M].2 版.北京：高等教育出版社，2019.

［7］张茹，黄苑，段星梅.数据化运营管理 [M].北京：人民邮电出版社，2019.

主 编 简 介

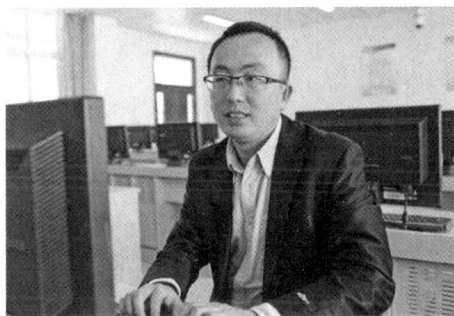

段文忠，安徽商贸职业技术学院电子商务学院副院长，副教授，曾任安徽省职业院校信息化教学指导专家组秘书长，省级先进工作者、省级线上教学名师、省级卓越教坛新秀。获全国职业院校信息化教学大赛国赛一等奖，获得国家级教学成果二等奖1项、省级教学成果特等奖6项；自2003年起开始从事电子商务研究，主持省部级教科研项目10余项，编写相关教材8本、发表论文10余篇。